A Tribute to Paul Klee

Hommage à Paul Klee

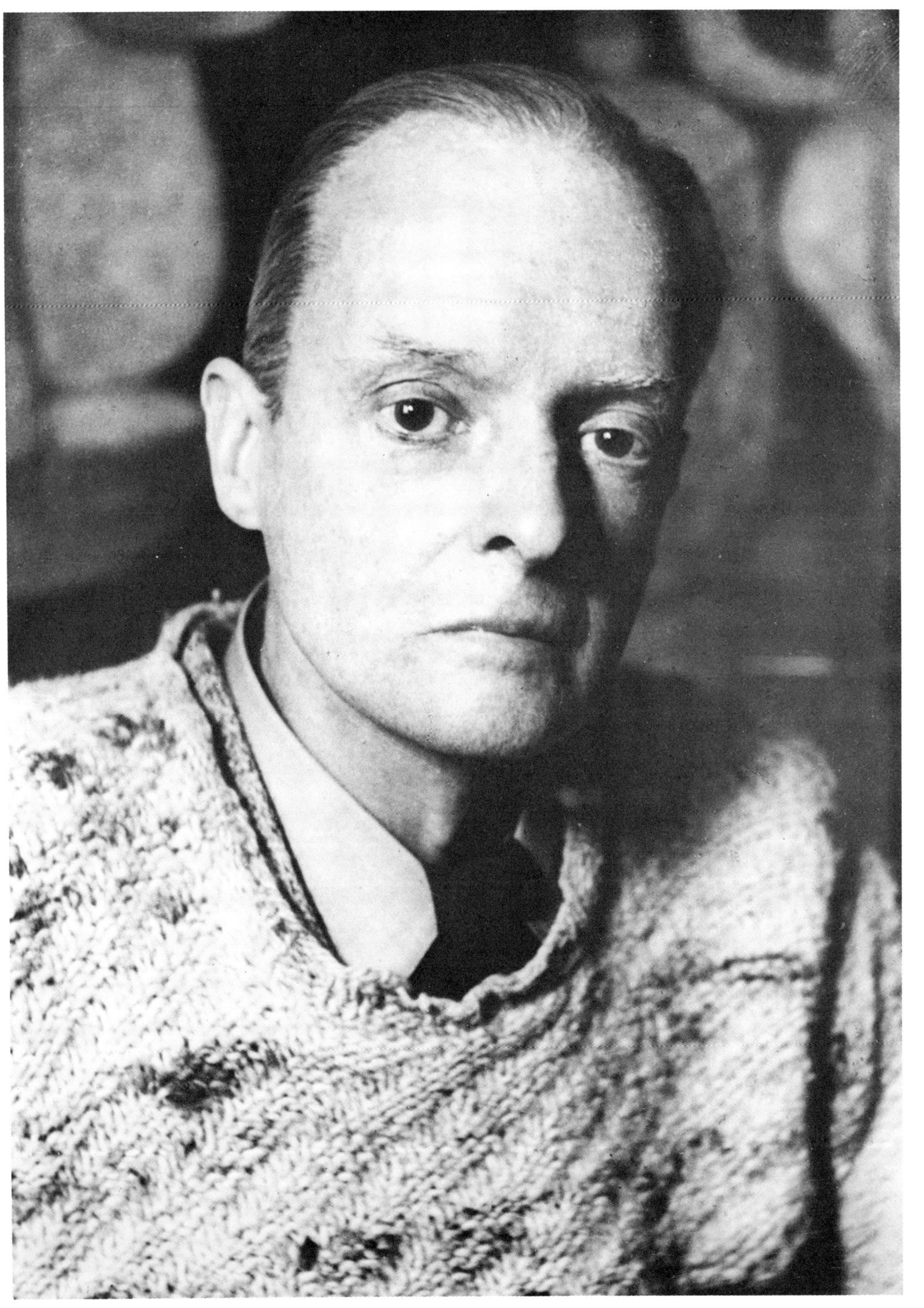

A TRIBUTE TO

Paul Klee

1879–1940

DAVID BURNETT

THE NATIONAL GALLERY OF CANADA
NATIONAL MUSEUMS OF CANADA
OTTAWA 1979

HOMMAGE À

Paul Klee

1879–1940

DAVID BURNETT

GALERIE NATIONALE DU CANADA
MUSÉES NATIONAUX DU CANADA
OTTAWA, 1979

Cover
Fox 1926
Pen and ink on rose-coloured wash,
22.7 x 16.2 cm

Frontispiece
Photograph of Paul Klee taken for his sixtieth birthday. In the background is one of his final works, left unfinished at his death.

Couverture
Renard 1926
Plume et encre sur lavis rose,
22,7 x 16,2 cm

Frontispice
Photographie de Paul Klee, prise lors de son soixantième anniversaire. À l'arrière plan une de ses dernières œuvres qu'il na pu terminer.

ISBN 0–88884–381–X

PRINTED IN CANADA
Obtainable from your local bookstore or National Museums of Canada Mail Order, Ottawa, Canada K1A 0M8

ISBN 0–88884–381–X

IMPRIMÉ AU CANADA

En vente chez votre libraire habituel ou aux Musées nationaux du Canada, Commandes postales, Ottawa, Canada K1A 0M8

Itinerary of Exhibition
National Gallery of Canada, Ottawa,
2 March – 15 April, 1979.
Art Gallery of Ontario, Toronto,
28 April – 26 May, 1979.

Itinéraire de l'exposition
Galerie nationale du Canada, Ottawa
2 mars–15 avril 1979
Musée des beaux-arts de l'Ontario, Toronto
28 avril–26 mai 1979

Table of Contents

Sommaire

Lenders

Art Gallery of Ontario, Toronto
Felix Klee Collection, Bern
Klee Foundation, Bern
National Gallery of Canada, Ottawa
Private Collections, Canada

Prêteurs

Collection Felix Klee, Berne
Collections particulières, Canada
Fondation Paul Klee, Berne
Galerie nationale du Canada, Ottawa
Musée des beaux-arts de l'Ontario, Toronto

Acknowledgements

Involvement in the first exhibition of Paul Klee's work to originate in this country and one that commemorates the centenary of the artist's birth has been an exciting and rewarding experience. The exhibition has grown on the enthusiasm and support of many people in Canada and in Switzerland. Felix Klee, the artist's son, and Dr Jürgen Glaesemer, Director of the Klee Stiftung in Bern, readily agreed to the lending of pictures. My meetings and discussions with Felix Klee have been moving and valuable experiences, and I have received generous assistance from Dr Glaesemer and his staff at the Stiftung, which is the core of all serious enquiry into the work of Paul Klee.

In this country my first and greatest debt must be an anonymous one, but it goes to a man whose admiration of Klee's work is second only to his generosity of spirit. It is my privilege to have been associated with him. At the National Gallery my proposal to arrange an exhibition was immediately taken up and supported by Mimi Taylor, Curator of European Drawings. I am grateful to her and to the Director of the National Gallery, Dr Hsio-Yen Shih, for the opportunity to present this exhibition.

Both in the research and the writing of this catalogue, I have drawn much on the assistance of Marilyn Schiff. I am much indebted to her. I would like to thank the Dean of Graduate Studies and Research, Carleton University, for a grant which enabled me to travel to Switzerland to make arrangements for the exhibition. I am grateful to the two editors, Jean-Claude Champenois and Julia Findlay, who worked so effectively within a tight schedule on this book. I am also grateful to the Pro Helvetia Foundation for its grant toward the cost of colour reproductions in this book.

Finally, I know that my wife Margaret and my other children will understand when I say that this book is for Landen.

Remerciements

La participation à la première exposition canadienne de l'œuvre de Paul Klee, et qui marque en plus le centenaire de naissance de l'artiste, a été stimulante et profitable. L'exposition est réalisée grâce à l'enthousiasme et à l'encouragement de plusieurs personnes au Canada et en Suisse. M. Felix Klee, fils de l'artiste et M. Jürgen Glaesemer, directeur de la Fondation Paul Klee à Berne, ont sans hésitation consenti à prêter les tableaux. Mes rencontres et mes discussions avec M. Klee ont été émouvantes et enrichissantes. J'ai bénéficié de l'appui généreux de M. Glaesemer et de son personnel à la Fondation, source fiable de toute étude sérieuse de l'œuvre de Paul Klee.

Au Canada, il me faut d'abord reconnaître une dette énorme envers un homme qui tient à demeurer anonyme mais dont l'admiration pour l'œuvre de Klee n'est surpassée que par sa générosité. J'ai eu l'honneur de travailler avec lui. À la Galerie nationale, ma proposition de monter une exposition a immédiatement gagné l'appui de Mme Mimi Taylor, conservatrice des dessins européens. Je la remercie ainsi que la directrice de la Galerie nationale, Mlle Hsio-Yen Shih, de m'avoir accordé la possibilité de présenter l'exposition.

Je veux adresser des remerciements particuliers à Marilyn Schiff, dont l'aide dans la recherche et la rédaction de ce catalogue m'a beaucoup apporté. Je désire remercier également le doyen des études et des recherches de deuxième et troisième cycles de m'avoir fourni une bourse de voyage me permettant de me rendre en Suisse pour préparer l'exposition. Mes remerciements vont également aux deux réviseurs de ce livre, Jean-Claude Champenois et Julia Findlay, qui ont su travailler efficacement dans un délai restreint. Je suis aussi très reconnaissant envers la Fondation Pro Helvetia pour l'aide financière qu'elle a apportée à la réalisation des planches en couleur.

En conclusion, mon épouse Margaret et mes autres enfants comprendront, j'en suis sûr, pourquoi je dédie ce livre à Landen.

Preface

The occasion – the centennial of Paul Klee's birth; the resources – a major private collection in Canada; the knowledge – two recognized specialists on the artist teaching in Ottawa–these were the factors inspiring Mary Cazort Taylor, Curator of European Drawings at the National Gallery of Canada, to coordinate this exhibition as a tribute to Paul Klee.

One of the most self-conscious of all twentieth-century artists, and one of the most introspective as revealed in his own writings, Klee's use of graphic art to explore ideas and awarenesses reveals dimensions beyond the aesthetic to metaphysical and even subconscious perceptions. In the late 1970s when we are no longer so influenced by "schools" or "movements" as even a decade ago, it is particularly appropriate to pay tribute to this most individual of modern artists.

Amplifying the generous loans from two private collections in Canada are works lent by the artist's son Felix Klee, the Paul Klee Stiftung, and the Art Gallery of Ontario. We thank each of the contributors to the exhibition for such willing cooperation.

Our thanks go as well to the Pro Helvetia Foundation for its financial aid to the production of colour plates, much enhancing this catalogue.

David Burnett, Associate Professor, Department of Art History at Carleton University, Ottawa, has devoted his attention to the works of Paul Klee for the last several years. In addition to writing this book, Burnett's articles on Klee have appeared in *Art International* and the *Art Journal.*

Complementary to the catalogue, a journal will also accompany the exhibition. Its author, Constance Naubert-Riser, Assistant Professor in the Department of Visual Arts at the University of Ottawa, has written a book, *La création chez Paul Klee,* recently published.

As the National Gallery encourages the use of its collections by universities, so do we also benefit from the studies of our academic colleagues.

Hsio-Yen Shih
Director, The National Gallery of Canada

Préface

Le centième anniversaire de la naissance de Paul Klee, une importante collection particulière au Canada et deux spécialistes renommés de son œuvre, professeurs à Ottawa, sont les principales raisons qui ont amené Mary Cazort Taylor, conservateur des dessins européens à la Galerie nationale du Canada, à coordonner cette exposition, *Hommage à Paul Klee.*

Un des artistes du xxe siècle le plus porté à l'introversion, le regard tourné vers un monde intérieur comme nous le révèle ses écrits, Paul Klee, par l'emploi qu'il fait de l'art graphique dans l'exploration des idées et des niveaux de conscience, nous laisse entrevoir des dimensions qui vont au-delà de l'esthétique pour rejoindre la perception métaphysique et même celle du subconscient. Maintenant que les «écoles» et «mouvements» ont moins d'influence qu'il y a dix ans, le moment semble particulièrement bien choisi pour honorer l'un des artistes les plus individualistes de ce siècle.

Aux prêts généreux provenant de collections particulières du Canada, viennent s'ajouter des œuvres appartenant à Felix Klee, fils de l'artiste, et celles de la Fondation Paul Klee de Berne et du Musée des beaux-arts de l'Ontario. Nous tenons donc à remercier tous ces collaborateurs qui ont si volontiers prêté leur concours à cette exposition et accepté de se départir momentanément de leurs œuvres.

Nos remerciements vont également à la Fondation Pro Helvetia pour l'aide financière qu'elle a apportée à la réalisation des planches en couleur qui rehaussent de beaucoup la qualité de ce livre.

David Burnett, professeur agrégé à la section d'histoire de l'art à l'université Carleton, se consacre, depuis plusieurs années, à l'étude des œuvres de Klee, dont il a publié plusieurs articles dans *Art International* et *Art Journal.*

En complément à cet ouvrage, le *Journal* n° 32 a été écrit par Constance Naubert-Riser, professeur adjoint au département d'arts visuels de l'Université d'Ottawa, qui vient de publier, *La création chez Paul Klee.*

La Galerie nationale du Canada sait mettre à la disposition des universitaires ses collections, et peut, en retour, profiter largement des recherches des collègues et amis, historiens de l'art.

La directrice de la Galerie nationale du Canada
Hsio-Yen Shih

Paul Klee: An Overview

Paul Klee rejected the two most common methods for approaching works of art. "We are much too concerned," he wrote in 1909, "with biography in art, no matter how captivating it may be to investigate problems like van Gogh and Ensor."[1] He went on to say, "I don't want to examine the common features of a series of works, or the differences between two series of works – no such pursuit of history for me . . . ." What concerned him was that an individual work of art could lose its integrity, its "thickness" as it were, in the simplistic systems of causality that dominated the analysis of art. Rather than biography he wanted to know "whether or not I'm looking at a good picture," and to place reliance on history was to miss the essential point which had "to consider the individual [artistic] act in itself."

But his mature work appears set on a contradiction. Insisting on an exact pictorial language, still he declared time and again that it was the creative act, the genesis of the work rather than the product, that held the real significance. Why, then, did he tender such care on the production of each work of art – his "children" as he called his pictures – when the end result meant so little compared to the initial creative moment? What is to be made of his extraordinary productivity and his constantly shifting methods and techniques?

The contradiction is only intellectually apparent; Klee's art describes a poetic realm, finally accessible only to intuition but constructed from the experienced world. On two occasions, quite different in kind, he sought to describe the form and purpose of his artistic activity. In the context of a theoretical lecture, he described an artist's ambition as one of self-deception unless he seeks solutions to the imponderable questions, if he does not pursue "the source of all." But wherever that search leads is only authentically posed in a work of art which arises from the integrity of its own means – line, tone, and colour.[2] In an informal discussion with a Bauhaus colleague, he described his own artistic realm as one located at what he called an "in-between" world.[3] This existed "between the worlds our senses can perceive and I absorb it inwardly to the extent that I can project it outwardly in symbolic correspondences." This means recognizing limits. "Naturally, I'd like to fill this limited plane [of the picture] with all the meaning and powers at my command. But I cannot." Here he contrasted himself with his friend and fellow artist, Wassily Kandinsky (1866–1944): "I made up my mind long ago to keep to modest aims . . . [whereas he] looks into a world of

Paul Klee: une vue schématique

Paul Klee rejeta les deux méthodes traditionnelles d'aborder les œuvres d'art. En 1909, il écrivait: «On fait beaucoup trop de biographie dans l'art, si intéressant qu'il puisse être de sonder des problèmes tels van Gogh et Ensor»[1]. Et, plus loin: «Je chercherai à savoir . . . non point ce qu'il y aurait de commun à une série d'œuvres ou en quoi elle différerait d'une autre série; je ne me soucierai pas de ce point de vue «historique» . . . ». Pour Klee, l'œuvre d'art risquait de perdre son intégrité, sa densité pour ainsi dire, au creuset des systèmes de causalité simplistes qui dominaient alors l'analyse de l'art. Il cherchait non pas tant à connaître la biographie, mais à savoir «ce qui ferait un bon tableau», alors qu'avec l'histoire, on ne touche pas à l'essentiel qui serait de «ne considérer qu'un fait isolé pour soi».

Le travail de sa maturité, cependant, semble reposer sur un paradoxe. S'il insiste sur l'exactitude du langage pictural, il n'en déclare pas moins à maintes reprises que c'est l'acte créateur, la genèse de l'œuvre plutôt que le produit, qui a vraiment un sens. Pourquoi donc a-t-il apporté tant de soin à la production de toutes ses œuvres d'art – ses enfants comme il les appelait – si le produit avait en définitive si peu d'importance par rapport au moment créateur initial? Que faut-il penser de cette production extraordinaire et de cette évolution constante de ses méthodes et de ses techniques?

Or, la contradiction n'est qu'intellectuelle; l'art de Klee décrit un univers poétique, accessible en fin de compte à la seule intuition, mais élaboré à partir de l'expérience. À deux occasions fort différentes, il tenta de décrire la forme et la fonction de son activité artistique. Lors d'un cours, il déclara que l'artiste se leurrait s'il n'avait pas pour ambition de résoudre les problèmes impondérables et d'en arriver à «la source de tout». Mais quel que soit le résultat de cette quête, il ne peut véritablement prendre forme que dans une œuvre d'art résultant de l'intégrité de ses propres moyens: ligne, ton et couleur[2]. Lors d'un entretien avec un collègue du Bauhaus, il situa son propre univers artistique dans ce qu'il appelait un «monde intermédiaire, un entremonde»[3], c'est-à-dire « . . . que je le sens présent entre les mondes que nos sens peuvent percevoir extérieurement, et parce qu'intérieurement je puis l'assimiler suffisamment pour être capable de le projeter hors de moi sous forme de symbole». Il fallait donc reconnaître des limites. «Naturellement, je voudrais moi aussi remplir cette surface limitée [celle du tableau] avec tous mes sens et toutes mes forces. Mais je n'y arrive pas.» Il s'opposa alors à son ami et collègue Wassily Kandinsky (1866–1944): «Il y a longtemps que j'ai décidé d'être modeste . . . [alors que] . . . le regard de Kandinsky plonge bel et bien dans le monde de la lumière.» Ainsi Klee dé-

pure light." This statement describes the special character of Klee's artistic project. He rejects the biographical and historical methods because to be led by them permitted an artificial wedge, a mere intellectual device, to be driven between what he was and what he could do, between being a creator and a craftsman.

"First of All, the Art of Life"

Klee's determination to be an artist was taken early, but the development to his independent, mature work was slow and often painful. In contrast to this, his gifts as a musician developed quickly, and it would have been a natural decision for him to have chosen music as a profession. His father, Hans Klee, German by birth, taught music at the teachers' college for the canton of Bern in Switzerland. His mother, Ida Maria Frick, of Swiss and French parentage, was also trained as a musician. The two met whilst studying at the Stuttgart Conservatory of Music and married in 1873. Their first child, Mathilde, was born in 1876. Paul was born 18 December 1879 at Münchenbuchsee, a village north of Bern, the year after Hans Klee had taken up the cantonal teaching position. The following year, in 1880, the family moved to Bern where Klee lived until he went to Munich in 1898 to begin his study of art. [4]

For twenty years, between 1898 and 1918, Klee kept four diaries.[5] Beginning with his move to Munich, the last one ends shortly after the Armistice – when, as his son Felix has described it, in contrast to the political turmoil in Germany at that time, "he was preparing his own revolution . . . ."[6] They mark, therefore, that long, deliberate period of serious study and development out of which came his two decades of artistic achievement.

The diaries are a rich, if uneven, source of information. Klee records the visits he made, the musical performances he heard, the books he read. He sets down ideas about art, evaluates his own progress, declares his feelings, discusses his relationships with others, copies down his poems. At the same time the balance of what is recorded and what omitted is obscure. Discussion of his own abilities as a musician is rare and perfunctory, although he carefully records the concerts he attended as a member of the audience. He frequently mentions what he was reading, but observations on the work of other artists are comparatively few, particularly when it comes to the art of his time. In the end the reader is left with an unsettling impression that many of those contacts and experiences which had real significance for his work are barely mentioned or not recorded at all.

It would be a mistake, however, to see the value of the diaries principally in historical terms. They contain, after all, Klee's private notes, written only for himself and which he kept absolutely confidential during his lifetime. They must be read, therefore, only in the total context of his art and life – as an element of both, not merely a documentary appendix to his work. The sense of this is clear in that after 1918 the balance of his life was invested chiefly in his pictorial work. Then the need for the diary disappeared as his intense occupation with painting grew.

In the spring of 1901, not long after moving from the private art school of Heinrich Knirr (1862–1944) to the class of Franz von Stuck (1863–1928) at the Munich Academy, Klee set out a programme for him-

crit-il le caractère spécial de son programme artistique. Il rejeta les méthodes biographiques et historiques parce qu'elles l'auraient amené à accepter un écart artificiel, simple procédé intellectuel, entre ce qu'il est et ce qu'il peut faire, entre sa nature de créateur et sa nature d'artisan.

«Au premier chef, l'art de la vie»

Klee décida assez jeune d'être artiste, mais l'élaboration de son œuvre indépendante de la maturité devait s'avérer lente et souvent douloureuse. Par contre, ses dons de musicien s'épanouirent vite, et il aurait fort bien pu choisir la profession de musicien. Son père, Hans Klee, un Allemand, enseignait la musique à l'école normale du canton de Berne, en Suisse. Sa mère, née Ida Maria Frick, de nationalité suisse, avait également une formation de musicienne. Ses parents s'étaient connus au cours de leurs études au conservatoire de musique de Stuttgart et ils se marièrent en 1873. Mathilde, leur premier enfant, naquit en 1876. En 1878, Hans Klee obtint un poste à l'école normale cantonale et le 18 décembre 1879, Paul vit le jour à Münchenbuchsee, un village au nord de Berne. L'année suivante, la famille s'installa à Berne, ou Klee vécut jusqu'au début de ses études artistiques, en 1898, à Munich[4].

Klee tint un journal pendant vingt ans, à partir de son installation à Munich en 1898[5], peu après l'Armistice. Comme l'a décrit son fils Felix, alors que l'Allemagne était en pleine période d'instabilité, «il préparait sa propre révolution . . . »[6] Le journal marque donc cette période voulue d'études sérieuses et de perfectionnement qui devait donner lieu à vingt ans de réalisations artistiques.

Le journal constitue une source riche quoique inégale. Il y consigne ses visites, les concerts auxquels il assiste et ses lectures. Il y explique ses idées sur l'art, évalue son propre progrès, confie ses impressions, traite de ses relations avec les autres, copie ses poèmes. Néanmoins, on n'arrive pas à départager ce qu'il a consigné de ce qu'il a omis. Il fait rarement et brièvement allusion à ses talents de musicien, alors qu'il consigne avec soin les concerts, en tant que spectateur. Il mentionne souvent ses lectures, mais fait relativement peu d'observations sur l'œuvre d'autres artistes, surtout ses contemporains. En fin de compte, le lecteur à l'impression déconcertante que la plupart des relations et des expériences ayant eues une réelle influence sur son œuvre sont tout au plus signalées, sinon omises.

Il ne faut pas s'attarder uniquement à l'aspect historique du journal qui renferme des notes intimes réservées à lui seul et restées secrètes durant toute sa vie. Il convient plutôt de l'interpréter à la lumière de l'ensemble de son art et de sa vie, car il appartient vraiment aux deux – ce n'est pas un simple appendice documentaire de son œuvre. Ce fait est évident si l'on songe qu'à partir de 1918, Klee se consacra principalement à la peinture. Le journal perdait sa nécessité devant la peinture qui l'occupait intensément.

Au printemps 1901, peut après avoir quitté l'école préparatoire privée de Heinrich Knirr (1862–1944) pour entrer dans la classe de Franz von Stuck (1863–1928) à l'Académie des beaux-arts de Munich, Klee établit un programme personnel: «Au premier chef, l'art de la vie, puis en tant que profession idéale: l'art poétique et la philosophie; en tant que profession réaliste: l'art plastique et, à défaut d'une rente: l'art du dessin (illustration).»[7]

La lecture du journal de cette époque porte à croire que son «art de la

self: "First of all, the art of life; then as ideal profession, poetry and philosophy; as real profession, the plastic arts; and finally for lack of an income, drawing illustrations."[7]

To read the diary entries for this period is to be led to believe that the "art of life" amounted substantially to a concern about his relationships with women, in particular to discovering, or to solving, what he described as "the sexual mystery." He compiled what he called his "Leporello catalogue," a reference to the aria of Don Giovanni's servant in Mozart's opera listing his master's conquests. Toward the end of 1899 his list ends with "L" for Lily Stumpf and the notation "wait and see." Lily, the daughter of a Munich physician, was also a musician, a pianist, and the two met through their mutual interest in music. By the summer of 1901 they had decided to marry. This plan was strenuously opposed by Lily's family, and as a result the period of "wait and see" was to prove longer than perhaps had been anticipated. They were married finally in Bern, September 1906.

But the viscissitudes of his love life aside, Klee's stress on "the art of life" meant the recognition that his independent work would have to arise from the totality of his resources, human as well as technical, that it could never be an activity separate from himself as a whole.[8] He insisted on this even with the early caricatures and satirical drawings (see cat. nos 1, 2).

> Often I said that I served Beauty by drawing her enemies (caricature, satire). But that is not enough. I must shape her directly with the full strength of my conviction. A noble, distant aim. Half asleep, I already set out on that path. When I am awake, it will have to be accomplished. *Perhaps the road is longer than my life.* [My italics] (*Diaries* 142)

And during this "time of wandering" he had to control that intense will for the future.

> I am God. So much of the divine is heaped in me that I cannot die. My head burns to the point of bursting. One of the worlds hidden in it wants to be born. But now I must suffer to bring it forth (*Diaries* 155).

In October 1901 he and Hermann Haller (1880–1950), a sculptor and fellow student of Knirr, made an extended trip to Italy. They spent some six months in Rome before Klee returned to Bern in May 1902. In Rome they visited the ancient sites, galleries, the opera, and they attended drawing classes. It was an impressive but also a disturbing experience, for Klee was forced to question how his artistic ambition measured against the weight of the tradition of western art. There were two immediate results, one positive and one negative. He records in his diary:

> In Italy I understood the architectonic element in the plastic arts – at which point I was groping towards abstract art . . . . Now, my immediate and at the same time highest goal will be to bring architectonic and poetic painting into a fusion, or at least to establish a harmony between them (429; see also 536).

vie» était essentiellement l'art de vivre avec les femmes, et consistait particulièrement à découvrir ou résoudre ce qu'il appelait «le mystère du sexe». Il établit un «registre de Leporello», une allusion au fameux air du serviteur de Don Juan énumérant les conquêtes de son maître, dans l'opéra de Mozart. Vers la fin de 1899, la série du registre se clôt par l'initiale «L» pour Lily Stumpf avec la remarque: «attendre». Fille d'un médecin munichois, Lily Stumpf était également musicienne, une pianiste, et c'est à la musique qu'ils doivent leur rencontre. Au cours de l'été de 1901, ils décidèrent de se marier, projet auquel s'opposa farouchement la famille Stumpf, et comme conséquence la période «d'attente» a pu être plus longue que prévue, le mariage eut lieu en septembre 1906 à Berne.

Mises à part les vicissitudes de sa vie amoureuse, son insistance sur «l'art de la vie» l'obligeait à reconnaître que son œuvre indépendante devrait émaner de l'ensemble de ses ressources humaines autant que techniques, car il ne pourrait jamais en faire une activité distincte de sa personne[8]. Ses premiers dessins satiriques et ses caricatures en témoignent (n°s 1, 2).

> Je sers la beauté en dessinant ses ennemis (caricature, satire), me disais-je souvent. Mais tout n'est pas fait pour autant. Il me faut, en outre, la figurer directement, avec une pleine force de conviction. But lointain et sublime. N'étant qu'à demi dégagé du sommeil, je me risquais déjà dans cette voie. C'est à l'état de veille que ceci devra désormais s'accomplir. *Voie peut-être plus longue que ma vie* [l'italique est de l'auteur] (*Journal*, p. 51).

Et pour la durée de cette «errance», il devra retenir l'intensité de son élan vers l'avenir.

> Je suis Dieu. Tant de nature divine est accumulée en moi que je ne saurais mourir. Ma tête est incandescente au point d'éclater. L'un des mondes qu'elle cèle demande à naître. Il faut donc souffrir avant l'accomplissement (*Journal*, p. 54).

En octobre 1901, il fit un séjour prolongé en Italie avec le sculpteur Hermann Haller (1880–1950), son condisciple, chez Knirr. Ils passèrent environ six mois à Rome avant le retour de Klee à Berne en mai 1902. Dans la Ville Éternelle, ils visitèrent les antiquités, les musées, allèrent à l'opéra, et assistèrent à des cours de dessin. Ce fut une expérience impressionnante mais aussi troublante, car Klee se voyait contraint de mesurer la valeur de son ambition artistique par rapport à la tradition de l'art occidental. Il en résulta deux constatations immédiates, l'une positive et l'autre négative.

> . . . en Italie. Là – tout près de l'art abstrait me trouvais-je alors – je compris le caractère architectonique de l'art figuratif . . . Le but à la fois proche et lointain consistera désormais à mettre à l'unisson, ou tout au moins en harmonie, la peinture architectonique avec celle d'inspiration poétique (*Journal*, p. 132–133).

But poetry failed him, "tender lyricism turned into bitter satire," and in June 1903, despairing of his progress in painting, he began to make etchings,[9] after a study of the prints of Aubrey Beardsley (1872–1898), Francisco Goya (1746–1828), and William Blake (1757–1827). In turning to these sources, particularly the first two, Klee was following the popular taste in Munich at that time.[10] Between 1903 and 1905 he made a series of fifteen etchings, and whilst recognizing these as substantial, original pieces, he remained dissatisfied. In a letter to Lily in 1906 he said, "Nobody will notice but the flaw in my etchings is that, although pictorially conceived, they can be epigrammatically explained."[11] Yet he knew all along precisely what it was that he had to do:

> Apparently I am becoming perfectly sober and small, perfectly unpoetic and unenthusiastic. I imagine a very small motif and try to execute it economically . . . in a single act, armed with a pencil. At least it is genuine activity, and repeated small acts will yield more in the end than poetic enthusiasm without form or arrangement (*Diaries* 425).

Such a formal, technical ambition, however, itself had value only when he could recognize in it an "undisputed personal possession." He continued to record in the same entry:

> I dream of myself. I dream that I become my model. Projected self. Upon awakening, I realize the truth of it. I lie in a complicated position, but flat, attached to the linen surface. I am my style.

Between his return from Italy and his forthcoming marriage he lived in Bern with his parents. There were occasional visits to Munich to see Lily, a first visit to Paris in 1905 and in 1906 to Berlin. In September 1906 he and Lily were married in Bern and moved to Munich. His situation there was quite different from his student days, and although their apartment was in the Schwabing, the artists' quarter, he described his life as "quite monotonous."[12] He worked at home, mostly on the kitchen table, and took on the bulk of the household duties whilst Lily provided the family income by giving music lessons. At the end of November 1907 their only child, Felix, was born and Klee assumed responsibility for his care as soon as Lily was able to work again.

The first three or four years back in Munich were difficult and lonely ones for Klee. The artistic promise that he felt certain lay within him was a conviction shared at this time only by Lily; the course that he had plotted for himself was one that demanded patient work and, for the time being, had small results.

> I cannot find sleep. In me the fire still glows, in me it still burns here and there. Seeking a breath of fresh air, I go to the window and see all the lights darkened outside. Only very far away a small window is still lit. Is not another like me sitting there? There must be some place where I am not completely alone! And now the strains of an old piano reach me, the moans of the other wounded person (*Diaries* 833).

Mais la poésie ne lui réussit pas: «Un lyrisme délicat se fit amère satire», et en juin 1903, désespéré de son progrès en peinture, il se mit à la gravure[9], après avoir étudié les gravures d'Aubrey Beardsley (1872–1898), Francisco Goya (1746–1828) et William Blake (1757–1827). De retour à ces sources, surtout les deux premières, Klee suit le goût répandu à Munich à cette époque[10]. De 1903 à 1905, il produisit une collection de quinze gravures dont il resta insatisfait, même s'il ne niait pas leur valeur et leur originalité. Dans une lettre à Lily, de 1906, il avoue: «Mes gravures présentent le défaut, que d'ailleurs personne ici ne remarquera, d'être travaillées comme des tableaux et de revêtir en même temps une allure d'épigrammes.»[11] Pourtant il ne savait pas encore précisément ce qu'il devait faire.

> Je deviens [. . .] tout petit et sobre, parfaitement dépourvu de poésie et d'élan. Je conçois un tout petit motif et j'essaie une représentation sommaire; naturellement pas par stations, mais *in praxi*, c'est-à-dire armé d'un crayon. Voilà au moins une action véritable, et d'une série de petits actes répétés il résulte beaucoup mieux que d'un élan poétique sans forme et sans figuration (*Journal*, p. 131).

Une ambition technique et formelle de ce genre ne valait cependant que dans la mesure où il pouvait y reconnaître «une propriété incontestée». Et il écrivait dans son *Journal*:

> Me rêve moi-même. Me rêve moi-même jusqu'à devenir mon propre modèle. Le moi projeté. Au réveil, je reconnais la vérité. Je me trouve couché, compliqué, adhérant à la toile. Je suis mon propre style (p. 131–132).

Entre son retour d'Italie et son mariage, il vécut à Berne chez ses parents. À quelques reprises, il alla voir Lily à Munich et se rendit pour la première fois à Paris en 1905 et à Berlin en 1906. En septembre 1906, Lily et lui se marièrent à Berne et allèrent s'installer à Munich. C'était là une situation fort différente de celle de ses études et, même si leur appartement était dans le Schwabing, quartier des artistes, il trouvait la vie «plutôt monotone»[12]. Il travaillait chez lui, surtout sur la table de la cuisine et se chargeait du gros des travaux domestiques alors que Lily faisait vivre le ménage en enseignant la musique. À la fin de novembre 1907, naquit Felix, leur unique enfant, et Klee en prit soin dès que Lily put se remettre au travail.

Les trois ou quatre premières années qui suivirent son retour à Munich furent difficiles et solitaires. Sa certitude de posséder du talent n'était alors partagée que par Lily, le cheminement qu'il s'était tracé exigeait un labeur patient ne produisant au début que de maigres résultats.

> Je ne trouve point de sommeil. En proie à l'ardeur qui en moi flambe encore ça et là, je vais à la fenêtre, cherchant la fraîcheur, et je vois que tout est éteint au dehors. Seule, tout au loin, luit une petite fenêtre. Sans doute est-il à veiller? Il faut bien que quelque part je ne sois pas

He felt he had made some progress in his drawings of 1906 and 1907, but refused to follow that direction for fear of it developing into an ornamental and hence superficial style. Two related technical developments, both of them involving working on glass, lifted him over this stage. In the summer of 1905, whilst at work on the etchings, he experimented by drawing with a needle on a pane of blackened glass. He was excited by the effect created. "The background is not light, but night. Energy illuminates: just as it does in nature" (*Diaries* 632). Soon, however, he realized the deeper possibilities which he expressed in words that anticipated his Bauhaus teaching notes of fifteen years later. [13]

> I am ripe for the step forward.
> I begin logically with chaos, [the black field on the glass;] it is the most natural start. In so doing, I feel at rest because I may, at first, be chaos myself. This is the maternal hand. Before the white surface [a sheet of drawing paper], on the contrary, I would often stand trembling and hesitant. But then I gave myself a conscious jolt and squeezed my way into the narrow confines of linear representation . . . .
> It's convenient to have the right to be chaos to start with (*Diaries* 633).

What is of the essence is his self-identification with a technique which he synthesized by his action to a pictorially symbolic level. And though this technique played a small role in his œuvre, its implications were vital – lying behind, for instance, many of his mature paintings which develop from a black or very dark background. It is also unlikely that the mythic potential of this technique was lost on him, for in relating "the natural start" to chaos he raises the Greek notion of the primal Chaos whence everything sprang. Klee was, from his schooldays, an avid reader of Greek literature.

The other technical development, and one that had more immediate results, was his painting on glass. The paintings were done in watercolour and were made, in particular, to examine tonal problems. *Hinterglasmalerei* (paintings behind glass) was a popular folk-art technique used in many parts of Europe for devotional and secular images. Klee's use of the technique beginning in 1905 preceded interest shown in it by Wassily Kandinsky and Gabriele Münter (1877–1962). The technique brought him some success in handling tone and he noted with a brief note of triumph in his diary early in 1908: "Learned how to differentiate tonality . . . from the colouristic. Got it!" (811). It was, however, exacted at a price which he expressed in regard to painting *The Balcony* (*Der Balkon*) in 1908: "This kitchen balcony, the empty lot, the Hohenzollernstrasse. A prisioner's view in several directions" (813 a).

Klee's problems deepened in 1909 both on a personal and professional level. Some work he had submitted to the influential critic Julius Meier-Gräfe gained the comment, "Well, maybe it'll turn into something some day." And whilst some of his work was favourably considered for publication in the review *Hyperion*, long delays in production occurred. Then some drawings he submitted to the Munich *Sezession* exhibition of 1909 were turned down, although he had had six of his glass paintings in the Berlin *Sezession* the year before. On top of this

> absolument seul! Et voici que me parviennent les sons d'un vieux piano, gémissement d'un autre blessé (*Journal*, p. 226–227).

Il avait l'impression de réaliser quelque progrès dans ses dessins de 1906 et 1907, mais refusa de continuer dans cette voie, de crainte de s'enliser dans un style ornemental et, de là, superficiel. L'apparition de deux nouvelles techniques connexes, comportant toutes deux le travail sur verre, permirent la transition. Au cours de l'été de 1905, tandis qu'il se consacrait à ses gravures, il expérimenta en dessinant avec une aiguille sur une plaque de verre noircie. L'effet obtenu l'excita: «Le fond n'est pas lumière mais nuit; que l'énergie en est une éclaircissante répond au processus de la nature» (*Journal*, p. 178). Il ne tarda pas à en saisir toutes les possibilités, et les termes qu'il emploie pour les définir se retrouveront dans ses notes de cours au Bauhaus[13], quinze ans plus tard.

> Tout est mûr pour la poussée en avant.
> Je commence logiquement à partir du chaos [le fond noir sur le verre], voilà ce qu'il y a de plus naturel. Je reste calme ce faisant, parce qu'il m'est permis tout d'abord d'être moi-même. C'est là la main maternelle. Devant la surface blanche [une feuille de papier à dessin], je restais souvent tremblant et timide. Tout de même, je me secouais et me contraignais à l'étroitesse des représentations linéaires . . .
> Il est commode de pouvoir être chaos pour commencer (*Journal*, p. 178–179).

L'essentiel, c'est qu'il s'identifie à une technique mise au point par son geste au niveau symbolique de l'image. Encore qu'elle n'occupe qu'une place secondaire dans son œuvre, cette technique a une incidence profonde; elle est sous-jacente dans nombre des peintures de sa maturité, élaborées à partir d'un fond noir ou très sombre. Il est peu probable qu'il n'ait pas tiré parti du potentiel mythique de cette technique, car en rattachant «le naturel» d'où il part au chaos, il rejoint la notion grecque du chaos primitif d'où tout est né. Précisons que Klee a toujours été passionné pour la littérature grecque.

L'autre progrès technique eut des résultats plus immédiats; il s'agit de l'aquarelle sous-verre, utilisée en particulier pour explorer les problèmes de ton. La *Hinterglasmalerei*, ou technique de la peinture sous-verre, appartenait à la tradition populaire et servait à réaliser des images religieuses et profanes dans bien des régions d'Europe. Klee commença à utiliser cette technique en 1905; Wassily Kandinsky et Grabriele Münter (1877–1962) ne s'y étaient pas encore intéressés. Elle lui permit jusqu'à un certain point de maîtriser le ton, et ce n'est pas sans fierté qu'il affirmait au début de 1908: «Appris à différencier la tonalité [. . .] du chromatisme. Pigé» (*Journal*, p. 220). Il n'y arriva cependant qu'au prix de maints sacrifices, qu'il exprima en parlant du tableau *Le balcon* (*Der Balkon*) de 1908: «Ce balcon de la cuisine, le champ inculte, la Hohenzollernstrasse. Perspective d'un prisonnier, à multiples directions» (*Journal*, p. 221).

Il connut en 1909 une aggravation de ses problèmes personnels et professionnels. L'influent critique Julius Meier-Gräfe gratifia de ce commentaire le travail que lui soumettait Klee: «Peut-être ça donnera quelque chose!» (*Journal*, p. 232). La revue *Hyperion* consentit à publier une partie

Felix fell seriously ill, and for some nine weeks much of Klee's time, to say nothing of emotional energy, was bound to the care of his son. He ended the year with this self-critical remark: "I am almost thirty years old: this scares me a little. 'You've had your time, your dreams, your fantasies. What really matters now is to be what you can. Realism now and no affected high-fantastics henceforth!' "[14]

However, he was on the edge of a broadening acceptance of his work. In the summer of 1910 his first one-man show, comprising fifty-six works, opened at the Kunstmuseum in Bern and was then shown in Zurich, Winterthur, and Basel. A further step was taken when the Thannhauser Gallery in Munich accepted the show in 1911.[15] At the same time Klee began to have increasing contact with other artists. Alfred Kubin (1877–1959), a German graphic artist whose work was already quite well known, had seen some of Klee's work in 1910 and had expressed great interest in it. Probably from this came the invitation to join a group of young artists and poets and critics in Munich, including Kubin, that took the name *Sema* (the "sign"). *Sema* held a number of meetings, and a portfolio of lithographs by members, including one work by Klee, *View of a River* (*Blick auf einen Fluss;* Kornfeld 42), was published in 1913. A group exhibition held at the Thannhauser Gallery in 1912 included thirteen of Klee's works, the largest individual contribution.[16] Klee commented, "Well . . . at least [joining *Sema* is] a sign that I was, after all, not to remain isolated in the outside world – a timid initial attempt to join others. I see little connection between this and the inner world. But, as the saying goes, it's worth a try" (*Diaries* 903).

More important, however, were the meetings with the German painters August Macke (1887–1914), Franz Marc (1880–1916), and the Russian Kandinsky in 1911 and early 1912. Kandinsky, already recognized as the leading figure in advanced artistic circles in Munich, was, with Marc, in the process of producing *Der blaue Reiter Almanac,* a publication of the *Blauer Reiter (Blue Rider)* revolutionary group of painters. The group was formed at the end of 1911 and held its first exhibition at Thannhauser's gallery in December. After discussions with Kandinsky, Klee agreed to join the group and exhibited with it at the second *Blauer Reiter* show at the Goltz Gallery, Munich, in March 1912 (*Diaries* 903). Klee's public contribution to the group was small, but his conviction of the significance of its work, both in general and for himself, is clear. He gave expression to this in a number of critical reviews which he wrote between November 1911 and December 1912 for *Die Alpen,* a periodical edited by Hans Bloesch and published in Bern. He was invited to join a third group, *der moderne Bund,* founded by artists Hans Arp (1887–1966), Oskar Lüthy (1882–1945), Walter Helbig (*b.* 1878), and Wilhelm Gimmi (1886–1960) at Weggis in Switzerland in October 1911. He exhibited with them at an exhibition held in Zurich in the summer of 1912. His most important review for *Die Alpen* was written of this exhibition, using it to discuss the Cubist and Expressionist movements and giving special emphasis to Kandinsky and Robert Delaunay (1885–1941).[17]

Still reticent about his own progress, his self-confidence was nevertheless growing. In February 1911 he began his œuvre catalogue and in the spring of the same year he reviewed his progress to date. Specifically he felt he had moved beyond what he thought of as his "impres-

de son œuvre, mais il y eut de longs retards de production. Puis, quelques dessins soumis en vue de l'exposition de la Sécession de Munich, en 1909, lui furent retournés, bien que l'année d'avant, l'exposition de la Sécession de Berlin eût accepté six aquarelles sous-verre. Pour comble de malheur, Felix tomba gravement malade, de sorte que Klee lui consacra neuf semaines environ de son temps, sans compter son énergie émotive. Il termina l'année sur cette note autocritique: «J'aurai maintenant trente ans révolus, voilà qui ne laisse pas de m'effrayer. "Fantaisies, vous fûtes. Désormais, soyons comme nous pourrons. Politique réaliste, à présent; finies les élévations ampoulées et mensongères!"»[14]

Néanmoins, il devait bientôt voir son œuvre accepté plus largement. À l'été de 1910, sa première exposition solo composée de cinquante-six pièces, s'ouvrit au Kunstmuseum de Berne, puis à Zurich, Winterthur et Bâle. Il franchit une nouvelle étape quand la galerie Thannhauser de Munich accepta l'exposition en 1911[15]. Parallèlement, ses rapports se multipliaient avec les autres artistes. Alfred Kubin (1877–1959), un graphiste allemand, dont l'œuvre avait déjà une certaine renommée, s'était dit très intéressé par quelques œuvres de Klee qu'il avait vues en 1910. De là peut-être l'invitation faite à Klee de se joindre à un groupe de jeunes artistes, poètes et critiques munichois, notamment Kubin, et qui prit le nom de *Sema* (Signe). Ce groupe se réunit à plusieurs reprises et publia en 1913 un portefeuille de lithographies de ses membres, dont une œuvre de Klee, *Vue d'une rivière (Blick auf einem Fluss*, Kornfeld n° 42). En 1912 eut lieu à la galerie Thannhauser une exposition collective comprenant treize œuvres de Klee, principal exposant[16]. Il observa alors: «Eh bien, voici au moins la preuve [son entrée au Sema] que, par rapport à l'extérieur, on ne restera pas éternellement isolé, faible début pour se grouper. Par rapport à l'intérieur, je ne vois guère encore de cohésion. Toutefois, on essaye» (*Journal*, p. 250–251).

Il faut cependant reconnaître le rôle plus important des réunions de Klee avec les Allemands August Macke (1887–1914), Franz Marc (1880–1916) et le Russe Kandinsky en 1911 et au début de 1912. Kandinsky, déjà reconnu comme chef de file par les cercles munichois d'avant-garde, était en train de produire avec Marc *Der blaue Reiter Almanac* (Almanach du Cavalier bleu) qui parut au printemps de 1912 à la suite de la première exposition, à la galerie Thannhauser en décembre 1911, du groupe Cavalier bleu, nom d'un mouvement artistique, réunissant notamment Kandinsky, Marc, Macke et d'autres artistes. Après quelques entretiens avec Kandinsky, Klee consentit à se joindre au groupe et exposa avec lui en mars 1912, à Munich, dans le cadre de la deuxième exposition du Cavalier bleu à la galerie Goltz (*Journal* p. 252). Klee n'apporta au groupe qu'une petite contribution publique, mais de toute évidence, il était convaincu de l'importance de l'œuvre de ce groupe, tant en général que pour lui-même. C'est ce qu'il exprime dans un certain nombre de critiques écrites entre novembre 1911 et décembre 1912 pour *Die Alpen*, périodique publié par Hans Bloesch à Berne. Il fut invité à se joindre à un troisième groupe, le *Moderne Bund*, fondé par les artistes Jean Arp (1887–1966), Oskar Luthy (1881–1945), Walter Helbig (né en 1878) et Wilhelm Gimmi (1882–1945), en octobre 1911, à Weggis, en Suisse. Il exposa avec eux à Zurich à l'été de 1912. C'est à cette occasion qu'il écrivit sa plus importante critique à l'intention de *Die Alpen*, étudiant les mouvements cubiste et expressionniste et s'intéressant surtout à Kandinsky et à Robert Delaunay (1885–1941)[17].

Toujours peu loquace à propos de son progrès, il reprenait cependant

sionist" stage and he related the potential of his work to the depth of his responses to van Gogh – an artist who, he felt, had engaged and yet defeated Impressionism by the force of his individuality. Then he wrote in his diary, "In lucid moments, I now have a clear view of twelve years of the history of my inner self. First the cramped self, the self with the big blinkers, then the disappearance of the blinkers and the self, now gradually the reemergence of a self without blinkers" (899). But he added, with that self-irony that is always close to the surface, "It is good that one didn't know this in advance."

His most successful works at this time were his drawings for Voltaire's *Candide.* He had first read Voltaire's book, a criticism of Leibnitz's optimism, in 1906 and was strongly attracted to it: "a unique book . . . . Three exclamation points." Klee's interests in those years were in sympathy with Voltaire's satire and he determined, late in 1909, to draw illustrations for an edition. The final twenty-six drawings, however, were not begun until the spring of 1911 and completed in 1912. What happened then stands as a good indication of where support for Klee's work at that time lay and where it did not. First, in 1912, the drawings were rejected by the publisher Georg Müller. Franz Marc then took up the cause of the "Candiddles," as Klee described them, with Reinhard Piper, publisher of *Der blaue Reiter Almanac* and Kandinsky's *Über das Geistige in der Kunst* (*Concerning the Spritual in Art;* 1912) but he also turned them down. In 1913 Hans Arp, founder of *der Moderne Bund,* showed them to Otto Flake of Verlag der Weissen Bücher who agreed to their publication. However, no real progress was made before the war and the matter was set aside during the years of conflict. Only in 1920 did the edition appear, published by Kurt Wolff, and the drawings were no longer an expression of Klee's current artistic concerns. This episode was not Klee's only disappointing experience with publishers immediately before the war. In 1912 Franz Marc brought Herewarth Walden, publisher of *Der Sturm,* to see Klee. The latter remarked in his diary, somewhat bitterly, that Walden remained "very quiet, to him I am very much second rate. But since Franz wishes it he allows a couple of drawings to be slipped into the pocket of his coat for the *Sturm*" (914).

In April 1912 Klee went to Paris. Unlike the visit of seven years before, this time his intention was to see as much as he could of advanced Parisian painting. He saw works by Pablo Picasso (1881–1973) and Braque (1882–1963) at Wilhelm Uhde's, Fauves at Kahnweiler's and visited the studio of Henri Le Fauconnier (1881–1946). He went to the apartment of the dealer Durand-Ruel and saw work by Henri Matisse (1869–1954) at the Bernheim-Jeune Gallery. But most important was his meeting with Robert Delaunay, to whom he went with a letter of introduction from Wassily Kandinsky. Typically, the diary mentions the meeting without comment, but the visit was most significant, and the example of Delaunay's work played an important part in Klee's art over the next few years. The relationship was not completely one-sided; later in 1912 Delaunay sent Klee his essay "La Lumière" (*Light*) which Klee translated for *Der Sturm.*[18]

Klee recognized that Delaunay's contribution to abstract structure and colour painting was original and important; he called him, in the review of *Moderner Bund*, one of the most gifted artists of the time. He perceptively compared Le Fauconnier's planar structure (*Flächenmasse*)

confiance en lui. En février 1911, il se mit à la rédaction de son catalogue et, au printemps de la même année, examina son évolution jusque-là. Il avait surtout l'impression d'avoir dépassé ce qu'il croyait être son étape «impressionniste», et voyait un lien entre la promesse de son œuvre et la profondeur de sa réaction devant Vincent van Gogh (1853–1890), artiste qui, croyait-il, s'étant engagé sur la voie de l'impressionnisme, l'avait vaincu par la force de sa personnalité. Il écrivit alors dans son *Journal*: «À de lucides moments, il m'arrive d'embrasser d'un coup d'œil douze ans d'évolution intérieure de mon propre moi. D'abord le moi convulsif, le moi affublé de grandes œillères, puis la disparition des œillères et du moi, et puis à présent, peu à peu, un moi sans œillères» (p. 250). Mais il ajouta avec son habituelle ironie, toujours à fleur de peau: «Il était bon de ne pas tout prévoir».

Ses œuvres les plus réussies à cette époque sont ses dessins pour *Candide.* D'abord, il avait lu en 1906 l'ouvrage de Voltaire, une critique de l'optimisme de Leibnitz, et en avait été fortement marqué: «Livre unique . . . Trois points d'exclamation». Ces années-là, l'intérêt de Klee se portait vers la satire voltairienne, et il décida, vers la fin de 1909, d'en illustrer une édition. Les vingt-six dessins définitifs ne furent cependant pas entrepris avant le printemps 1911 et achevés en 1912. Les réactions révèlent les partisans et adversaires du peintre. En 1912, pour commencer, l'éditeur Georg Müller rejeta les dessins. Franz Marc prit alors en main la cause des «Candides» comme on les appelait, avec Reinhard Piper, éditeur du *Blaue Reiter Almanach* et en 1912 de *Über das Geistige in der Kunst (Du spirituel dans l'art*) de Kandinsky, mais ce nouvel éditeur les refusa également. En 1913, Jean Arp, fondateur du Moderne Bund, les montra à Otto Flake de la Verlag der Weissen Bücher qui consentit à les publier. Cependant, rien ne déboucha avant la guerre, et la question fut écartée jusqu'à la fin du conflit. L'édition ne parut qu'en 1920 chez Kurt Wolff, alors que les dessins n'exprimaient plus les nouveaux soucis artistiques de Klee. Cet épisode n'est d'ailleurs qu'un exemple de ses déboires avec les éditeurs avant la guerre. En 1912, Franz Marc avait amené Herewarth Walden, éditeur du *Sturm*, voir Klee, qui nota dans son *Journal* avec une certaine amertume, que Walden «resta tout à fait silencieux, je fais très numéro 2 pour lui. Mais, parce que Franz Marc l'exige, il souffre qu'on lui glisse quelques dessins pour les reproduire dans *Der Sturm*» (p. 262).

En avril 1912, Klee se rendit à Paris. Contrairement à sa visite de sept ans plut tôt, celle-ci répondait à son intention de voir le plus possible de la peinture parisienne d'avant-garde. Il vit des œuvres de Pablo Picasso (1881–1973) et de Georges Braque (1882–1963) chez Wilhelm Uhde et des fauves chez Kahnweiler, et visita le studio de Henri Le Fauconnier (1881–1946). Il se rendit à l'appartement du marchand Durant-Ruel et contempla le travail de Henri Matisse (1869–1954) chez Bernheim-Jeune. Le plus important c'est sa rencontre avec Robert Delaunay (1885–1941) à qui il apporta une lettre de recommandation de Kandinsky. Naturellement, le journal porte la mention de la visite sans commentaire, mais cette dernière et l'exemple visuel influeront considérablement sur l'art de Klee pendant quelques années. Il ne s'agissait pas tout à fait d'une relation à sens unique; plus tard, en 1912, Delaunay fit parvenir son essai *La lumière* à Klee qui le traduisit pour *Der Sturm*[18].

Klee reconnaît que la contribution de Delaunay à l'abstraction pure et à la peinture en couleurs est originale et importante; dans sa critique du *Moderne Bund*, il le considère comme un des artistes les plus doués de l'é-

with Delaunay's light-and-colour structure (*Helligskeits- und Farbenmasse*) and describes both as leading to paintings that are like "crystallisations" or "polished impacted stone." But what he felt was special about Delaunay was that his work led to an autonomous image, a completely abstract existence of form (*Formdasein*). (It should be noted that the works Klee would have known were of the *Tour Eiffel* and *Fenêtres* type, not the colour abstractions like the *Formes circulaires.*)

Klee mentions Delaunay in his diary on just one other occasion, in July 1917. But this time the context is one in which Klee points to how his own art was reaching beyond the achievements of Delaunay. "Delaunay strove to shift the accent in art onto the time element, after the fashion of a fugue."[19] But Klee felt he himself had moved beyond that level of purely formal problems to where he could, once again, become an "illustrator of ideas" (*Diaries* 1081). What allowed him to say this in 1917 was the confidence he then had in the understanding of colour. The example of Delaunay had been a part of that understanding, but the insight was his own.

"Colour and I are one: I am a painter"

Klee's realization of colour, as more than a matter of technique, was a moment of experience. But if the moment was touched by magic, the ground had been long prepared.

Early in 1914 Klee's friend, Louis Moilliet (1880–1962), suggested he and Auguste Macke should accompany him to Tunisia and visit a Bernese acquaintance Dr Jäggi who lived there.[20] The three sailed from Marseilles to Tunis on 6 April. As soon as they arrived in North Africa Klee and Macke were affected by the artistic potential of the place – its light and colour, its exotic character. "The sun has a dark power," Klee wrote in his diary. "The colourful clarity on shore full of promise. Macke too feels it. We both know that we will work well here" (926 e). Just as he had been drawn to Italian architecture during his visit to Italy in 1901 – 1902, so his first assessment of Tunisia was set in terms of architecture. The day after their arrival he wrote:

> My head is full of the impressions of last night's walk. Art – nature – Self. Went to work at once and painted in watercolour in the Arab quarter. Began the synthesis of urban architecture and pictorial architecture. Not yet pure, but quite attractive, somewhat too much of the mood, the enthusiasm of travelling in it – the Self, in a word. Things will no doubt get more objective later, once the intoxication has worn off a bit (*Diaries* 926 f).

Earlier, when he had been concentrating on line and tone, he had always equated the development of a technique with its absorption in the self. Now also with colour – but for the moment it is out of balance, the directness of the experience had to settle deeper within him.

The three men toured around by car and train, and for Klee every moment of the fortnight's visit was a revelation and an adventure. On Easter Sunday, after a day of painting and swimming, he wrote:

> The evening is indescribable. And on top of everything else a full

poque. Il compare avec perspicacité la structure plane de Le Fauconnier (*Flächenmasse*) avec la structure de la lumière et de couleur de Delaunay (*Helligskeits- und Farbenmasse*), affirmant qu'elles mènent toutes deux à des peintures constituant pour ainsi dire «des cristallisations» ou «des pierres encastrées polies». Mais ce qu'il trouve de particulier chez Delaunay, c'est que l'œuvre mène à une image autonome, à l'existence complètement abstraite de la forme (*Formdasein*). Il convient de remarquer que Klee avait probablement pris connaissance d'œuvres comme *Tour Eiffel* et *Fenêtres*, plutôt que d'abstractions en couleurs comme *Formes circulaires*.

Klee ne fait qu'une autre mention de Delaunay dans son journal, en juillet 1917. Mais il s'agit cette fois d'un contexte où Klee fait remarquer que son art dépasse les réalisations de Delaunay: «Delaunay s'efforce de déplacer en art la dominante vers la dimension temporelle, comme dans une fugue.»[19] Selon lui, toutefois, il a dépassé ce niveau purement formaliste et atteint le plan où il redeviendrait «un illustrateur d'idées» (*Journal*, p. 313). C'est sa confiance dans la compréhension de la couleur qui lui permettait de s'exprimer ainsi en 1917. L'exemple de Delaunay l'avait aidé à comprendre, mais l'intuition était bien la sienne.

«La couleur et moi sommes un. Je suis peintre»

Klee comprit un jour que la couleur était plus qu'une affaire de technique, c'était un moment d'expérimentation. Mais cette révélation fut l'aboutissement d'une longue maturation.

Au début de 1914, Louis Moilliet (1880–1962), ami de Klee, lui proposa de l'accompagner en Tunisie avec Macke, pour rendre visite à une connaissance bernoise, Le Dr Jäggi[20]. Ils quittèrent, le 6 avril, Marseille par bateau pour Tunis. Dès leur arrivée en Afrique du Nord, Klee et Macke furent bouleversés par le pittoresque des lieux: lumière, couleur, exotisme. «Le soleil d'une sombre force. La clarté nuancée sur le pays, pleine de promesses. Macke l'éprouve lui aussi. D'avance nous savons tous deux qu'ici nous ferons du bon travail» (*Journal*, p. 269). Un peu comme il avait été séduit par l'architecture au cours de son séjour en Italie en 1901–1902, ce sont d'abord les édifices qui le frappèrent en Tunisie. Voici ce qu'il écrit au lendemain de leur arrivée:

> La tête pleine des impressions nocturnes de la veille. Art – nature – moi. Tout de suite à l'œuvre, j'ai peint à l'aquarelle dans le quartier arabe. Me suis attaqué à la synthèse de l'architecture de la cité et de l'architecture du tableau. Pas encore à l'état pur, mais effort plein de charme où se mêlent l'ambiance et l'euphorie du voyage: la part du moi. Voilà qui, plus tard se fera plus objectif, lorsque les belles vapeurs se seront dissipées (*Journal*, p. 270).

Auparavant, lorsqu'il s'était concentré sur la ligne et le ton, il avait toujours fait correspondre l'élaboration d'une technique à son absorption dans le Moi. C'était alors au tour de la couleur, sans équilibre pour le moment, le choc de l'expérience n'ayant pas encore été absorbé.

Ils visitèrent tous trois les lieux en voiture et en train; pour Klee, chaque instant de leur séjour de quinze jours était une révélation et une aventure. Ayant passé la journée de Pâques à peindre et à se baigner, il écrit ceci:

> La soirée est indescriptible. De surcroît se lève la pleine lune. Louis me

moon came up. Louis urged me to paint it. I said: it will be an exercise at best. Naturally I am not up to this kind of nature. Still, I know a bit more than I did before. I know the disparity between my inadequate resources and nature. This is an internal affair to keep me busy for the next few years. It doesn't trouble me one bit. No use hurrying when you want so much.

And then, going beyond that practical sense of his artistic project, he moves into poetry:

The evening is deep inside me forever. Many a blond, northern moonrise, like a muted reflection, will softly remind me, and remind me again and again. It will be my bride, my alter ego. An incentive to find myself. I myself am the moonrise of the South (926 k).

After spending Easter at Saint Germain, near Tunis, the three went to Hammamet and then to Kairuan. Kairuan struck Klee deeply. "At first, an overwhelming tumult, culminating that night with the *Mariage arabe.* No single thing, but the total effect. And what a totality it was! The essence of *A Thousand and One Nights,* with a ninety-nine per cent reality content" (*Diaries* 926 n). Although he had been painting in watercolour since arriving in Tunisia, there is little mention of colour. Suddenly it all came together:

I now abandon work. It penetrates so deeply and so gently into me, I feel it and it gives me confidence in myself without effort. Colour possesses me. I don't have to pursue it. It will always possess me, I know it. That is the meaning of this happy hour: Colour and I are one. I am a painter (*Diaries* 926 o).

As always the quintessence of experience lies in his ability to identify it with a means of art. He is a painter *because* he has absorbed colour totally within himself. Collecting his things together to leave Tunisia and to return home he wrote, "First the preparation for the departure. Many watercolours and all sorts of other things. Most of it inside, deep inside, but I'm so full that it keeps bubbling out" (*Diaries* 926 r).

From the Tunisian experience the direction of his mature work was set. How much he was affected by the whole affair was shown by the fact that from May 1914 until well into 1915 the style and nature of the diary entries, with one exception, are poetic or theoretical. Even the outbreak of war is ignored[21] and when it is mentioned, early in 1915, the tone is strangely detached: "I have long had this war inside me. That is why, interiorly, it means nothing to me . . . . I remain in this ruined world only in memory . . . . Thus I am 'abstract with memories' " (*Diaries* 952).

The notes in this immediate post-Tunisian period contain the core of his later theoretical writing; for instance, his description, in sexual terms, of the genesis of a work of art.

Genesis as formal motion is the essential thing in a work.
In the beginning the motif, the insertion of energy, sperm.

stimule: il faut peindre tout de suite. Je lui dis: ce ne sera tout au plus qu'une étude. Bien entendu j'échoue face à pareille nature. Mais j'en sais tout de même un peu plus qu'auparavant. Je sais le chemin à parcourir depuis mon insuffisance jusqu'à la nature. C'est là une affaire intérieure pour les prochaines années.
Je n'en suis pas du tout déprimé. On ne saurait se presser quand on exige autant de soi.

Puis il délaisse cet aspect pratique de son projet d'artiste et son ton devient plus poétique:

Cette soirée est profondément inscrite en moi pour toujours. Maint lever de la blonde lune du Nord, tel un reflet atténué m'exhortera en silence, ne cessera de m'exhorter. Et cette image sera mon épouse, sera mon autre moi. Le stimulant pour me trouver. Moi-même cependant je suis la lune du Sud, à son lever (*Journal* P. 274).

Après avoir passé le congé de Pâques à Saint-Germain près de Tunis, les trois artistes se rendirent à Hammamet puis à Kairouan. Ce dernier endroit impressionna profondément Klee: «D'abord un intense délire qui nuitamment culmine dans le *mariage arabe.* Pas d'impressions isolées mais un tout. Un extrait des *Mille et une Nuits* avec quatre-vingt-dix-neuf pour cent de réalité» (*Journal*, p. 281). Même s'il avait peint à l'aquarelle depuis son arrivée, il ne faisait guère mention de la couleur. Soudain elle se révéla:

J'abandonne maintenant le travail. L'ambiance me pénètre avec tant de douceur que sans plus y mettre de zèle, il se fait en moi de plus en plus d'assurance. La couleur me possède. Point n'est besoin de chercher à la saisir. Elle me possède, je le sais. Voilà le sens du moment heureux: la couleur et moi sommes un. Je suis peintre (*Journal*, p. 282).

Comme toujours, la quintessence de l'expérience tient à sa faculté de s'identifier à un véhicule artistique. C'est *parce* qu'il a totalement absorbé la couleur en lui-même qu'il est peintre. Rassemblant ses effets pour rentrer chez lui, il écrit: «Beaucoup d'aquarelles et autres choses de toutes sortes. Le principal acquis au-dedans de moi, la plupart à l'intérieur, profondément, mais prêt à déborder au point d'être à tout instant manifesté» (*Journal*, p. 284).

Son expérience en Tunisie avait définitivement orienté l'œuvre de sa maturité. Toute cette aventure l'influença tellement que, de mai 1914 jusqu'à 1915, le style et la nature des inscriptions du journal, à une seule exception près, appartiennent à la poésie ou à la théorie. Même quand la guerre éclate, il omet de le signaler[21]; quand il y fait allusion au début de 1915, c'est d'un ton étonnamment détaché: «J'ai porté cette guerre en moi depuis longtemps. C'est pourquoi elle ne me concerne pas intérieurement [. . .] Dans ce monde effondré je ne m'attarde plus guère autrement qu'en souvenir [. . .] Ainsi je suis "abstrait avec des souvenirs"» (*Journal*, p. 300–301).

Les notes écrites dès son retour de Tunisie renferment l'essentiel de ses écrits théoriques subséquents; c'est ainsi qu'il décrit en termes sexuels la genèse d'une œuvre d'art:

> Works as shaping of form in the material sense: the primitive female component.
> Works as form-determining sperm: the primitive male component.
> My drawings belong to the male realm (*Diaries* 943).

Later he asks if he is turning into the "crystalline" type, and goes on,

> One deserts the realm of the here and now to transfer one's activity into a realm of the yonder where total affirmation is possible.
> Abstraction.
> The cool Romanticism of this style without pathos is not granted. . . .
> I thought I was dying, war and death. But how can I die, I who am crystal?
> I, crystal.[22]

He had spoken of the crystalline before, in connection with Cubism, particularly Delaunay's colour abstraction. Now he sees his absorption of that not in terms of a *style,* but in terms of himself. Truely he was his own style.

It was appropriate, perhaps, that this should have been the moment that he met the Austrian poet Rainer Maria Rilke. A friend sent some of his watercolours to Rilke. "The poet," Klee records, "personally brought [them] back to me. His visit gave me really great pleasure. A picturesque, limping lady came with him."[23] The record of the meeting is, regrettably, brief. According to Klee, Rilke paid more attention to the colouristic than the graphic element of his work, thereby misjudging the stage of his achievement, for Klee recognized that he had not progressed so far in colour as in graphic work. This remark gains a certain edge for he judged Rilke's work as still "Impressionistic, skin deep," feeling that he had progressed further. Klee's opinion, of course, was based on Rilke's published work; he mentions specifically *Das Buch der Bilder* (1902) and *Die Aufzeichnungen des Malte Laurids Brigge* (1911). It might have been difficult for Klee to maintain this view if he had known the *Duineser Elegien* which were substantially written by 1915 although not completed until the beginning of 1922.

If, at least in his diary, he held himself apart from the war up to 1916 (there is, for instance, no mention of Macke being killed in 1914),[24] events then rendered this isolation impossible to maintain. On 4 March 1916 Marc was killed at Verdun, and a week later Klee was drafted as an Infantry Reservist into the German army and sent to the Recruit's Depot at Landshut, some seventy kilometres northeast of Munich. Twice in 1916 he was transferred, first back to Munich and then to Schleissheim as a member of the German Air Force reserve. This transfer to the air force came as a surprise to Klee, and seems to have arisen through the insistent efforts of his wife to have him exempted from service on medical grounds or to ensure at least that his duties would keep him from the front line. The posting to the air force reserve was a way of gaining the latter objective.

Although Klee describes the events of his first few months in uniform in considerable detail, he avoids references to art: "A great fear keeps me from painting." His œuvre catalogue, in which he had re-

> La genèse en tant que mouvement formel constitue l'essentiel de l'œuvre.
> Au début le motif, insertion de l'énergie, sperme.
> Œuvres en tant que génération de la forme au sens matériel: originellement féminines.
> Œuvres en tant que sperme déterminant la forme: originellement masculines (*Journal*, p. 298).

Plus tard, se demandant s'il est en train de passer au «type cristallin», il poursuit:

> On abandonne la région d'ici-bas pour aller construire de l'autre côté dans une région au-delà qui peut au moins exister intacte.
> Abstraction.
> Le froid romantisme de ce style sans pathos n'est pas acquis.
> Je pensais en mourir, guerre et mort. Puis-je donc mourir, moi cristal?
> Moi, cristal[22].

Il avait déjà parlé du cristallin en livrant ses impressions sur le cubisme, et particulièrement sur l'abstraction des couleurs chez Delaunay. Désormais, cette assimilation ne lui paraît plus une question de *style*: il la relie à son être. En vérité, il était son propre style.

Ce moment devait peut-être convenir plus que tout autre pour faire connaissance avec le poète autrichien Rainer Maria Rilke, qui avait reçu d'un ami commun quelques aquarelles de Klee. «Rilke, consigne Klee, vint me les rapporter lui-même. Sa visite me fut réellement une grande joie. Il était accompagné d'une boiteuse dame peintre.»[23] Hélas, il reste laconique sur la rencontre. D'après Klee, Rilke s'intéressait plus à la couleur qu'à la ligne dans son œuvre, se méprenant sur le degré d'évolution de Klee qui avait conscience de ne pas avoir progressé autant dans la couleur que dans le tracé. Cette remarque prend une importance particulière du fait qu'il trouvait l'œuvre de Rilke encore «à des élaborations préliminaires. Encore impressionniste», se croyant plus avancé. Naturellement, l'opinion de Klee se fondait sur les œuvres publiées de Rilke dont il mentionne *Das Buch der Bilder* de 1902 (Le livre des images) et *Die Aufzeichnungen des Malte Laurids Brigge* de 1911 (*Les cahiers de Malte Laurids Brigge*, éd. 1923). Klee n'eût guère pu soutenir ce point de vue s'il avait connu *Duineser Elegien* (*Les élégies de Duino*, éd. 1936), dont la rédaction était déjà avancée en 1915, mais qui seront terminées au début de 1922.

Klee fit abstraction de la guerre jusqu'en 1916, du moins dans son *Journal* (ainsi ne mentionne-t-il nulle part que Macke est tué en 1914[24]), mais la suite des événements ne le lui permit plus. Le 4 mars 1916, Marc fut tué à Verdun et, une semaine plus tard, Klee dut se joindre à la réserve d'infanterie allemande comme conscrit et fut envoyé au dépôt de recrues de Landshut, à quelque 70 km au nord-est de Munich. Cette année-là, il fut muté deux fois, d'abord à Munich puis à Schleissheim à titre de réserviste de l'aviation, changement inattendu pour Klee. Cette mutation serait attribuable à l'insistance de sa femme qui, dans les coulisses, cherchait à le faire exempter du service pour des motifs médicaux ou à le faire affecter loin du front. Elle devait du moins parvenir au second résultat.

Bien qu'il décrive les événements de ses premiers mois au régiment

corded more than two hundred works for each of the previous three years (1913–1915) dropped to eighty-one entries in 1916.

And his diary entries show that it was four months after his friend Marc's death before Klee wrote fully of it.[25] Not only does the entry form the most moving passage, it also reveals the core of his self-identity. He begins, "When I tell what kind of person Franz Marc is, I must at once confess that I shall also be telling what kind of person I am, for much that I participated in belonged to him also." Throughout the entry he slips between the present and past tenses:

> He is more human, he loves more warmly, is more demonstrative. He responds to animals as if they were human . . . . He does not begin by dissolving himself, becoming merely a part in the whole, so as to place himself on the same level with plants and stones and animals. In Marc, the bond with the earth takes precedence over the bond with the universe . . . .

Klee felt Marc's spiritual and artistic aims were set in earthly terms. He had a "feminine urge to give everyone some of his treasure" and when he met opposition he was thrown into self-doubt. This should be read in the light of the theoretical distinction Klee had made between the male and female components in the genesis of a work of art, recalling how he had identified his own drawings with the "male" realm. In opposition to Marc's project toward the world Klee writes,

> I only try to relate myself to God, and if I am in harmony with God, I don't fancy that my brothers are not also in harmony with me; but that is their business. . . .
> My fire is more like that of the dead or the unborn. No wonder that [Marc] found more love. . . . He was still a real member of the human race, not a neutral creature. . . .
> I tend rather to dissolve into the whole of creation. . . . My love is distant and religious.

There is a cruel irony in this: Marc, the human being directed by a human sense of responsibility, was dead and Klee, who declared his indifference to human concerns (including the war), was alive.

> Everything Faustian is alien to me. I place myself at a remote starting point of creation, whence I state *a priori* formulas for men, beasts, plants, stones and the elements and for all the whirling forces. A thousand questions subside as if they had been solved . . . . In my work I do not belong to the species, but am a cosmic point of reference. My earthly eye is too far-sighted and sees through and beyond the most beautiful things . . . .
> Art imitates creation. And neither did God especially bother about current contingencies.

"Perhaps the road is longer than my life"

Klee's military duties in late 1916 and early 1917 were primarily to escort aircraft parts to points in the north, once into the war zone. On returning

avec beaucoup de minutie, il évite toute allusion à l'art: «J'ai trop peur pour peindre.» Le catalogue de l'œuvre, où il consignait deux cents œuvres par année depuis trois ans, ne renferme que quatre-vingt-une rubriques pour 1916.

Ce n'est que quatre mois après la mort de Marc que Klee en parla ouvertement[25]. Il s'agit non seulement du passage le plus émouvant du journal, mais de celui qui révèle le mieux le fondement de son moi. En voici le début: «Du moment que je dis qui est Franz Marc, il me faut confesser qui je suis moi-même, car beaucoup de choses auxquelles je participe lui appartenaient également.» D'un bout à l'autre du passage, il alterne entre le passé et le présent:.

> Plus humain, il aime avec plus de chaleur que moi, de façon plus prononcée. [Avec les animaux, il se comporte comme s'ils étaient humains . . .] Il refuse de se dissoudre d'abord dans la totalité, pour se concevoir ensuite non seulement au même niveau que les animaux, mais que les plantes et les pierres. Chez Marc la pensée du terrestre prime la pensée du cosmos . . .

Klee pensait que les buts spirituels et artistiques de Marc étaient conçus en termes matérialistes. Il éprouvait ce «besoin féminin de donner à chacun quelque chose de son trésor» et, quand surgissait un obstacle, il s'effondrait dans le doute. Cela se comprend à la lumière de la distinction théorique que voyait Klee entre les éléments masculin et féminin de la genèse de l'œuvre d'art, en se rappelant qu'il assimile ses propres dessins au règne «masculin». Au contraire de la projection de Marc, Klee affirme:

> J'essaie seulement de me mettre en relation avec Dieu, et si je me trouve en harmonie avec Lui, je suppose que mes frères le sont aussi avec moi; mais c'est leur affaire . . .
> Mon ardeur est davantage de l'ordre des morts et des êtres non nés. Rien d'étonnant que [Marc] trouvât plus d'amour [. . .] C'était encore un membre authentique de la race humaine, non une créature neutre . . .
> Bien plutôt je me fonds d'abord dans la totalité [. . .] Mon amour est lointain et religieux.

La situation comporte une cruelle ironie: Marc, être humain motivé par un sens humain de la responsabilité, est mort alors que Klee, indifférent aux affaires humaines (y compris la guerre), vit.

> Toute tendance faustienne m'est étrangère. J'occupe un point reculé, original de la Création, à partir duquel je présuppose des formules propres à l'homme, à l'animal, au végétal, au minéral et aux éléments, à l'ensemble des forces cycliques. Des milliers de questions cessent comme si elles étaient résolues . . .
> L'homme dans mon œuvre ne représente pas l'espèce, mais un point cosmique. Mon regard porte trop loin et presque toujours à travers les plus belles choses . . .

from the last of these duties he was transferred to Gersthofen near the industrial city of Augsburg in South Germany and there he remained until the end of the war. At Gersthofen he was made a clerk in the pay office, a post which did not at first please him, but it did give him the opportunity to get on with his own work and his production rose quickly through 1917. Apart from his own work and military duties, his other concern at Gersthofen, as it had been at Schleissheim, was to get furloughs, and his diary is filled with the plans and schemes, successes and failures of these missions.

Despite the war Klee's reputation continued to expand. A number of pictures were sold, reviews and comments on his work became more frequent – in particular three articles by Theodore Däubler were published in 1918 and 1919, and the first monographic study, which appeared as *Sturm Bilderbücher III* in 1918. At the same time Klee was invited to contribute a statement to a volume of essays edited by Kasimir Edschmidt. Klee's contribution was his first sustained theoretical statement *Schöpferische Konfession (Creative Credo).* He began working on it in 1918 (*Diaries* 1127) and it was published in 1920 in the volume *Tribüne der Kunst und Zeit* along with essays by other artists, including Max Pechstein (1881–1955), Max Beckmann (1884–1950), the composer Arnold Schönberg, and writer Gottfried Benn. That this essay appeared at the same time as the expansion of critical interest in his work is significant. Klee had long been working within a special time frame, one that was essentially independent of external events. In 1918 the moment of his artistic autonomy was realizable; the war was no more than a delay to it and the political chaos in Germany that followed the Armistice irrelevant.

Due to his position in the pay office his discharge from the military was somewhat delayed, but he obtained his release after Christmas 1918 and began to look for a teaching post. In 1919 students of the Stuttgart Academy, led by the German painter Oskar Schlemmer (1888–1943), petitioned for Klee to be appointed there. The plan was strongly resisted by the faculty; Klee's ability to teach was called into question by virtue of the fact that he was "so dreamy and remote an artist." By November Schlemmer and his friends found they could not even carry a majority of the students with them, and the matter was dropped.[26]

Immediately before the negotiations with Schlemmer a rather curious episode occurred. Curious because it shows Klee taking an uncharacteristically clear political stance, and one attendant with some danger. Curious also because Klee expressed views about the value of the artist in society that anticipated his commitment to the Bauhaus a year or so later.

The episode centres around a letter Klee wrote to Alfred Kubin on 12 May 1919 but did not send until 10 June, just as he was leaving Munich for Switzerland.[27] He begins by referring to the collapse of the "communist republic." A Soviet Republic was declared in Munich on 4 April under the leadership of the poet Ernst Toller, but was soon taken over by the Communist Party. The anti-Communist Free Corps invested the city on 1 May and secured it two days later. During the late days of April and early May Munich was the scene of vicious blood-letting, less in the battle for the city than in "revenge" killings on both sides. The Free Corps were particularly harsh on any suspected Communist sym-

L'art est un symbole de la Création. Dieu ne se soucia point des stades fortuitement actuels.

«Voie peut-être plus longue que ma vie»

Durant l'hiver 1916–1917, les fonctions militaires de Klee consistèrent principalement à escorter des pièces d'avion jusque dans le nord, une fois même au cœur des hostilités. Au retour de sa dernière mission, il fut muté à Gersthofen près d'Augsbourg, cité industrielle du sud de l'Allemagne où il resta jusqu'à l'Armistice. À Gersthofen, il est commis au service de la solde, poste qui d'abord ne lui plaisait guère, mais il y trouva la possibilité de poursuivre son œuvre, et sa production s'accéléra au cours de 1917. À Gersthofen, comme à Schleissheim, outre son œuvre et ses fonctions militaires, il avait pour intérêt d'obtenir diverses permissions: son journal est rempli des procédés, intrigues, succès et échecs de ses tentatives.

La guerre n'empêcha pas la réputation de Klee de se répandre. Un certain nombre de ses tableaux se vendirent, les critiques et commentaires sur son œuvre se multiplièrent, notamment trois articles de Théodore Däubler en 1918 et 1919; la première monographie parut en 1918 sous le titre *Sturm Bilderbücher III.* À la même époque, Klee fut invité à soumettre un texte à Kasimir Edschmidt, qui préparait un volume d'essais. Le texte envoyé par Klee constituait son premier essai théorique: *Schöpferische Konfession* (*Confession créatrice*). Il en commença la rédaction en 1918 (*Diaries*, 1127), et l'article parut en 1920 dans un ouvrage intitulé *Tribüne der Kunst und Zeit* (Tribune de l'art et du temps) avec des essais notamment de Max Pechstein (1881–1955), Max Beckmann (1884–1950) et Franz Marc, du compositeur Arnold Schönberg et de l'écrivain Gottfried Benn. Fait digne de mention, la parution de cet essai coïncidait avec l'expansion de l'intérêt de la critique pour son œuvre. Depuis longtemps, Klee travaillait dans un cadre temporel particulier, essentiellement indépendant des événements extérieurs. En 1918, il pouvait réaliser son autonomie artistique; la guerre, simple retard, et le chaos politique d'après-guerre en Allemagne ne comptaient guère.

Vu son affectation à la solde, sa libération fut quelque peu différée; mais on la lui accorda peu après Noël 1918, et il se mit à la recherche d'un poste d'enseignant. En 1919, les étudiants de l'Académie des beaux-arts de Stuttgart, à la suite du peintre allemand Oskar Schlemmer (1888–1943), réclamèrent par pétition la nomination de Klee. Le corps professoral s'opposa farouchement à ce projet: on remettait en question la compétence pédagogique de Klee, sous prétexte que c'était «un artiste trop rêveur et trop peu accessible». En novembre, Schlemmer et ses amis se rendirent compte qu'ils ne réuniraient pas la majorité des étudiants et la question fut écartée[26].

Juste avant les négociations avec Schlemmer, se produisit un incident assez curieux. Curieux certes, puisque Klee, au contraire de son habitude, s'engagea politiquement, et sa position n'était pas exempte de risques. Curieux aussi parce que Klee exprimait un avis sur la place de l'artiste dans la société, un an environ avant son engagement au Bauhaus.

L'épisode concerne principalement la lettre à Alfred Kubin, écrite le 12 mai 1919 mais envoyée le 10 juin seulement, au moment où il quittait Munich pour la Suisse[27]. Klee commence par évoquer l'effondrement de la «république communiste». Une république soviétique avait en effet été proclamée à Munich le 4 avril sous la direction du poète Ernst Toller, mais

pathisers. Klee described the collapse of the Soviet as "a real tragedy, a shocking collapse of a basically decent movement but one which, brought into existence in an overpressured atmosphere, could not keep itself free from crime. A typical example." He then went on to describe how, in such a regime, properly constituted, there was a chance for an invigorated and socially relevant place for the artist. The revalued "personal" art would give itself not to the academies but to art schools for craftsmen.

There is a further twist to the affair. Ernst Toller, on the run after the Soviets' collapse, hid out in the Castle Süresnes for some three weeks. Klee's studio at the time was located in the same building.

It was in November 1920, when Klee was visiting the Russian painter Alexej von Jawlensky (1864–1941) and Marianne von Werefkin (1870–1938), that he received a telegram signed by the German architect Walter Gropius (1883–1969) and six Masters inviting him to join the Bauhaus. The Bauhaus had been created by Gropius from an amalgamation of the former Weimar Academy of Fine Arts and the Weimar School for Arts and Crafts. He had been confirmed as director of the Bauhaus in Weimar in March 1919.

He had succeeded not only in gathering together an exceptionally talented group of artists and craftsmen, but also in inspiring them to develop radically new methods of artistic instruction which combined the values of the fine arts with those of the crafts. The students moved from an obligatory foundation course to a series of specialized workshops. Each of these was led by two instructors, a Master of Form, who would be, like Klee, a painter or sculptor, and a Master of Crafts, a specialist in the particular concern of that workshop.

Klee immediately accepted the offer of Gropius and took up his position in January 1921, commuting between Munich and Weimar until his family moved in September. On his appointment he went first to the stained-glass workshop and later to the weaving workshop. Subsequently, due to the interests of the artists and pressure from students, classes in painting were introduced, and Klee, along with Kandinsky and Lyonel Feininger (1871–1956), offered these.

Klee remained with the Bauhaus for ten years, moving with it to Dessau in 1925. He resigned in April 1931 to take up an appointment at the State Academy at Düsseldorf. Felix Klee has described the Weimar years as most happy ones for his father, despite the necessary adjustments to the small-town character of Weimar in contrast to cosmopolitan Munich.

These four years in Weimar were very full ones for Klee. The years of preparation were over and the great period of creative production began. In addition he had full-time teaching duties which brought special responsibilities to develop a pedagogical methodology. Not having taught before (excluding his work as "corrector"), there was the need to formulate in clearly transmissable form his own ideas and practice. In addition, the radical nature of his art and the special purpose of the Bauhaus meant that there were few guidelines in existing pedagogical techniques. Klee prepared detailed notes for his teaching, though in practice he does not seem to have depended on them. Mordecai Ardon (*b.* 1896) who studied at the Bauhaus in 1920–1925 and who was a student of Klee, recalls that Klee did not, in fact, use them at all.[28] The work

bientôt le Parti communiste s'en empara. Le Contingent libre anticommuniste investit la ville le 1er mai et en prend possession deux jours plus tard. Durant les derniers jours d'avril et au début de mai, Munich fut le théâtre de rages sanglantes, non pas tellement lors du siège que lors des tueries en guise de «représailles» de part et d'autre. Le Contingent libre se montra particulièrement dur à l'égard de tous ceux qu'on soupçonnait d'être pro-communistes. Klee décrit l'effondrement de la république soviétique comme «une véritable tragédie, la bouleversante désintégration d'un mouvement assez valable au fond, mais qui, né dans une atmosphère de grande tension, ne pouvait se retenir de commettre des crimes. Exemple typique». Il poursuit, exposant comment un tel régime, bien constitué, permettait de rehausser la place de l'artiste dans la société. L'art «personnel» réévalué ne se donnerait plus aux académies mais à des écoles d'artisans.

L'affaire se corsa. Ernst Toller, en fuite après l'écroulement de la république soviétique, se cacha environ trois semaines au château de «Suresnes» où se trouvait alors le studio de Klee.

En novembre 1920, Klee rendait visite aux peintres russes Alexej von Jawlensky (1864–1941) et Marianne von Werefkin (1870–1938), et c'est alors qu'il reçut un télégramme signé par l'architecte allemand Walter Gropius (1883–1969) et six maîtres qui l'invitaient à entrer au Bauhaus. Fondé à Weimar par Gropius, le Bauhaus était le résultat de la fusion de l'ancienne Académie des beaux-arts et de l'École des arts décoratifs du grand-duché de Saxe-Weimar-Eisenach. En mars 1919, Gropius était confirmé dans son poste de directeur du Bauhaus à Weimar. Gropius réussit non seulement à réunir un groupe d'artistes et d'artisans d'un talent exceptionnel, mais en outre à les inciter à élaborer des méthodes radicalement nouvelles d'enseignement artistique faisant appel à la fois aux valeurs des beaux-arts et à celles de l'artisanat. Les étudiants, après un cours élémentaire obligatoire, passaient à l'un des ateliers spécialisés, chacun dirigé par deux moniteurs: un maître de forme, peintre comme Klee ou sculpteur, et un maître d'artisanat, selon la spécialité de l'atelier.

Klee accepta sur-le-champ et assuma ses nouvelles fonctions en janvier 1921, voyageant régulièrement entre Munich et Weimar jusqu'au déménagement de sa famille en septembre. Klee, à sa nomination, s'occupa d'abord de l'atelier du vitrail puis de celui de la tapisserie. Par la suite, à cause des intérêts manifestés par les artistes et des pressions exercées par les étudiants, on ouvrit des classes de peinture, que Klee se partagea avec Kandinsky et Lyonel Feininger (1871–1956).

Il resta dix ans au Bauhaus et suivit ce dernier à Dessau en 1925. Il démissionna en avril 1931 pour accepter un poste à l'Académie d'État à Düsseldorf. D'après Felix Klee, les années passées à Weimar auraient été les plus heureuses de son père, même s'il dut s'adapter à l'atmosphère de cette petite ville, qui n'avait rien du cosmopolitisme de Munich.

Ces quatre années à Weimar furent une période bien remplie pour Klee. Après les années de préparation commençait la grande période de production créatrice. En outre, il avait un poste d'enseignant à plein temps qui comportait la charge d'élaborer une méthode pédagogique. Novice dans l'enseignement à l'exclusion de son travail de correcteur, il devait formuler ses idées et procédés en termes clairement transmissibles. En outre, la nature radicale de son œuvre et l'objectif particulier du Bauhaus augmentaient la difficulté de trouver des repères parmi les techniques traditionnelles. Klee préparait pour ses leçons des notes détaillées qu'apparemment il

that he put into them, however, survives in a mass of notes and drawings now preserved in the Klee Foundation (Klee Stiftung) in Bern; some three thousand eight hundred separate sheets and drawings which stand apart from the work entered in the œuvre catalogue. The majority of these date from the period 1921–1929, a few additions being made in Düsseldorf and occasional reworkings added in the last years of his life. He expressed the wish that these notes should be published, but left no directives or scheme as to the precise order or content.[29] In addition he wrote a number of essays published as part of the Bauhaus book series: "Ways of Nature Study" (*Wege des Naturstudiums*; 1923), "Pedagogical Sketchbook" (*Pädagogisches Skizzenbuch*; 1925), and "Exact Experiments in the Realm of Art" (*Exacter Versuch im Bereich der Kunst*; 1928). There was also the lecture delivered to the museum in Jena (East Germany) in January 1924, *Über die moderne Kunst*, which was finally published in 1945 as *On Modern Art*, and which must stand as one of the major documents of twentieth-century art.

Klee's commitment to the Bauhaus changed after the school moved from Weimar to Dessau. The move had been forced on the Bauhaus by the decision of the State of Thuringia, in which Weimar was located, to renegotiate contracts to reduce the financial contribution from the public purse, and to have the power of dismissal. It was a move prompted by the rightists, including a small but vociferous Nazi group. The terms were naturally unacceptable to the members of the Bauhaus faculty who preferred to close rather than to accept the threatened political control. Other areas of support were considered, and an agreement to relocate the Bauhaus in the city of Dessau was eventually worked out. However, Klee remained undecided about making the move until the last moment. He had been offered a job at Frankfurt-am-Main and through early 1925 felt that he would have to accept that offer. He also seems to have been unhappy about certain directions developing within the Bauhaus. Feininger mentioned a paper given by the Hungarian Moholy-Nagy (1895–1946) in March 1925 that was all "movies, optics, mechanics, projections and movement . . ." and goes on to say, "Klee was very uneasy yesterday when he spoke of Moholy . . . . Template mentality."[30]

Considerable pressure must have been put on Klee by his colleagues to accompany them to Dessau and he eventually agreed to do so. The city of Dessau had decided to build new premises for the Bauhaus to its design, including a house for Gropius and four duplex units for Masters. Klee commuted between Weimar and Dessau until the houses were ready in 1926 when he and his family moved in. Kandinsky and his wife occupied the other part of their duplex.

Klee's uncertainties about the Dessau move were soon confirmed and he was further unsettled by the increasing political activity inside the Bauhaus. An exchange of letters between himself and Gropius in 1926 about a proposal to reduce salaries by ten per cent shows a serious difference of opinion that went far wider than the immediate issue.[31] Matters worsened when Gropius suddenly resigned in 1928, and the Swiss architect Johannes Meyer became director. Meyer's political activity provoked further internal conflict and brought the Bauhaus openly into conflict with the growing power of the Nazis in local and state governments. Meyer was removed from his post in 1930 following

n'utilisait guère. Selon Mordecai Ardon (né en 1896), étudiant de Klee au Bauhaus en 1920–1925, il ne s'en servait même pas[28]. Son labeur nous vaut néanmoins une masse de notes et de croquis, conservés à la Fondation Paul Keel à Berne; quelque trois mille huit cents feuillets et croquis détachés, distincts des œuvres inscrites au catalogue. La plus grande partie remonte à la période 1921–1929. Il y ajouta quelques pages à Düsseldorf et y retravailla parfois au cours des dernières années de sa vie. Il exprima le vœu qu'on publiât ses notes, mais ne laissa pas d'instructions ni de plan précis quant à leur agencement ou leur contenu[29]. En outre, il rédigea un certain nombre d'essais publiés dans la collection d'ouvrages du Bauhaus: *Wege des Naturstudiums* en 1923 (*Voies de l'étude de la nature*, dans *La pensée créatrice*, Paris, 1973), *Pädagogisches Skizzenbuch* en 1925 (*Esquisses pédagogiques*, dans *Théorie de l'art moderne*, Genève, 1964) et *Exakter Versuch im Bereich der Kunst* en 1928 (*Expériences exactes dans le domaine de l'art*, dans *La pensée créatrice*, Paris, 1973). Il prononça aussi une conférence au Kunstverein de Iéna en janvier 1924, *Über die moderne Kunst* et publiée en français en 1964 sous le titre *De l'art moderne:* il s'agit d'un des documents majeurs de l'art du XXe siècle.

L'engagement de Klee envers le Bauhaus changea après le transfert de Weimar à Dessau. C'est l'État de Thuringe (où se trouve Weimar) qui contraignait le Bauhaus à déménager, afin de renégocier les contrats, de réduire les subventions publiques et d'avoir le privilège de renvoyer qui il voudrait. Il s'agissait d'une décision prise par égard à la droite, notamment un petit groupe de nazis vociférants. Naturellement, le corps enseignant du Bauhaus rejeta ces conditions, préférant fermer boutique que de subir le contrôle politique dont on le menaçait. On chercha d'autres soutiens, et finalement une entente avec la ville de Dessau permit de resituer le Bauhaus. Jusqu'à la fin, Klee se demanda s'il suivrait. On lui avait offert un poste à Francfort-sur-le-Main et, pendant quelque temps au début de 1925, il se crut obligé de l'accepter. Apparemment, certaines orientations naissantes au Bauhaus ne lui plaisaient pas. Feininger signale une communication faite en mars 1925 par le Hongrois Moholy-Nagy (1895–1946), ne consistant qu'en «cinéma, optique, mécanique, projections et mouvements . . . », et poursuit: «Klee se sentait très mal à l'aise hier en parlant de Moholy . . . Mentalité de clan»[30].

Klee a dû subir des pressions considérables de la part de ses collègues pour qu'il les accompagnât à Dessau, car il y consentit finalement. La ville avait convenu de bâtir de nouveaux locaux pour le Bauhaus selon les vœux des professeurs, notamment une maison pour Gropius et quatre maisons à deux appartements pour les maîtres. Klee fit la navette entre Weimar et Dessau tant que les maisons ne furent pas prêtes; il emménagea enfin en 1926. Kandinsky occupait avec sa femme l'autre appartement de la même maison.

Klee vit bientôt confirmées ses hésitations quant au transfert à Dessau et se sentit de plus en plus troublé par l'activité politique grandissante au sein du Bauhaus. Sa correspondance avec Gropius en 1926 au sujet d'un projet visant à réduire de dix pour cent les salaires révèle un grave conflit d'opinion qui transcendait le problème du moment[31]. Les choses empirèrent cependant en 1928 par la brusque démission de Gropius auquel succéda l'architecte suisse Johannes Meyer comme directeur. L'activité politique de ce dernier attisa le conflit interne, opposant ouvertement le Bauhaus au pouvoir grandissant des nazis au sein des gouvernements local et natio-

the "de-politicization" of the Bauhaus, and greater stability and application to the purpose of the school was promised by the new director, architect Mies van der Rohe. But for Klee events had already gone too far and when, in 1930, he was approached by the director of the Düsseldorf Academy of Art to take a post there, he accepted.

The Düsseldorf post demanded of him less time in the classroom. For some months he retained his home in Dessau and travelled to Düsseldorf every two weeks maintaining a studio in both places. His time in Düsseldorf coincided with his development of the "divisionist" pictures, those colour-filled and radiant paintings that stand against the discipline of many works from the Bauhaus years. This period in his life, however, did not last long. At the end of January 1933 the Nazis gained full control of the country, and in March the Swastika was raised over the Düsseldorf Academy. It would seem that Klee's dismissal had already been decided on and if evidence of this were needed his house in Dessau was searched and papers temporarily confiscated. Klee left immediately for Switzerland, but returned a few weeks later to help Lily to move from Dessau to Düsseldorf; his son Felix and his wife came to live with them there. Klee's official dismissal from the Academy, however, soon followed on the grounds of the need to increase the "indigenous" content of the school – a curious excuse to give to a man who was born and who died a German. With such pressure, to say nothing of potential danger, Klee and his wife decided to move to Switzerland permanently and they left immediately before Christmas 1933 for Bern. Four years later one hundred and two pictures by Klee in German collections were confiscated and seventeen of his works were shown in the Munich *Entartete Kunstausstellung,* the Nazi-organized exhibition of "degenerate" art.

The move to Bern was far from a triumphant return. Klee's reputation in Switzerland was limited to a small group of people, he had no job, and he had left Germany with virtually nothing. Through the efforts of a Swiss friend and collector Rolf Bürgi, his pictures and notes left in Germany were rescued and a private scheme of financial support was established. The distress of the circumstances of the move curtailed his ability to work and when he was able to begin again later in 1934 he had only a few months before another blow struck. In the course of 1935 he fell ill. Complications arose after contracting measles and he developed a rare disease known as sclerderomia which causes a drying of the mucuous membranes.

Throughout 1936 the illness was so severe that his work was restricted to two brief periods in the spring and early summer. He entered only twenty-five works in the œuvre catalogue that year. Gradually, however, his condition, or perhaps his control over it, improved to the point that he could take up a more rigorous programme of work in 1937. Despite the chronic nature of his illness and the often severe suffering, there began a period of intensity and concentration on his work, from 1937 up to just two months before his death, that he had never achieved before and which must, in any case stand as one of the most remarkable occasions of artistic activity. Quantitatively his production rose through 1937 and 1938 to reach a peak of activity in 1939 when no fewer than 1,253 works were listed in the œuvre catalogue. Whilst the majority of these were drawings, there was no decline in the number of coloured

nal. Meyer perdit sa place en 1930 lors de la «dépolitisation» du Bauhaus, et le nouveau directeur l'architecte Mies van der Rohe promit d'assurer à l'école la stabilité et le maintien de son orientation. Mais pour Klee, c'en était déjà trop et, en 1930, il accepta un poste offert par le directeur de l'Académie des arts de Düsseldorf.

Son travail à Düsseldorf exigeait de lui moins de temps en classe. Quelques mois encore, il résida à Dessau, se rendant à Düsseldorf toutes les deux semaines et gardant un atelier dans les deux villes. Son séjour à Düsseldorf coïncida avec l'apparition de ses peintures dites divisionnistes, tableaux multicolores et rayonnants qui contrastaient avec la discipline de nombreuses œuvres de l'époque du Bauhaus. Cette période dans sa vie fut de courte durée. À la fin de janvier 1933, les nazis avaient la mainmise sur le pays et, en mars, la croix gammée flottait sur l'Académie à Düsseldorf. Apparemment, la démission de Klee était arrangée d'avance car, s'il faut des preuves, sa maison de Dessau avait été fouillée et ses papiers temporairement confisqués. Klee quitta le pays sans délai pour la Suisse, revenant pourtant quelques semaines plus tard pour aider Lily à quitter Dessau pour Düsseldorf; son fils Felix et sa femme s'installèrent avec lui. Le renvoi officiel de Klee de l'Académie ne tarda cependant pas, sous prétexte qu'il fallait augmenter le contenu «indigène» de l'école – curieuse excuse à donner à celui qui fut Allemand de sa naissance à sa mort. Cédant à ces pressions, sans compter les risques de la situation, Klee et sa femme décidèrent d'aller définitivement s'installer en Suisse, et ils partirent en 1933 pour Berne juste avant Noël. Quatre ans plus tard eut lieu la confiscation de cent deux tableaux de Klee appartenant à des collections en Allemagne, et dix-sept de ces œuvres furent montrées à Munich dans le cadre de l'*Entartete Kunstausstellung*, exposition de «L'Art dégénéré» organisée par les nazis.

Son arrivée à Berne n'eut rien de triomphal. Il n'était connu que d'un petit groupe et se retrouva sans emploi, ayant quitté l'Allemagne presque les mains vides. Grâce à l'action énergique de quelques-uns de ses amis, ses tableaux et notes abandonnés en Allemagne furent récupérés, et l'on créa un fonds privé de soutien financier. Les circonstances misérables du déménagement inhibèrent son travail et quand il put s'y remettre en 1934, ce ne fut qu'un répit de quelques mois avant l'épreuve suivante. En 1935, il attrapa une rougeole qui se compliqua d'une affection rare appelée sclérodermie causant l'assèchement des muqueuses.

Durant l'année 1936, il fut si malade qu'il ne put travailler qu'en deux brèves accalmies, au printemps et au début de l'été. Il n'inscrivit au catalogue que vingt-cinq œuvres cette année-là. Peu à peu, cependant, son état s'améliora au point de lui permettre de travailler plus intensément en 1937. Malgré la nature chronique de son affection et la souffrance parfois aiguë, il entra dans une période de travail intense, telle qu'il n'en avait jamais connu auparavant, du début de 1937 jusqu'à environ deux mois avant sa mort; il s'agit probablement d'un des cas les plus remarquables d'activité artistique. Sa production s'éleva quantitativement durant 1937 et 1938, pour atteindre son apogée en 1939, année où il n'inscrivit pas moins de mille deux cent cinquante-trois œuvres au catalogue. Ces œuvres sont des dessins pour la plupart, mais sa production de peintures et de feuilles de couleur ne connut aucun déclin. En outre, il travaillait souvent à cette époque sur un format auquel il s'était rarement essayé auparavant. Quant à la qualité, on peut parler d'un «style tardif» de Klee, caractéristique de l'œuvre d'un petit nombre de véritables artistes – notamment Titien, Rembrandt et Michel-Ange – qui

sheets or paintings. In addition, he often worked in this period on a scale that he had rarely attempted before. And qualitatively we can, of Klee, talk of a "late style," a characteristic found in the work of a small number of really great artists – Titian, Rembrandt, and Michelangelo amongst them – who in the last few years of their lives show a depth and intensity of unalloyed creativity.

At the beginning of May 1940 Klee entered a clinic at Locarno–Orsolina (Tessin) to be transferred, a month later, to the hospital of Sant-'Agnese at Locarno–Muralto. He died there on the morning of 29 June. His body was cremated at Lugano on 1 July and his ashes eventually interned at the Schosshalden Cemetery in Bern in 1942. On the tombstone are engraved words taken from his diary,

> I cannot be understood in purely earthly terms. For I can live as happily with the dead as with the unborn. Somewhat nearer to the heart of creation than is usual. But still far from being near enough.

déployèrent au cours des dernières années de leur vie une profondeur et une intensité créatrice rares.

Au début de mai 1940, Klee entra à la clinique de Locarno-Orselina, au Tessin d'où il devait être transféré un mois plus tard à l'hôpital Sant'Agnese à Locarno-Muralto. C'est là qu'il s'éteignit au matin du 29 juin. Son corps fut incinéré à Lugano le 1er juillet, et ses cendres finalement ont été transportées au cimetière Schosshalden à Berne en 1942. Sur sa tombe on grava cet extrait du *Journal*:

> En ce monde, nul ne put me saisir, car je demeure aussi bien chez les morts que chez ceux qui ne sont pas nés. Un peu plus près du cœur de la création qu'il n'est d'usage. Et pourtant encore bien trop loin.

The In-between World

"The world was my subject"

Threatening Head (cat. no. 2) is the most telling and the most honest symbol of Klee's early art. Technically accomplished and stylistically individual though it is, there is a dilemma at the core of that caricature of a self-portrait that reflects on the values of his first independent work. On pulling the first impressions of the print in March 1905, Klee described the image as "a sharply negative little demon above a hopelessly resigned face." Again, a few days later, he wrote, "A thought more destructive than action. Pure negation as demon. The physiognomy for the most part resigned" (*Diary* 610). The dilemma is this: Klee had bought independence at the price of negation – by caricature and satire and ugliness – and was resigned to this exploitation of his skills.

Threatening Head was the last of the series of prints that Klee had begun in July 1903. In the earlier prints he had struck critically at social conventions, at the illusions and delusions of individual and collective mores, by inventions with figures partly hidden behind masks or stripped down to a pathetic and obscene nudity. *Crown Mania* (*Ein Mann versinkt vor der Krone*; 1904; Kornfeld 14) criticizes the Prussian blind obedience to authority, and *Two Men Meet, Each Presuming the Other to be of Higher Rank* (*Zwei Männer, einander in höherer Stellung vermutend begegnen sich*; 1903; Kornfeld 7) satirizes the foolishness and hypocrisy of polite manners, Klee noting that in this print he "looked for consolation . . . for my social position" (*Diaries* 519). Attitudes toward sex are satirized in two versions of a composition called *Woman and Animal* (*Weib and Tier*; 1903; 1904; Kornfeld 3, 13) and more strikingly, in *Virgin in a Tree* (cat. no. 1) where he equates virginity, as a falsely prized condition, with sterility and unnaturalness; the work, he writes, becomes a "critique of bourgeois society" (*Diaries* 514).

That a young artist, just after the turn of the century, should stand out against the social status quo and be drawn toward poetic symbolism and the *Jugendstil* (Art Nouveau) is unexceptional. Superficially Klee's choice of style and subject matter may have been contemporary, but his arrival at those choices was the result of introspection on the ambitions that he had for his art. He turned to satire during the visit to Italy in 1901–1902 when he was brought to realize that the cultural heritage and artistic training that were his had to be defeated if his own work was to achieve any individuality. Yet to defeat these by satire carried, in the end, its own failure both as form and content. As he was

L'«entremonde» de Klee

«Le monde est mon sujet»

Tête menaçante (n° 2) constitue le symbole le plus révélateur et le plus sincère de l'art de Klee à ses débuts. Même si elle est le fruit d'une technique accomplie et d'un style personnel, cette caricature d'un autoportrait cache un profond dilemme qui se reflète dans les valeurs de sa première œuvre indépendante. Au moment où étaient tirées les premières épreuves de cette gravure en mars 1905, Klee décrivait l'image en ces termes: « . . . un petit démon rigoureusement négateur sur une face désespérément résignée»; et quelques jours plus tard, il écrivait: «Une pensée plus anéantissante qu'un acte. Pure négation en tant que démon. La physionomie essentiellement résignée» (*Journal*, p. 172, 174). Le dilemme était le suivant: Klee avait fait naître l'indépendance par la négation (caricature, satire et laideur) et il se résignait à exploiter ainsi son talent.

Tête menaçante était la dernière de la série de gravures que Klee avait commencée en juillet 1903. Dans les précédentes, il attaquait les conventions sociales, les illusions et les chimères des mœurs individuelles et collectives grâce à des «inventions» avec des personnages partiellement cachés derrière des masques ou réduits à une nudité pathétique et obscène. *Folie de la couronne* (*Ein Mann versinkt vor der Krone*; Kornfeld 14) est une critique de l'obéissance aveugle que les Prussiens vouaient aux autorités et *Rencontre de deux hommes qui se croient moins haut placés l'un que l'autre* (*Zwei Männer einander in höherer stellung vermutend, begegnen sich*; 1903; Kornfeld 7), une satire de l'absurdité et de l'hypocrisie des bonnes manières; à propos de cette gravure, Klee note: «J'y cherchai quelque consolation pour ma propre position sociale» (*Journal*, p. 150). Dans deux versions d'une même composition intitulée *Femme et animal* (*Weib und Tier*; 1903 et 1904; Kornfeld 3 et 13), il raille les attitudes adoptées à l'égard de la sexualité et s'en moque plus durement encore dans *Vierge dans l'arbre* (n° 1) où il établit un parallèle entre la virginité, cet état que l'on a, à tort, exalté, et à la stérilité et à la négation de la nature; c'est une «critique de la société bourgeoise» (*Journal*, p. 149).

Qu'un jeune artiste, juste au début du siècle, se soit élevé contre la statu quo social et se soit senti attiré par le symbolisme poétique et le *Jugendstil* (Art nouveau) n'a rien d'exceptionnel. En apparence, le style et les sujets que Klee choisit sont peut-être de son temps, mais son choix est le fruit d'une introspection sur les ambitions qu'il nourrit pour son art. Il opta pour la satire lors d'un séjour en Italie en 1901–1902, au cours duquel il se rendit compte qu'il lui fallait combattre la formation artistique qu'il avait re-

quick to recognize, the etchings made their point in a literary, not a pictorial sense; for all their distortion their mode of presentation was essentially traditional. It was clear to him that nothing could grow in an art that was essentially negative, both in terms of its subject matter and its pictorial conventions. And if he yet lacked the means, he had *projected* the right direction immediately after returning from Italy: "I imagine a very small formal motif and try to excute it economically . . . in a single act, armed with a pencil. At least it is a genuine activity . . ." (*Diaries* 425). The tone of this passage is strongly reminiscent of something Nietzsche had written just fourteen years before: "The only thing that can nowadays be well made, that can be a masterpiece, is the small thing. Only in that is authenticity still possible."[32]

Even before the plate was printed Klee thought *Threatening Head* would be the last of the series (*Diaries* 602). Where, in the other prints, he had turned on the external world and magnified its weaknesses, now he faced his own situation – the negativism and resignation that opposed the will for modest but "genuine activity." He had begun with misdirected assumptions; his academic skills led him directly to conventions whose fundaments he was not called upon to question. He knew that he had to start not with tried and tested formulae, but with the basic properties of line, tone, and colour.[33] What he did was to turn back to nature, not to the conventions of his academic figure and landscape studies, but to a direct relationship between his perceptions.and the basic units of picture-making, the structure of line and tone. This stage of his work, between the years 1906 and 1911, he described as "impressionist;" its chief expression was in drawings and, from 1908, the greater proportion of them were done directly from nature.[34]

"Swarming Scribbles" and Linear Boundaries

If the pressure for a major reassessment had built up by 1905, the opportunity to give it direction came the following year when he was introduced to the work of the Belgium James Ensor (1860–1940) and van Gogh by the Swiss Jacques Ernst Sonderegger (1882–1956).[35] It is important to recognize that the impact of these artists on Klee was essentially formal and not in terms of content.[36] As he studied their work so the nature of his drawings changed, in particular by emphasizing small units of graphic construction in line and tone by which a drawing was generated primarily through the activity of the graphic units rather than through the realization of a convention. In 1905, thinking back to discussions at Knirr's school, he had already spoken about the "expressive motion of the brush, the genesis of the effect" (*Diaries* 640). Now he was beginning to realize how the emphasis of artistic activity lay in the process rather than in the end result.

The character of the linear style Klee developed is seen in *Quarry at Ostermundigen* (cat. no. 4) and *Galloping Horse* (cat. no. 6), both drawn from nature. In *Quarry at Ostermundigen,* the earlier of the two, he develops the structure of the drawing and the illusion of space, the "impression," from bundles of loose, "nervous" pen strokes. These define the objective forms of the tents toward the lower edge and the bridge-like structure at the top of the drawing, as well as the space

çue pour trouver sa propre voie. Mais la combattre par la satire ne pouvait avoir de lendemain tant au niveau de la forme que du fond. Comme il ne tarda pas à le voir, les eaux-fortes s'imposaient davantage sur le plan littéraire que sur le plan pictural; malgré toutes leurs déformations, leur présentation restait essentiellement traditionnelle. Pour Klee, il était évident que rien ne pouvait naître d'un art qui était essentiellement négatif, tant dans le sujet que dans les conventions picturales. Et, dès son retour d'Italie, il avait *découvert* quelle était la bonne direction même si les moyens lui faisaient encore défaut: «Je conçois un tout petit motif et j'essaye une représentation sommaire; . . . *in praxi*, c'est-à-dire armé d'un crayon. Voilà au moins une action véritable . . . » (*Journal*, p. 131). Le ton rappelle étrangement ce que Nietzsche avait écrit exactement quatorze ans plus tôt: «Tout ce qu'on est capable de bien faire aujourd'hui, de faire parfaitement, ce ne sont que les petites choses. Ici seulement la probité est encore possible»[32].

Même avant que *Tête menaçante* soit tirée, Klee savait que ce serait la dernière planche de la série (*Journal*, p. 172). Alors que dans les autres gravures il s'était tourné vers le monde extérieur pour en amplifier les faiblesses, il était maintenant devant sa propre réalité: le négativisme et la résignation qu'il opposait à une volonté d'action modeste mais «véritable». Il s'était lancé dans la peinture imbu de préjugés et sa formation académique lui avait fait adopter directement des conventions dont on ne lui demandait pas de remettre en question les fondements. Il savait qu'il devait repartir à zéro non pas avec des formules déjà éprouvées mais en explorant les propriétés fondamentales de la ligne, du ton et de la couleur[33]. Il se tourna vers la nature, non pas vers les conventions qui caractérisaient ses études académiques de personnages et de paysages, pour établir un rapport direct entre ses perceptions et les éléments de la création de l'image: la structure de la ligne et du ton. Il qualifia cette période, de 1906 à 1911, «d'impressionniste»; son principal moyen d'expression fut le dessin et, à partir de 1908, il y travailla surtout d'après nature[34].

«*Pattes de mouche*» et «*limites linéaires*»

Dès 1905, Klee ressentit le besoin de faire le point, mais ce n'est que l'année suivante qu'il eut l'occasion d'y donner suite lorsque le Suisse Jacques Ernst Sonderegger[35] (1882–1956) l'introduisit à l'œuvre du Belge James Ensor (1860–1940) et de Van Gogh. Il est important de noter que l'influence que ces artistes exercèrent sur Klee fut essentiellement d'ordre formel et ne concerne pas le contenu[36]. La nature de ses dessins se transforma à mesure qu'il étudia leur œuvre, en faisant ressortir de petites unités graphiques au moyen de la ligne et du ton; c'est à partir de cela que le dessin prenait forme non plus en obéissant à une convention, mais grâce à l'agencement de ces unités graphiques. Déjà en 1905, se rappelant les discussions à l'école préparatoire privée Knirr, il avait parlé des «mouvements expressifs du pinceau, de la genèse de l'effet» (*Journal*, p. 180). Il commença alors à se rendre compte à quel point l'important dans l'activité artistique ne reposait pas dans le produit fini, mais dans l'action.

Carrière d'Ostermundigen (n° 4) de 1909 et *Cheval au galop* (n° 6) de 1911, tous deux exécutés d'après nature, illustrent ce qui caractérise le style linéaire que Klee développa. Dans le premier, il développe la structure du dessin et l'illusion d'espace, à «l'impression», par des amas clairsemés de coups de pinceaux «nerveux». Ceux-ci délimitent les formes objectives des tentes vers le bord inférieur, la structure qui ressemble à un pont en haut du

which separates them. But more than that, the relationship between the structure of the drawing in itself and the naturalistic "impression" of the scene is presented by a contrast in the flow of the lines: lines that lie vertically or slope from the right down to the left define the independent objects; lines that flow from right up to left describe the spatial context. And out of this arises a total pictorial texture that amounts to an illusion of light as it is reflected between the regular forms of the tents and the unbounded "shapelessness" of the quarry floor.

In the spring of 1911 Klee wrote, "The possibility ripened in me of harmonizing my swarming scribbles with firmly restraining linear boundaries" (*Diaries* 899). The *Galloping Horse,* drawn at this time, is an attempt to integrate the short scribble lines with contours, to incite a contrast of pictorial energies so that the fixed image of the drawing is invested with the sense of nature's continuum. The result is a finely balanced relationship between the illusion of movement in the horse against the static forms of the watcher and the fence. But more than that, it is an early example of a balance between the purely pictorial elements of the static and dynamic as they are defined by the scale and shape of the drawing paper itself. Here, both the static and dynamic illusions are bound into one form that, as a *whole,* relates its sense of suspension to the drawing as a complete object, matted and framed. Here the unity of the drawing is in its reference to the natural world, but the pictorial principle that is used – the static and the dynamic – will form the basis of numerous imaginative constructions in the 1920s, as *Comedy* (cat. no. 22) or *For the Night Flutterers Dance* (cat. no. 25) show.

The tonal drawings of 1906–1913 reveal an equivalent development in pictorial structure: "Cultivation of the means in their pure state: either the proportion of tonal values in itself; or line, as a substitute for omitted tonal values. . . . For, in art, everything is best said once and in the simplest way" (*Diaries* 876).

In a small group of drawings of 1910 and 1911 Klee seeks to bring unity to line and tone by using a "wet in wet" technique; that is, where one level of the wash (in this case black tempera) is not allowed to dry before the next is applied. With this device, he achieved two things; a loosening of the pen lines by letting the ink spread into the paper; and a building on the character of tonal wash in its resistance to being confined. To look at *Hannah I* (cat. no 5) is to see both an "impression" and a sort of independent planar geography. Where this work fails is in trying to attain a naturalist effect at the expense of the pictorially distinct values of line and tone: a confusion arises between lines and tonal areas. *Two Ladies* (cat. no 7) corrects this by a more powerful, independent assertion of linear against tonal rhythms. He understands that harmony arises through emphasizing the differences of the two means rather than, as he had in *Hannah I*, eliding the distinctions.

The success of the *Candide* illustrations of 1911 and 1912 lay in the fact that their style was an exact point of meeting between a sympathetically attuned reading of Voltaire's book and an expressive, but independent graphic form. Of course the illustrations represented a return to the spirit of satire but they drew their energy from their own graphic means, stroke by stroke, rather than, as the earlier satirical prints had, from the distortion or caricature of naturalistic conventions.[37] At the

dessin, ainsi que l'espace qui les sépare. Mais, plus encore, le rapport entre la structure du dessin en soi et l'«impression» naturaliste de la scène est traduit par le contraste dans le flot des lignes: lignes verticales ou inclinées de la droite vers la gauche qui délimitent les objets indépendants, lignes qui montent de la droite vers la gauche, décrivant le contexte spatial. Et de tout cela émane une texture picturale complète qui donne une illusion de lumière réfléchie entre les formes régulières des tentes et le sol sans borne et «sans forme» de la carrière.

Au printemps de 1911, il écrivait: «Cette ligne-là rendit compatibles mes pattes de mouche éparses avec de strictes limites linéaires» (*Journal*, p. 250). *Cheval au galop*, qui date de cette époque, est une tentative d'intégration de ces petites pattes de mouche à des contours, pour susciter un contraste d'énergies picturales de manière à ce que la représentation figée du dessin soit imprégnée du sentiment de la constante de la nature. Il en résulte un équilibre harmonieux entre l'illusion de mouvement du cheval et les formes statiques de l'observateur et de la clôture. Mais, au-delà de cela, c'est un des premiers exemples d'équilibre entre les éléments purement picturaux de la statique et de la dynamique puisqu'ils sont délimités par l'échelle et la forme du papier qui a servi au dessin. Ici, les illusions statiques et dynamiques se confondent en une seule forme qui, dans l'*ensemble*, font voir le dessin comme un objet complet, prêt à être accroché. Ici, l'unité du dessin est fonction de son rapport avec le monde réel, mais le principe pictural qui le sous-tend – statique et dynamique – constituera le fondement de maintes compositions d'imagination que Klee réalisera dans les années 1920 notamment *Comédie* (n° 22) et *À la danse de la fête de nuit* (n° 25).

Les dessins en valeur tonale de cette même période révèlent un développement parallèle de la structuration picturale: «Pure élaboration des moyens: ou bien la proportion de la valeur tonale en soi; ou bien, en tant que compensation d'une valorisation tonale éludée, soit la ligne, . . . soit des contrastes de valeurs chromatiques. Car dans l'art on ne dit qu'une seule fois les choses de la façon la meilleure, et chaque fois de la façon la plus simple» (*Journal*, p. 240).

Dans un petit groupe de dessins de 1910 et 1911, l'artiste cherche à créer une unité entre la ligne et le ton en utilisant la technique de «l'humide dans l'humide», qui consiste à appliquer une seconde couche de lavis (dans ce cas de détrempe noire) avant que la première ne soit sèche. Grâce à ce procédé, il arrive d'abord à détendre les traits à la plume laissant l'encre imbiber le papier et, en second lieu, à renforcer le lavis en valeur tonale dans son refus d'être circonscrit. Regarder *Hannah I* (n° 5), c'est à la fois voir une «impression» et une sorte de géographie plane indépendante. Malheureusement, l'artiste pousse trop loin l'effet naturaliste au détriment des valeurs picturalement distinctes de la ligne et du ton, ce qui donne lieu à une certaine confusion entre les lignes et les surfaces de ton. *Deux dames* (n° 7) corrige ce défaut grâce à une affirmation plus puissante et indépendante des rythmes linéaires par opposition aux rythmes des tonalités. Il comprend que l'harmonie procède de l'accentuation des différences entre ces deux moyens, plutôt que de leur élimination comme dans *Hannah I*.

En 1911 et 1912, le succès des illustrations du *Candide* de Voltaire était attribuable à un style qui procédait d'une lecture ayant séduit l'artiste et d'une forme graphique expressive mais indépendante. Évidemment, elles traduisaient un retour à l'esprit des premières gravures satiriques de Klee,

same time, though their theme is derived from Candide's text, Klee's absorption of it breaks through an "impression" of it to a sustained level of imaginative invention. In fact, as he was working on these drawings, Klee saw the way beyond Impressionism. Drawing from his understanding of van Gogh he wrote, "The realization that there exists a line that benefits from Impressionism and at the same time conquers it has a truely electrifying effect on me 'Progress possible in the line!' " (*Diaries* 899).

The gradually widening respect for Klee's work brought him contacts with other artists that, for whatever reason, he had previously avoided. His joining, in 1911 and 1912, *Sema, Blauer Reiter,* and the *Moderner Bund* brought him into active contact with the most radical German and French art of the time. The effect on his art was immediate and significant; yet, on a personal level, Klee did not appear to respond to the wider philosophical or psychological issues put forward by the three associations. His absorption of Cubism – particularly that of Delaunay – and to a lesser extent of Futurism, was of major importance and yet he either had little interest, or perhaps was determined to show none as it touched his work, in the subject matter or content of Cubism and Futurism. Further, in keeping his interest tied so closely to matters of form and structure, he seemed to affirm a more modest project against those of his *Blauer Reiter* colleagues Franz Marc and August Macke, to say nothing of Kandinsky, "the boldest of them all."[38]

Klee's interest in Cubism and Futurism was based on critical analyses of their values, not on stylistic opportunism.[39] This demanded of him two things. First, he had to have absolute clarity as to the directions and demands of his own art. This required a self-criticism based on the courage to proceed slowly and to accept, for the time being, minor artistic status. Secondly, it demanded perception of the positive elements in Cubism and Futurism. These stand now, of course, as amongst the received values of recent art history, but in the context of 1912, particularly for an artist not seduced by the sheer radicalism of the Parisian and Italian artists, this demanded acute observation and was shared by few of his peers.[40]

In his drawings of 1912 and 1913, for instance the *Thrill of the Dance* (*Hinriss zum Tanz;* Klee Foundation), he begins to appropriate Cubist geometry by building a series of more or less regular forms and generating a sense of movement from their interrelationship. Then, in 1913, he expanded the forms from discrete figures into pure pictorial movement; he established a relationship between limited pictorial space (Cubism's illusion of a shallow section of space) and what he called the "temporal element," the fact of the work of art being made and being perceived in time. Here his appropriation of Cubism was not that of a style but a way to grasp a fundamental principle. It is not an abstraction from nature of any formal "essence," but a construction in pictorial time and space. It does not, by a negation of the natural world, seek to discover some truth that somehow "lies behind" it, destroying it with the approximations of impressionism or the hyperbole of expressionism. Rather it is a way of beginning, a parallel to creation that asks: what are the means to be used, what are their properties, how are pictures to be made?[41]

Far, in fact, from any attempt to step around the natural world, or to

mais contrairement à celles-ci, elles puisaient leur force dans leur propre graphisme, dans chaque trait de plume, plutôt que dans la déformation et la caricature des conventions naturalistes[37]. Et, en même temps, bien que Klee s'inspire du texte, il s'en imprègne jusqu'à en livrer une «impression» qui atteint un niveau soutenu d'invention imaginaire. C'est en effet en travaillant à ces dessins que Klee parvint à voir au-delà de l'impressionnisme. En puisant dans sa compréhension de van Gogh, il écrivait: «Qu'il y ait une ligne qui à la fois profite de l'impressionnisme et le dépasse, voilà de quoi m'électriser prodigieusement. Ligne autorisée dans un sens progressiste» (*Journal*, p. 250).

La reconnaissance grandissante de l'œuvre de Klee le mit en rapport avec d'autres artistes qu'il avait jusque-là évités pour une raison ou une autre. En 1911 et 1912, son association avec *Sema*, le Cavalier bleu et le *Moderne Bund* le met en contact direct avec les mouvements artistiques français et allemand les plus radicaux d'alors. L'effet sur son art fut immédiat et capital, mais sur le plan personnel il se tint à l'écart des grands débats philosophiques et psychologiques de ces trois associations. Il s'imprégna du cubisme, particulièrement de celui de Delaunay, et dans une moindre mesure, du futurisme; ces deux écoles influencèrent assurément son art et pourtant il ne portait aucun intérêt au sujet ou au fond du cubisme et du futurisme, ou peut-être était-il décidé à n'en manifester aucun dans son œuvre. En outre, en gardant ses intérêts étroitement liés à des questions de forme et de structuration, il semblait embrasser un projet plus modeste que celui de ses amis du Cavalier bleu, Franz Marc et August Macke[38], pour ne rien dire de Kandinsky, «le plus audacieux d'entre eux».

Si Klee s'intéressa au cubisme et au futurisme, c'était pour en faire une analyse critique et non par opportunisme stylistique[39]. Cette attitude exigeait de lui deux choses. En premier lieu qu'il connaisse sans l'ombre d'un doute les orientations et les exigences de son art. Il lui fallait pour cela une autocritique et déployer tout le courage nécessaire pour progresser lentement et accepter, momentanément, le statut d'artiste de second ordre. En second lieu, il lui fallait dégager les éléments positifs du cubisme et du futurisme. Ceux-ci font partie aujourd'hui des valeurs reçues de l'histoire de l'art contemporain, mais en 1912, surtout pour un artiste qui n'était pas enclin au radicalisme à outrance des artistes parisiens et italiens, cela révélait une perception aiguë que peu de ses pairs partageaient[40].

Dans ses dessins de 1912 et 1913, notamment dans *Le frisson de la danse* (*Hinriss zum Tanz*, Fondation Paul Klee), il commença à s'approprier la géométrie cubiste en construisant une série de formes plus ou moins régulières et en faisant naître une impression de mouvement à partir du rapport qui s'établit entre elles. Puis, en 1913, il développa les formes, les faisant passer de figures bien définies à un mouvement purement pictural; il créa un lien entre l'espace pictural restreint (l'illusion du cubisme d'un espace peu profond) et ce qu'il appela «l'élément temporel», c'est-à-dire l'œuvre d'art conçue et perçue dans le temps. Ici, ce que Klee prenait dans le cubisme, ce n'était pas un style mais une façon de saisir un principe fondamental. Ce n'est pas une abstraction d'après nature de toute «essence» conventionnelle, mais une construction dans le temps et l'espace picturaux. Ce n'est pas, par une négation du monde naturel, une recherche pour y découvrir une quelconque vérité qui y «serait cachée», en le détruisant avec les approximations de l'impressionnisme ou l'hyperbole de l'expressionnisme. C'est plutôt une façon de commencer, un parallèle de la création qui

push through it, Klee worked from a deep regard of nature's creativity. Nature was the great example of formal creation, determined by fundamental laws and yet with the capacity to operate from those laws to endless variety. Much later he was to describe the operations of nature as a sense of freedom which the artist should also enjoy, "in the sense of a freedom which merely demands its right, the right to develop, as great Nature herself develops."[42] The laws of nature are not a restriction but a way to freedom, so also with art; freedom not in spite of the laws but *because* of them. Recall how he had spoken of beginning with chaos;[43] in chaos there is potential but no freedom. The first act of drawing, he said, of putting the pencil on paper created a point, an "irritated point," that was like a grain of seed.[44] For contained in the point and contained in the seed was what both could *become* because of the creative laws appropriate to them; you cannot *see* the flower in the seed, nor the picture in the point, but the creative laws permit both the freedom to become their potential.

It was here that the value of Cubism lay for Klee – for he recognized in it essential pictorial laws and their relevance to nature without having to accept the particular view of the world or the iconographic concerns out of which it had developed.

Approach to Colour

Before 1914 it was always with hesitation that Klee spoke about approaching colour. This was at a time when the course of advanced art in Europe was being directed, in major part, by the explosion of traditional values of colour – through Fauvism and Futurism, Orphic Cubism; and by such groups as *die Brücke* (The Bridge, a German Expressionist group founded in 1905) and, in Munich, *der blaue Reiter.* There is no question that it was difficult for him, and his attempts to paint were neither striking nor wholly successful. Why should this have been, and why does it appear so remarkably solved by the visit to Tunisia in April 1914? Two examples of work that Klee had done before his Tunisian visit show what he had, in fact, achieved in colour.

In *Street Lamps* (cat. no. 8) a small watercolour of 1912,[45] Klee's approach to the relationship between colour and linear structure is very similar to such line and tone drawings as the *Two Ladies* (cat. no. 7). The light hubs which generate the colour areas also radiate a flat, linear structure. This linear lattice work acts through the interlocking of similar forms, but the colours are unbounded, capable of spreading in all directions and changing their values and hues in relation to one another. Using the simple characteristic linearity and colour cores of yellow and red linked across by the third primary, blue, Klee is attempting not to "break down" nature into some abstraction of its components, but to build up from the means of art used lawfully. In coloured works of 1913 his approach is similar but more assertive of the separate values of line and colour. This is found in the watercolour *Suburb* (*Milbertshofen*) (cat. no. 10). It is a sketch from nature and Klee seeks to use the linear element to equate pictorial and architectural structure and to contrast this with the freely developed colour areas that lie behind.[46]

It is within the context of pictures such as these that the questions

demande: quels moyens utiliser, quelles en sont les propriétés, comment faire des images?[41]

Loin, en effet, de toute volonté délibérée de contourner le monde naturel ou de le dépasser, Klee partait d'un profond respect de la créativité de la nature qui était le modèle parfait de la création conventionnelle, obéissant à des lois fondamentales, mais pouvant à partir de celles-ci réaliser une variété infinie. Beaucoup plus tard, il devait définir l'action de la nature comme un sens de la liberté que l'artiste devait aussi posséder: « . . . dans le sens d'une liberté qui revendique seulement son droit, son droit de se développer à l'instar de la merveilleuse nature»[42]. Les lois de la nature ne sont pas une restriction mais une voie vers la liberté; il en va de même dans l'art: la liberté non en dépit des lois mais *grâce* à elles. À propos du chaos Klee avait dit qu'il avait un potentiel mais nulle liberté[43]. Le premier acte du dessin, disait-il, qui consistait à mettre le crayon sur le papier, crée un point, un «point irrité» semblable à une graine[44]. Contenu dans le point ou dans la graine, l'important était ce que chacun pouvait *devenir* grâce aux lois de la création qui lui étaient appropriées; on ne peut *voir* la fleur dans la graine, ni le dessin dans le point; mais les lois de la création donnent à l'un comme l'autre la liberté de devenir ce qu'ils sont en puissance.

C'était dans cela que Klee voyait l'apport du cubisme: il y reconnaissait les lois picturales essentielles et leur rapport avec la nature, sans avoir à partager la vision du monde qu'il prônait ni les préoccupations iconographiques d'où il était né.

L'approche de la couleur

Avant 1914, c'est toujours avec hésitation que Klee parlait d'aborder la couleur. C'était à une époque où le cours de l'art avancé en Europe était surtout déterminé par l'éclatement des valeurs traditionnelles de la couleur, dans le fauvisme et le futurisme, le cubisme orphique, le groupe *Die Brücke* (Le pont; association d'artistes expressionnistes allemands fondée en 1905) et à Munich, dans celui du Cavalier bleu. Ce fut indéniablement une période difficile pour Klee. Ses premiers tableaux n'avaient rien de spectaculaire et connurent peu de succès. Mais pourquoi cela et comment se fait-il que son séjour en Tunisie en avril 1914 semble avoir si remarquablement résolu le problème? Deux exemples d'œuvres créées avant son voyage en Tunisie nous montrent, en fait, ce qu'il avait produit en couleur.

Dans *Réverbères* (n° 8), petite aquarelle de 1912[45], Klee a une façon d'aborder le rapport entre la couleur et la structure linéaire qui est très voisine des dessins faits de tons et de lignes comme les *Deux dames* (n° 7). Les teintes claires qui créent les zones de couleurs dégagent également une structure linéaire plane. Ce treillage linéaire agit par le jeu de formes semblables qui s'entrelacent, mais les couleurs, sans restrictions, rayonnent dans toutes les directions et changent de valeur et de teinte l'une par rapport à l'autre. Au moyen de la simple linéarité caractéristique et de noyaux de couleurs jaunes et rouges reliées transversalement par la troisième couleur primaire, le bleu, Klee cherche non pas à «fragmenter» la nature en une quelconque abstraction de ses composantes, mais à la reconstruire au moyen d'un art dont il respecte les lois. Dans ses œuvres de 1913 en couleur, sa méthode est semblable mais plus affirmée des valeurs distinctes de la ligne et de la couleur. L'aquarelle intitulée *Faubourg* (*Milbertshofen*) (n° 10) le prouve. Il s'agit d'une esquisse d'après nature où l'artiste cherche à utiliser l'élément linéaire pour établir une équivalence entre la structure picturale et architec-

of why he found colour difficult and why Tunisia was so vital can be answered. The fact was that from an early point he had established a pictorial principle, a law as it were, that set up a hierarchy of pictorial means in which colour stood over tone and tone over line. This amounted to a basic structure of "absolute," or "pure" pictorial means. As he was to explain much later, the property of line was measure, which was absorbed by tone, whose property was weight, and this in turn was subsumed by colour – which he characterized as "quality." Until he was quite confident about line which came, say, by 1911, and by tone, a year or so later, he could not properly approach colour. And when I say "confident," I mean his ability to create with the abstract means of art independent of nature, or of impressionism or of expressionism.

The colour experience of the Tunisian visit as a transforming event in Klee's work has been told time and again. In some respects the journey has assumed mythic importance – an aspect, perhaps, developed by Klee himself,[47] and echoed in the literature, beginning with Wilhelm Hausenstein and made authoritative, as it were, by the biographer Grohmann. Nothing should be taken from the significance of the Tunisian visit, but it seems to me it was a confirmation rather than an awakening. And what was confirmed was *knowing* that the choices he had made for the direction of his art and the pace of its development six or seven years before had been the right ones. This confirmation immediately transmitted itself in an upsurge of coloured works in 1914 and 1915. The visit to Tunisia was a spiritual and practical affirmation of his structure of pictorial means and his assumption that meaning lay in the "lawful" pursuit of their properties. Now he could say, "One deserts the realm of the here and now to transfer one's activity into the realm of the yonder where total affirmation is possible" (*Diaries* 951), and this despite the fact that all around him he saw abstraction working with the destruction of the past, "the great pit of forms [with] broken fragments to some of which we still cling. They provide abstraction with its material. A junkyard of inauthentic elements for the creation of impure crystals. That is how it is today" (*Diaries* 951). By beginning from the most basic principles Klee had used abstraction and moved beyond it:

> I was . . . able to become an illustrator of ideas again, now that I had fought my way through formal problems.
> And now I no longer saw any abstract art. Only abstraction from the transitory remained. The world was my subject, even though it was not the visible world (*Diaries* 1081).

It had taken Klee ten years to move from the negativism of the past, the negativism of decadence, the negativism of art history toward the positive affirmation of his art as authentic, pure, and individual. An art that could be transcendent, not because it had been born in longing, but because it was forged out of pictorial means. As if in recognition of this he made, in 1918 – 1919 a fine series of self-portraits which culminated in *Lost in Thought* (cat. no. 16) and *An Artist* (*Künstlerbilness*; 1919; Pasadena Art Museum). Seen against the *Threatening Head* of fourteen

turale et ensuite d'établir un contraste entre cette équivalence et les zones de couleur libres qui se trouvent derrière[46].

C'est à la lumière de ces essais que l'on voit pourquoi Klee trouvait si difficile l'emploi de la couleur et pourquoi son séjour en Tunisie l'a marqué de façon si décisive. Depuis longtemps déjà, il avait défini un principe pictural, pour ainsi dire une loi, qui établissait une hiérarchie des moyens picturaux dans laquelle la couleur dominait le ton, et le ton, la ligne. Il en résultait une structure élémentaire de moyens picturaux «absolus» ou «purs». Comme il devait l'expliquer beaucoup plus tard, la propriété de la ligne était la mesure, elle-même absorbée par le ton dont la propriété était le poids et qui à son tour était incorporé dans la couleur qu'il qualifiait de «qualité». Ce n'est que vers 1911, lorsqu'il devint assez sûr de la ligne et du ton, soit environ un an plus tard, qu'il put aborder de façon adéquate la couleur. Par «sûr» nous entendons sa capacité de créer avec les moyens artistiques abstraits indépendants de la nature, de l'impressionnisme ou de l'expressionnisme.

On a parlé tant et plus de l'expérience qu'il fit de la couleur lors de son séjour en Tunisie et qui marqua un tournant dans sa carrière de peintre. À certains points de vue, ce voyage revêtit une importance mythique, une qualité que Klee développa peut-être lui-même[47] et qui trouva chez ses biographes un écho d'abord timide avec Wilhelm Hausenstein puis, en quelque sorte, impératif avec Grohmann. Sans vouloir diminuer l'importance de cet événement, il semble que ce fut davantage une confirmation qu'un éveil. Confirmation que les choix qu'il avait faits, six ou sept ans plut tôt, relativement à l'orientation et au rythme d'évolution de son art avaient été les bons. Cette révélation se traduisit d'emblée par une production accélérée d'œuvres en couleur en 1914 et 1915. Son séjour en Tunisie s'avéra une affirmation spirituelle et pratique de sa structure des moyens picturaux et de son hypothèse selon laquelle le sens se trouvait dans la poursuite «légitime» de leur propriété. D'ores et déjà il pouvait écrire: «On abandonne la région d'ici-bas pour aller construire de l'autre côté dans une région au-delà qui peut au moins exister intacte» (*Journal*, p. 300), et cela en dépit du fait que, tout autour de lui, il ne voyait qu'abstraction s'acharnant à la destruction du passé «dans la grande fosse des formes où gisent les ruines auxquelles on tient encore, en partie. Elles fournissent matière à l'abstraction. Un chantier d'inauthentiques éléments pour la formation d'impurs cristaux. Voilà où nous en sommes» (*Journal*, p. 300). En partant des principes les plus élémentaires, Klee avait utilisé l'abstraction et l'avait dépassée:

> Je pouvais désormais redevenir un illustrateur d'idées, après m'être frayé la voie dans le domaine formel. Et dès lors je ne me souciai plus d'un art abstrait. Seule demeurait l'abstraction du périssable. Le monde était le sujet de mon art, encore que ce ne fût point celui-ci, visible (*Journal*, p. 313).

Il avait fallu dix ans à Klee pour passer du négativisme du passé, du négativisme de la décadence, du négativisme de l'histoire de l'art et parvenir à l'affirmation positive de l'authenticité, de la pureté et de l'individualité de son art. Un art qui pouvait être transcendant, non parce qu'il était né d'une aspiration, mais parce qu'il était créé à partir de moyens picturaux. Comme pour souligner cette évolution, Klee exécuta en 1918–1919 une belle série d'autoportraits qui atteignent leur apogée avec *Plongé dans ses pensées* (n°

years before, *Lost in Thought* is confident and positive against all that before was negative and resigned. Not, one must say, in a worldly sense, but in the reliability of his inner world from which arose the confidence to face the world directly and yet close his eyes to it.[48]

16) et *Autoportrait* (*Künstlerbilness*; 1919; Pasadena Art Museum). Comparativement à *Tête menaçante* réalisée quatorze ans plus tôt, *Plongé dans ses pensées* reflète assurance et confiance là où précédemment n'étaient que négation et résignation. Non pas, devons-nous préciser, dans un sens matériel, mais grâce à une confiance en son monde intérieur d'où l'assurance nécessaire pour affronter à la fois directement le monde extérieur et s'en retrancher[48].

The Spiritual Eye

> Close your physical eye that you may see your vision at first with the spiritual eye. Then bring to light what you have seen in the darkness that it may evoke in the beholder a similar experience proceeding inwardly.
> *C.D. Friedrich*

«L'œil spirituel»

> Fermez votre œil physique pour pouvoir voir votre vision d'abord avec l'œil spirituel. Puis ramenez à la lumière ce que vous avez vu dans l'obscurité pour pouvoir faire vivre au spectateur une expérience intérieure analogue. *C. D. Friedrich*

The two-self portraits of 1919, *Lost in Thought* and *An Artist*, are the polarities within himself that he set his art to unify. On the one side is the signification of the inward world where the artist stands beyond the limits of images. On the other side, the artist is found working at his carefully structured craft, struggling "to make visible." It was now that Klee described his artistic realm as an "in-between" world; a projection in "symbolic correspondences" of the imaginative.[49] At a time when wide and ambitious claims were being made for abstract art, it is important to recognize two vital distinctions in Klee's conception of the work on which he was embarking: first that the reality of his art lies in the objects he makes and the way they are made; secondly, that the images claim a poetic, not an ontological status.

Animals, the world of children, humour, the theatre, primitive art, nature – they are all aspects found time and again in Klee's pictures. Why are they used? Why should an artist of Klee's ambition so restrict himself? The solution lies on three planes, each arising out of decisions Klee made early on about his art. First there is the particular personality of the man himself, whose interests are inseparable from what he makes. Second, his patient self-training in the means of art had been calculated to discover just what are the capacities of art. Third that the unifying force of such subject categories is the way that we, as spectators, permit the pictures a degree of flexibility, an irrationality, a loosening of inhibitions which we abhor in other aspects of our life.

Les deux autoportraits de 1919, *Plongé dans ses pensées* et *Autoportrait* expriment les deux extrêmes de son tempérament qu'il cherchait à unifier par son art. Il y a d'une part la signification du monde intérieur où l'artiste se situe au-delà des limites de l'image. D'autre part, il y a l'artiste qui travaille à son métier soigneusement structuré, luttant pour «rendre visible». C'est alors qu'il décrivit son univers artistique comme un monde «intermédiaire», une projection de «correspondances symboliques» de l'imaginaire[49]. À une époque qui se réclamait de l'art abstrait, il est important de souligner deux éléments de la conception qu'avait Klee de l'œuvre qu'il allait entreprendre et ces distinctions sont vitales. En premier lieu la réalité de son art repose dans les objets qu'il rend et dans la façon dont il les rend et, en deuxième, les images ont un statut poétique et non ontologique.

Les animaux, l'univers des enfants, l'humour, le théâtre, l'art primitif, la nature sont des thèmes qui reviendront souvent dans l'œuvre de Klee. Pourquoi ces thèmes? Pourquoi un artiste de l'envergure de Klee se limite-t-il ainsi? Pour répondre à ces questions, il faut se situer sur trois plans, résultant chacun de décisions prises très tôt par l'artiste à propos de son art. C'est, d'abord, la personnalité assez particulière de l'artiste lui-même dont les intérêts étaient indissociables de ce qu'il peignait; en second lieu, ce patient autodidacte avait voulu explorer les divers moyens artistiques afin de découvrir les possibilités de l'art; enfin, la force unificatrice de telles catégories de sujets est ce qui nous permet à nous, spectateurs, d'admettre dans les images une certaine souplesse, une irrationalité et un relâchement des inhibitions que nous abhorrons autrement.

The Children's World

The pervasive effect of the child's world in Klee's art is, perhaps, the characteristic which has dominated criticism of his work, both as accusation and admiration.[50] Klee's interest in children's drawings was in no way unusual at this time. Substantial work on the analysis of child art had been done from the turn of the century, and the growing interest in primitive art (in the loose sense in which it was then defined) had led artists to take notice of the drawings of children. Much was made of this in the *Blauer Reiter Almanac* and Klee, in his review of the first *Blauer Reiter* exhibition, took the opportunity to express his own enthusiasm for children's work.[51] He emphasized the directness and innocence of drawings, the lack of intellectual filtering. This sounds similar

L'univers des enfants

L'effet pénétrant de l'univers de l'enfance dans l'art de Klee a fait l'objet de maintes critiques, tant de la part de ses admirateurs que de ses détracteurs[50]. L'intérêt que Klee portait aux dessins d'enfants n'était en aucune façon anormal à cette époque. Bon nombre d'études sur l'analyse de l'art enfantin avaient été faites dès le début du siècle, et l'intérêt accru pour l'art primitif (dans le sens large où on l'entendait alors) avait amené les artistes à se pencher sur le dessin d'enfants. L'*Almanach* du Cavalier bleu exploita cela et dans sa critique de la première exposition du groupe, Klee saisit l'occasion pour exprimer son enthousiasme à l'égard des dessins de l'enfance[51]. Il souligna la franchise et l'innocence du travail des enfants, l'absence de filtre intellectuel. Ceci rappelle les propos de Kandinsky dans un article publié dans

to Kandinsky's expression of the value of children's drawings in an article in the *Almanac* in which he said that the child "looks at everything with fresh eyes" and that "in each child's drawing the inner sound of the subject is revealed automatically."[52]

The common opinion of the time, and one still often assumed, is the "intellectual fallacy;" the notion that the child draws what he knows rather than what he sees. Not only is this a weakness as an observation of children, it also adds confusion to the values Klee drew from child art. Klee's meaningful activity as an artist in these years was concerned with the *activity* of art, the making of something where before there was nothing. His observation of child art (and it was as much direct observation as any consideration of theory) depends on the fact that children *draw* and that in their act of drawing they create. He said expressly that the superiority of child art to his own was that his work was "all too often . . . trickled through the brain."[53] He seeks to parallel his activity to that of the child. But that is only one level. There is also the evocation of childlikeness, when the directness of the formal process presses on into subject matter and iconography which makes no attempt to reproduce the art of children but to engage the freedom of the child's world.

Sol (cat. no. 19) and *Pipe Bowl and Overturned Antique: Sketch for a Still-Life* (cat. no. 28) are two ways in which Klee starts a drawing with a method similar to a child's, but where the level of childlikeness does not persist far. In *Sol* the disposition of objects freely across the whole surface, the two-dimensional schema of the locomotive – showing wheels from both sides of the train in pairs – and the contrast of conventions in the representation of the smoke are familiarly childlike. But from this he develops an analogy with sounds – the locomotive and trains are set on staves and these link to telephone wires which hum through space. The sun takes up the sound simile with its "Sol" marking, as in the Fa-Sol. The *Pipe Bowl and Overturned Antique* begins as a childlike scribble and subsequently, with changes of mind, is directed with sophisticated humour toward a self-portrait.

By contrast, the basis on which the 1921 drawing *Comedy* (cat. no. 22) is developed is in no way childlike. It begins with a purely structural contrast between undulating horizontal vectors, broken at intervals, around which vertical elements are suspended. It is a procedure used time and again; for instance, *Drawing for "Plants, Earth and Air Realm"* (*Zeichnung zu "Pflanzen, Erde und Luftreich;"* 1920; Klee Foundation) is built on the same principle, though with one continuous horizontal line. This development of structure is reminiscent of a number of drawings made in 1917 and 1918 on lined notepaper in which the drawn forms derive from or relate to the grid of the paper,[54] and anticipates the parallel line drawings of the later 1920s (see cat. no. 38). There is a certain character in *Comedy,* as in the other drawings of this type, of a childlike inventiveness in the sense of a "possible" rather than the "real" world, although their point, in terms of their pictorial structure, and the subject matter they develop is in no way childlike. In *Drawing for "Plants, Earth and Air Realm"* Klee develops a humorous metaphor for the notion of formal growth and change in the different natural realm of earth and air. *Comedy* is crammed with phallic and vaginal images, and the contrast of vertical and horizontal as fundamental principles is developed pictorially and imagistically into an uneasy balance between the sexes.

l'*Almanach* sur la valeur des dessins d'enfants lorsqu'il dit que «l'enfant voit tout avec un regard neuf» et que «dans chaque dessin d'enfant jaillit automatiquement la signification profonde du sujet»[52].

L'opinion générale de l'époque, très répandue encore aujourd'hui, était basée sur un «préjugé intellectuel»: la notion que l'enfant dessine ce qu'il connaît plutôt que ce qu'il voit. Non seulement pareille affirmation est-elle une erreur de jugement sur les enfants, mais elle jette aussi la confusion sur les valeurs que Klee tirait de l'art enfantin. Au cours de ces années, toute activité ayant un sens pour Klee, en tant qu'artiste, était liée à *l'acte* de l'art, la création d'une chose à partir du néant. À ce propos, il affirma que l'art enfantin était supérieur au sien car « . . . cela a filtré goutte à goutte à travers le cerveau»[53]. Il chercha à aligner son activité sur celle de l'enfant. Mais ce n'est là qu'un niveau. Il y a en outre l'évocation du devenir semblable à l'enfant où l'immédiateté du procédé formel s'impose au sujet et à l'iconographie sans chercher à reproduire l'art des enfants mais à engager la liberté du monde de l'enfance.

Sol (n° 19), et *Tête de pipe et antiquité renversée: esquisse pour une nature morte* (n° 28) sont deux exemples de dessins que Klee commença à la manière d'un enfant mais dans lesquels il ne poussa pas très loin la ressemblance. La libre disposition des objets sur toute la surface dans *Sol,* schéma à deux dimensions de la locomotive – qui fait apparaître des roues sur les deux côtés du train en paires – et le contraste des conventions dans la représentation de la fumée rappellent singulièrement un dessin d'enfant. Mais à partir de cela, il développa une analogie avec les sons: la locomotive et les voitures sont placées sur des portées liées à des fils téléphoniques murmurant dans l'espace. Le soleil répond avec un «sol» comme dans le Fa-Sol. *Tête de Pipe et antiquité renversée* commence comme un gribouillage d'enfant puis à la suite d'un changement d'idée, se transforme en un autoportrait animé d'un humour raffiné.

En revanche, le fond de *Comédie* (n° 22), ne rappelle nullement l'art enfantin. Le dessin démarre sur un contraste purement structural de vecteurs horizontaux ondulés, rompus par intervalle, autour desquels sont suspendus des éléments verticaux. Cette technique que Klee utilisa à plusieurs reprises, notamment dans *Dessin pour «Plantes, terre et royaume de l'air»* (*Zeichrung zu «pflanzen Erde und Luftreich»*; Fondation Paul Klee) de 1920; est construit d'après ce même principe, mais avec cette fois-ci une seule ligne horizontale continue. Cette évolution de la structure rappelle de nombreux dessins exécutés en 1917 et 1918 sur du papier réglé et dont les formes naissent de la grille du papier ou y sont liées[54], et annonce les dessins à lignes parallèles de la fin des années 1920 (voir n° 38). *Comédie* et les autres dessins du même genre possèdent un certain caractère qui rappelle l'esprit inventif des enfants, c'est-à-dire qui recréent un univers «possible» plutôt que le «réel». Toutefois, leur structuration picturale et leur thème n'ont rien d'enfantin. Dans *Dessins pour «Plantes, terre et royaume de l'air»,* il développe avec humour une métaphore illustrant la notion de croissance formelle et de changement qui surviennent dans les différents royaumes naturels de la terre et de l'air. *Comédie* est chargée d'images phalliques et vaginales et le principe fondamental du contraste entre les lignes horizontales et verticales est développé de façon picturale et imaginaire pour aboutir à un équilibre instable entre les deux sexes.

Cette apparente puérilité que Klee adopte dans sa technique revient souvent comme pour faire naître une liberté d'invention en raison de notre volonté d'accepter, dans l'univers de l'enfance, une marge d'irrationnel, un

This appropriation of an apparent childlikeness in technique appears time and again as a way to generate a freedom of inventiveness by reason of our willingness to accept, in a child's world, a degree of the irrational, a loosening of inhibitions. This is beautifully shown in *Couple under Trees* (cat. no. 56), with its broad, "childishly" drawn forms, the free disposition of space, piling up trees one above the other, and the representation of the sky by the isolated stripe at the top. The colour is forceful just because of its simple exploitation of primaries and complimentaries. The predominent blue is flecked with red, the trees are yellow, and the figures below are orange, their togetherness heightened by the fact that they, in orange, stand in the greatest contrast to the blue ground. As Klee wrote in *On Modern Art,* "Colours diametrically opposed – ie: change from red to green, from yellow to purple, from blue to orange. Tremendous fragments of meaning."[55]

And sometimes the quintessence of the child world is drawn together at all levels of technique, pictorial, and subject. This is the nature of a short series of drawings he made in 1932 of which *Parade of the Little Ones* (cat. no. 49) is part. Scribbled forms, blotchy because of the use of a reed pen on roughly textured handmade paper, develop across the page into little figures that seem to tumble briefly into order in the centre before once more dissolving. The stream of signs ends on the right, with the musical notations for the flat and natural, as if they were no more than air, lost except for a moment, like the children to the tune of the Pied Piper.

The Animal World

Animals and the animal world, too, play a major part in Klee's work. The fascination with the invention of an animal world is in the free creation and easy acceptance of the world of "might be." It is, as a pictorially poetic realm, invariably set by Klee in humorous terms, and through this Klee suggests (including by implication man's worldly existence) the limitations of the animal realm. Klee wrote of this in some of his theoretical notes, setting in fine and sensitive terms the way in which for all its humour his use of animals leads to the "in-between" world.[56]

In an analogy reminiscent of Nietzsche, Klee describes the sense of "wholeness," a matching of existence and environment, in the animal world which points up the tragic gap that exists in man's life.[57] He spoke of tragedy as that gap in man's existence between his consciousness of spiritual freedom and his restriction within the earthly life. Because of this, man's capacity to recognize the possibility of the spiritual is experienced not as a joy but as a misfortune. He transmits this as a sense of dischord and a sort of envy felt toward animals because, in their very limitation, they enjoy a harmony between the physical and the spiritual. We envy them because we see them thus, whole. But we cannot remain in envy, we are urged to overcome the condition of imbalance in our lives in the best way we can. We are driven, as a means to alleviate the conflict, or at least partially to span the ravine between the worldly and the spiritual, to inventions "which all tend toward a heightened physical mobility."

At the time that Klee was describing the animal world, he had begun the long series of animal pictures that occupied him to the end of his life; a series that spanned such works as *Drawing for Bird Island* (cat.

relâchement des inhibitions. Cela est merveilleusement illustré dans *Couple sous les arbres* (nº 56) avec ses formes larges et dessinées à la manière d'un enfant, la libre disposition de l'espace, les arbres empilés les uns par-dessus les autres, et enfin, la représentation du ciel par une bande isolée dans le haut. Si la couleur est si puissante, c'est à cause de l'emploi très simple qu'il fait des couleurs primaires et complémentaires. Le bleu prédominant est tacheté de rouge, les arbres sont jaunes et les figures dessous, orange; l'unité de ces dernières est accentuée du fait qu'elles se dressent, orange, sur un fond bleu produisant ainsi un contraste d'autant plus grand. Dans son essai *De l'art moderne*, Klee écrivait: «couleur dans le sens des diamètres du cercle, soit les progressions du rouge au vert, du jaune au violet, du bleu à l'orange. À chaque fois, un échantillon de l'univers de l'expression»[55].

Il arrivait parfois que la quintessence de l'univers de l'enfance apparaisse à la fois à tous les niveaux de la technique, de l'effet pictural et du thème. Une petite série de dessins exécutés en 1932, dont fait partie *Défilés des petits* (nº 49), illustre bien cela. Des formes irrégulières, tachetées en raison de l'utilisation d'un roseau sur du papier à la main grossier, se transforment progressivement en petites silhouettes qui semblent rentrer brièvement dans l'ordre au centre avant de se dissoudre à nouveau. Le flot de signes prend fin à droite, avec des bémols et des notes naturelles, comme s'ils n'étaient que de l'air, abandonnés sauf pour un moment, comme les enfants disparaissant aux accents du joueur de flûte de Hameln.

Le monde animal

Les animaux et le monde animal ont également joué un rôle primordial dans l'œuvre de Klee. La fascination de l'invention d'un monde animal procède de la création libre et de l'acceptation facile de l'univers du «possible». En tant qu'univers picturalement poétique, c'est en termes humoristiques que Klee le définit invariablement par là, suggérant les limitations du royaume animal (implicitement l'existence matérielle de l'homme). Klee en traite dans ses notes théoriques, précisant, en termes subtils et sensibles, la façon dont, malgré tout son humour, sa référence aux animaux conduit au monde «intermédiaire»[56].

Dans une analogie qui rappelle Nietzsche, Klee décrit le sentiment du «tout», une communion de la vie et du milieu, dans le monde animal qui souligne la coupure tragique qui existe dans la vie de l'homme[57]. Il définit la tragédie comme cette coupure chez l'homme entre la conscience de la liberté spirituelle et les restrictions qu'imposent la vie matérielle. À cause de cela, la capacité de l'homme à reconnaître les possibilités du spirituel est ressentie non comme une joie mais comme une calamité. Il exprime cette dualité sous forme de conflit et d'une certaine envie à l'égard des animaux qui, dans leurs limites mêmes, connaissent une harmonie entre le physique et le spirituel. Nous les envions parce que nous les voyons ainsi, échappant à toute division. Mais, comme nous ne pouvons nous arrêter à notre envie, nous sommes forcés de surmonter de notre mieux ce déséquilibre de nos vies. Nous sommes conduits, comme pour diminuer cette dualité, ou du moins diminuer un peu le fossé qui sépare le matériel du spirituel, à faire des inventions qui «toutes tendent vers une mobilité physique accrue».

Au moment où il tenait ces propos, il avait entrepris la longue série de dessins d'animaux qui allait l'occuper jusqu'à la fin de sa vie; depuis des œuvres comme *Dessin pour Île-Oiseaux* (nº 20) et *Chameau-Cheval nain* (nº 26) du début des années 1920 jusqu'aux créations merveilleusement hu-

no. 20) and *Dwarf Camelstallion* (cat. no. 26) in the early 1920s to the wonderfully humorous creations of the last months of his life, like *Another Camel* (cat. no. 69) and *Bastard* (cat. no. 73). This occupation with animal creations cannot but recall how in 1916 he had distinguished himself from Franz Marc. Marc had devoted the ten years of his work up to the First World War with animals as his chief subject. He had spoken of trying "to intensify my sensitivity for the organic rhythm of all things; I seek a pantheistic empathy with the vibration and flow of the blood of nature."[58] And Klee in his tribute had written of how Marc "responds to animals as if they were human. He raises them to his level."[59] Yet Klee had defined his own ambition quite differently, not seeking a "pantheistic empathy" but placing himself "at a remote starting point of creation." He sets himself beyond the passion and urgency of Marc's commission. How, then, do these animal inventions, humorous and perceptive as they may be, express this ambition? May they not, for all their delight (and this criticism has been made of Klee) fall short of his claims?

It is vital to understand the comparison with Marc. Certainly it appeared sufficiently important to Klee that he should have chosen to express the ambitions for his art in terms of a tribute to his friend, so recently killed. The matter comes down, finally, not to comparisons of integrity or perspectives of vision, but to widely different conceptions of the nature and possibilities of art. Marc urged a direct, spiritual vision of art as a transubstantial act. His paintings ache with the condition of their intensity, their longing. Klee, on the other hand, spoke of his art as "an *example,* just as the earthly is an example [of creation]." Whatever the power of creation is "it cannot be named" and this means it cannot be described symbolically – by art or by language. The artist must operate only with those conditions and structures open to him – just as the natural world has the freedom of its laws – and in art this means, to repeat myself, line, tone, and colour. Klee has no illusions that with these means he can symbolically *describe* the spirit, any more than he can describe the "remote, starting point of creation." All that he can do is to give form to his sense of spiritual mobility by the operations of art. The two senses of movement, of the spirit and of art, meet, as it were, "in-between," and it is here that his inventions lie, tied to the *physical* by the facts of art and *symbolically* freed by those imaginative resources that find freedom of expression in humour and the worlds of animals and children.

In *Dwarf Camelstallion* it is possible to separate the levels at which Klee is operating and from there to cast these levels into perspective. Klee insists on the artist's concern with movement; in a drawing, limited to a linear technique on a two-dimensional surface, this means primarily exploiting the potential of the flat surface. In *Dwarf Camelstallion* he choses to operate with one particular set of contrasts, those across the surface, the tensions of left to right and right to left – a purely formal problem. The possibilities of treating this are legion. Klee makes the point by a humorous animal invention where the *Camelstallion* dominates and thus gives a predominance to a left to right reading of the drawing. But dominance is relative; and it is possible to recognize another invented animal which moves from right to left, starting with a long proboscus (which serves also as the camel's tail) and, from the

moristiques des derniers mois de sa vie, comme *Bâtard* (n° 73) et *Encore un chameau* (n° 69). Ces créations dans le monde animal ne peuvent qu'évoquer la distinction que Klee établit entre lui-même et Franz Marc en 1916. Ce dernier avait passé dix années de sa carrière de peintre, jusqu'à la première guerre mondiale, à traiter surtout le thème des animaux. Il avait parlé d'essayer «d'intensifier sa sensibilité à l'égard du rythme organique de toute chose; je recherche une empathie panthéiste avec la vibration et le flux du sang de la nature»[58]. Klee dans l'hommage qu'il rendit à Marc «écrivait qu'il communiquait avec les animaux comme s'ils étaient humains et qu'il les élevait à son niveau»[59]. Klee avait pourtant défini sa propre ambition bien différemment, ne cherchant pas une «empathie panthéiste» mais se plaçant à un «lointain point de départ de la création». Il se situe au-delà de la passion et de l'urgence de la mission que Marc s'était fixée. Alors comment ces inventions d'animaux, si humoristiques et pénétrantes qu'elles puissent être, expriment-elles cette ambition? Malgré tout leur charme, se pourrait-il qu'elles n'atteignent pas le but visé (et c'est là une critique qui a déjà été formulée à l'égard de Klee)?

Il est essentiel de comprendre la comparaison avec Marc. Assurément la chose était assez importante pour Klee pour qu'il choisisse d'exprimer les ambitions qu'il nourrissait pour son art sous forme d'un hommage à son ami tué il y avait si peu de temps. Tout compte fait, il ne s'agit pas de comparer l'intégrité ou les perspectives de l'un et de l'autre, mais leurs conceptions tout à fait différentes de la nature et des possibilités de l'art. Marc prônait une vision directe et spirituelle de l'art qu'il assimilait à un acte de transsubstantiation. Ces tableaux crient leur intensité et leur désir inassouvi. Klee, par contre, décrivait son art comme «un *exemple*, tout comme le monde physique est un exemple [de création]». Quelle que soit la puissance de la création, «elle est indéfinissable», ce qui signifie qu'elle ne peut être décrite symboliquement, que ce soit par l'art ou le langage. L'artiste doit se mouvoir uniquement au milieu de ces conditions et de ces structures qui lui sont offertes à l'instar de la nature qui possède la liberté de ses lois; en art, une fois encore, cela se traduit dans la ligne, le ton et la couleur. Klee n'entretenait pas l'illusion qu'avec ces moyens il pouvait *décrire* symboliquement l'esprit, pas plus qu'il ne pouvait décrire «le lointain point de départ de la création». Il ne lui restait plus qu'à donner forme à son sens de la mobilité spirituelle par l'action de l'art. Les deux sens du mouvement, mouvement de l'esprit et mouvement de l'art, se rencontrent, pour ainsi dire, dans le monde «intermédiaire» et c'est là que reposent ses inventions, liées au physique par les réalisations de l'art et symboliquement libérées par les ressources de son imagination qui trouvent leur liberté d'expression dans l'humour et l'univers des animaux et de l'enfance.

Revenons un instant au *Chameau-Cheval nain*. Nous pouvons y distinguer les différents niveaux auxquels Klee se meut et ensuite projeter ceux-ci en perspective. Klee insistait sur la notion de mouvement qui préoccupe l'artiste; dans un dessin, limité à une technique linéaire sur une surface à deux dimensions, cela signifie exploiter avant tout le potentiel de cette surface. Dans *Chameau-Cheval nain*, il choisit un ensemble particulier de contrastes, ceux qui vont d'une extrémité à l'autre, les tensions allant de gauche à droite et de droite à gauche – problème purement formel. Les possibilités dans ce domaine sont multiples. Klee y parvient en réalisant une invention animale humoristique dans laquelle domine le *Chameau-Cheval*, ce qui incite le spectateur à lire le dessin de gauche à droite. Mais cette prédomi-

teats, is a female animal opposed to the masculine camel. The uncertainty of direction is emphasized by the feet which point in both directions.

The World of Nature

In one sense to describe Klee's notion of the possible, of the "in-between" in terms of the animal world, the child's world or humour is to start, still, at one remove. The primary model is nature.

> The inner impulse is the urge that leads to [artistic] production. As in nature, so with us. Nature is creative, and we are creative. Nature is creative down to the minutest scale and since the briefest scrutiny suffices to discern that, we too have begun on a small scale, emulating nature, it has been easy, under nature's guidance, to recognize our own creativity.[60]

Klee's Bauhaus teaching was in a substantial way based on a view of nature as the great teacher of formal genesis through its patterns of growth, its movement in the change from one form to another, its freedom and variety gained by inalienable laws. Time and again in his work his inventiveness parallels nature. *Woodland and Heath* (cat. no. 41) achieves this by the simple but effective device of, as it were, letting the brush strokes grow. He works with a patently pictorial structure – a flat grid – and graphic signs that describe essentially the material and medium which produces them – scribbles, dashes, crosses, and zigzags. He does not describe nature either in general or in detail, but invokes something of its structure: the relationship of individual actions and larger rhythms, and the contrasts of forms that arise, as in the drawing, from nature's basic principles of growth and development.

A somewhat more complex example is the painting *Six Trees by the Water* (cat. no. 68). We tend to think and to operate in our lives in terms of individual, discreet objects and, no doubt, will first see the picture in the rather bland terms suggested by the title – as a simple description of nature. But looking closer at the picture itself is to recognize how Klee has developed the forms of the trees and of the water from the same roughly applied paste colour. Then we see that what really distinguishes one tree from another and trees from the water is not a series of conceptualized shapes but the *movement* within the paint itself – swirls, arcs, long curves, ovals. Like *Woodland and Heath* the true parallel with nature arises because Klee retains the essentially pictorial nature of the work. Having made his point here, however, he underlines it with that dry, self-irony that is rarely far away. He introduces two foxes, naturalistically recognizable but reduced to the simple pictorial device of the line. They stand out in their linear pictorial form from the swirling, thick areas of the paint, just as animal life differs from plant life, but both are generated purely and necessarily.

In a sensitive and somewhat unregarded essay written just at the turn of the century, Rainer Maria Rilke wrote of the history of landscape painting as an essentially human event.[61] Perhaps in the art Rilke knew

nance est relative et on peut distinguer un autre animal imaginaire qui se déplace de droite à gauche: d'abord une longue trompe (qui sert également de queue au chameau) puis d'après les mammelons, une femelle qui fait le pendant au chameau mâle. Les pieds, tournés dans les deux sens, soulignent l'imprécision de la direction.

La nature

En un sens, décrire la notion du virtuel de Klee, du monde «intermédiaire» en fonction du monde animal, de l'univers de l'enfance ou de l'humour, serait encore rester en deçà de la réalité. Le modèle premier est la nature.

> L'appel intérieur est l'impulsion qui incite à la production artistique. Dans la nature comme chez l'homme. La nature est créatrice, nous le sommes aussi. La nature est créatrice jusque dans le moindre détail et, comme l'examen le moindrement minutieux suffit pour s'en rendre compte, nous avons également commencé sur une petite échelle, imitant la nature, il a été facile sous l'œil bienveillant de la nature, de reconnaître notre propre créativité[60].

Son enseignement au Bauhaus était, en grande partie, fondé sur sa perception de la nature comme le grand maître de toute genèse formelle: les cycles de croissance de la nature, son mouvement dans le changement d'une forme à l'autre, sa liberté et sa diversité procédant de lois inaliénables. À maintes reprises, dans son œuvre, il y a correspondance entre ses inventions et la nature. Dans *Forêt et bruyère* (n° 41) de 1927, il y parvient par un processus simple et efficace qui consistait en quelque sorte à laisser croître les coups de pinceau. Il travaille avec une structuration clairement picturale – une trame plane – et des signes graphiques qui décrivent essentiellement le matériau et le procédé qui les produisent – graffiti, taches, croix et zigzags. Il ne décrit pas la nature en général ou dans le détail, mais évoque quelque chose de sa structure: le rapport entre les actions individuelles et les rythmes plus vastes, les contrastes des formes qui surgissent, comme dans le dessin à partir des principes fondamentaux qui régissent la croissance et le développement de la nature.

À titre d'exemple d'œuvres légèrement plus complexes et réalisées vers la fin de sa vie, citons *Six arbres au bord de l'eau* (n° 68). Nous inclinons à penser et à agir dans nos vies en fonction d'objets individuels et distincts et nul doute que nous voyons d'abord le tableau plutôt en fonction de son titre anodin, c'est-à-dire comme une simple description de la nature. Un examen plus attentif du tableau révélera la façon dont Klee a constitué les arbres et l'eau par une application rugueuse de couleurs à la colle. C'est alors que nous constatons que les arbres se distinguent vraiment les uns des autres et de l'eau non par une série de formes conceptualisées mais par le mouvement dans la peinture même: remous, arcs, longues courbes, ovales. Dans *Forêt et bruyère*, notamment, Klee établit un parallèle avec la nature en retenant la nature essentiellement picturale de l'œuvre. Cependant, son message une fois transmis, il le souligne de cette mordante ironie qui ne le quitte jamais. Il introduit deux renards, aisément reconnaissables, mais réduits au simple dispositif pictural de la ligne. Leur forme picturale linéaire les fait ressortir des zones tourbillonnantes et épaisses de peinture de la même façon que la vie animale diffère de la vie végétale, mais toutes deux sont engendrées dans la pureté et la nécessité.

at that time there was no way that painting could so fully integrate the human and natural realms as he proposed. But soon – and this certainly came true with Klee – that relationship became pictorially possible. In fact something of this is traceable in some early portraits Klee made of his father and sister in 1909[62] and later in a drawing *Child* (*Kinde*; 1918). We recall also how he had spoken of an experience in Tunisia. "The evening is deep inside me forever. Many a blond, northern moonrise, like a muted reflection, will softly remind me, and remind me again and again . . . I myself am the moonrise of the South" (*Diaries* 926).

One way in which this relationship between human and natural realms is expressed in pictures where landscape scenes and human faces become interchangeable.[63] This is found, for instance, in the drawing *Blossom Time* (cat. no. 29) where the face is both a part of, and in a sense buried in, the description of the landscape to the extent that the branches and plants become a diagram for the internal structure of flesh with veins and nerves and tissue and fat globules. But as was pointed out in the discussion of *Six Trees by the Water,* the image is not left at one level of metaphor but is expanded into others. Here the bursting youthfulness of blossom time, the promise of future, is contrasted with the face which seems broken and haggard. And the contrast seen from the human point of view, the landscape and its image of youth, is carried, literally, in the head; that is, as part of memory, the frail means of holding onto the past.

A different way of bringing about the poignancy of human life measured by the time span of nature – and with a brilliant opposition of pictorial means – is found in the 1938 painting *Full Moon on the Moor* (cat. no. 61). The picture is made with roughly applied paste colours on a sheet of newspaper which acts as the support, a technique often employed in the last three or four years of his life. In some examples of this technique the paint totally obscures the paper so that it plays no visible part in the final image. But here the newsprint is apparent although, for the most part as an abstract "structure": ordered columns and lines, the firmly abstract shapes of the letters. In just two or three places the text of the newsprint is quite legible, and in each case the information revealed is concerned with the day-to-day events of time and place. The issue of the paper, the *Neue Zürcher Zeitung* (Zurich), is for 6 October 1937, and two headlines in the text that are clearly shown, concern an anniversary meeting and a report about a fall festival in Lugano. And over this ordered and regulated record of human existence lies another order, that of nature, not always considered in its fullness, but constant and greater than all our affairs.

In some pictures Klee's suspension of images "in-between" becomes unusually difficult. This often occurs when, for some reason, the personal element – some aspect of his life and circumstances – breaks through the pictorial level and stands exposed. One of the most openly bitter works he ever produced – and it is unusual just because of that – is the drawing *Menu Without Appetite* (cat. no 53). The form of the drawing, with tightly styled and scattered groups of natural growth, had appeared in a good number of paintings and drawings from some years earlier, such as *Plant Seeds* (*Pflanzensamen*; 1927; Pasadena Art Museum) and *Times of the Plants* (*Zeiten der Pflanzen*; 1927; Kunstsammlung Nordheim-Westfalen). During the 1934–1936 period Klee often went

Dans un essai pénétrant, mais quelque peu négligé, l'écrivain Rainer Maria Rilke qualifia, au début du siècle, l'histoire de la peinture de paysages d'événement essentiellement humain[61]. Peut-être que dans l'art que Rilke connaissait à cette époque il n'y avait pas moyen que la peinture intègre le royaume de l'humain et de la nature aussi pleinement qu'il le proposait. Mais bientôt, et cela se réalisa assurément avec Klee, ce rapport devint picturalement possible. En effet, dans les premiers portraits que l'artiste fit de son père et de sa sœur en 1909[62] et, dans le dessin *Enfant* (*Kind*) exécuté en 1918, cette tendance se manifestait déjà. Nous pouvons en outre évoquer les souvenirs d'une de ses expériences tunisiennes: «Cette soirée est profondément inscrite en moi pour toujours. Maint lever de la blonde lune du Nord, tel un reflet atténué, m'exhortera en silence, ne cessera de m'exhorter . . . Moi-même . . . je suis la lune du Sud . . . » (*Journal*, p. 274).

L'interchangeabilité des scènes de paysages et des visages humains, constitue une façon dont s'exprima ce rapport[63]. Citons, à titre d'exemple, *Floraison* (n° 29), dans lequel le visage est à la fois fondu dans la description du paysage tout en y étant inclus au point que les branches et les plantes se transforment en un diagramme de la structure intérieure du corps avec ses veines, ses nerfs, ses tissus et ses globules gras. Mais, comme je l'ai mentionné dans *Six arbres au bord de l'eau*, l'image n'en reste pas à un seul niveau de métaphore mais s'enchaîne à d'autres. Ici, l'éclatante jeunesse de la floraison, promesse d'avenir, fait contraste avec le visage brisé et harassé. Et, si l'on pousse plus loin cette opposition pour la considérer sous un angle humain, le paysage et la jeunesse qu'il symbolise, sont littéralement portés dans la tête pour s'inscrire dans le souvenir, cet éphémère moyen de se raccrocher au passé.

Dans *Pleine lune sur le marais* (n° 61), peint en 1938, Klee aborde d'une toute autre façon le tragique de la vie humaine mesuré par le cycle de la nature et une brillante opposition de moyens picturaux. L'œuvre est exécutée avec de la couleur à la colle sur une feuille de journal qui tient lieu de subjectile – technique souvent employée pendant les trois ou quatre dernières années de sa vie. Dans quelques-uns des tableaux où il utilisa cette technique, le papier disparaît tout à fait sous la peinture si bien qu'il ne joue aucun rôle visible dans l'image finale. Mais, dans ce cas-ci, le papier journal paraît pour toutefois ne constituer, dans l'ensemble, qu'une structure abstraite, faite de colonnes et de lignes ordonnées et des formes carrément abstraites des lettres. Le texte n'est lisible qu'à deux ou trois endroits et dans chaque cas les informations qu'on peut y lire ne portent que sur les événements quotidiens de l'époque et de l'endroit. Le numéro du journal, le *Neue Zürcher Zeitung* de Zurich, est celui du 6 octobre 1937 et deux titres dans le corps du texte sont mis en évidence, une réunion d'anniversaire et le festival d'automne de Lugano. Et par-dessus, ce témoin ordonné et réglé de l'existence de l'homme, se trouve un autre ordre, celui de la nature, qui n'est pas toujours considéré dans sa plénitude, mais qui est plus constant et grandiose que toutes les affaires qui nous occupent.

Dans certaines compositions, la suspension des images dans le monde «intermédiaire» paraît anormalement difficile. Cela se produit souvent, lorsque pour une quelconque raison, l'élément personnel – les circonstances de sa vie – perce le niveau pictural et est mis au jour. Une des œuvres la plus ouvertement amère qu'ait produites Klee – et qui est inhabituelle précisément à cause de cela – est le dessin *Menu sans appétit* (n° 53). La forme de ce dessin, avec ses groupes de croissance naturelle épars et d'un style rigou-

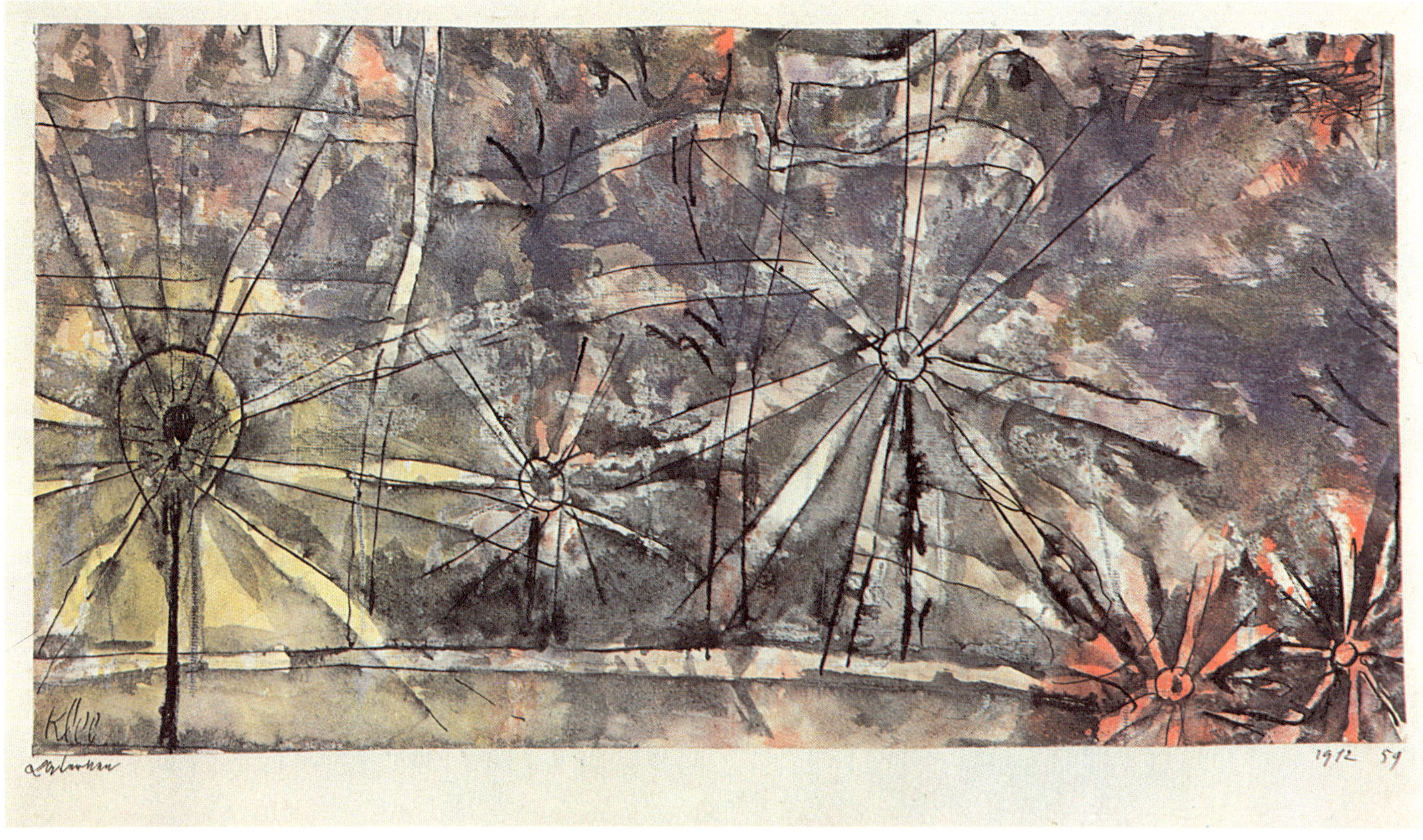

Street Lamps 1912
(see cat. no. 8)

Réverbères 1912
(voir n° 8)

back to forms and styles he had developed in earlier years, seeking, perhaps, some sense of the security and normality from which he had been wrenched, first by the political events of 1933 and his flight from Germany and then by the onset of illness in 1935. *Menu Without Appetite* may repeat the form, but it is far from the spirit of the earlier works, for he has turned his view of nature into a travesty of its unity and a distortion of its processes of growth.

The relationship between Klee's art and life after the crises of 1935 and 1936 reaches an intensity and, I would say, a reality that surpasses anything he has done before. This is profoundly the case expressed in the painting *Park near L(ucerne)* (*Park bei L[uzern]*; 1938; Klee Foundation). At this time Klee, chronically sick, spent most of his time in Bern, working in his studio at Kistlerweg. His wife, Lily, was also under medical care at Sonnmatt near Lucerne and Klee journeyed there to visit her. These visits were physically, and one cannot say how much emotionally, a great drain on his resources and in 1939 he had to stop them. The painting, with its personal connotations, is also one of Klee's greatest statements on birth and death in nature. Whereas *Menu Without Appetite* is a vile mutation of that process, *Park near L(ucerne)* unites personal experience with the lasting core of nature, signifying the fate of the individual as just part of the larger view.

Through the Bauhaus years Klee spent a great deal of time on theoretical matters, as the surviving written and sketched material attest. As Max Huggler has argued, this material cannot all be seen simply as pedagogical exercises,[64] but his interest in it declined, it would seem, in direct relation to his disenchantment with the direction of the Bauhaus, a matter that became critical when Walter Gropius left in 1928. What can be said of this still largely untapped source is that all through the 1920s Klee continued to examine and test the rational and abstract basis of form production – a fact which seems to contradict his earlier contention that he had passed through the stage of abstraction. It is as if both the demands of teaching and the expansion of creative values in his independent work heightened, rather than diminished, the need to test the bases of his art.

From 1919 Klee's art is filled with the poetic exploitation of those formal bases he had so patiently established over a decade and a half. The imagistic freedoms drawn from child and primitive art, from his sense of humour, from the animal world, the theatre and nature were possible because of the security of his formal means. One measure of this is that from 1919–1925, a substantially larger proportion of his work was in oil paintings and coloured works as against drawings. These proportions are precisely reserved in the Dessau and Düsseldorf years of 1926–1933.[65] Whilst there is some change in themes between the two periods, including an increase from 1926 in the number of essentially abstract works, the more significant element lies in the emphasis, particularly at Dessau, on a re-evaluation of the basic formal elements. One way to gauge this is to read the brief essay "Exact Experiments in the Realm of Art" (*Exakter Versuch im Bereich der Kunst;* 1928)[66] in comparison with the earlier essays like "Creative Credo" (*Schöpferische Konfession*), "Ways of Nature Study" (*Wege der Naturstudiums*), and "On Modern Art" (*Über die moderne Kunst*). Not that there is a major change of principle – the balance between formal study and intuition

reux, était apparue dans bon nombre de tableaux et de dessins quelques années auparavant, notamment dans deux œuvres de 1927, *Graines* (*Pflanzensamen*; Pasadena Art Museum) et *Temps des plantes* (*Zeiten der Pflanzen*; Kunstammlung Nordheim-Westfalen). De 1934 à 1936, Klee revint souvent aux formes et aux styles qu'il avait développés au cours des premières années de sa carrière, sans doute en quête d'une sécurité et d'une normalité auxquelles il avait été arraché d'abord par les événements politiques de 1933 et son départ d'Allemagne, puis, par les premiers symptômes de la maladie en 1935. Ce dessin reprend peut-être la forme de ses premières œuvres, mais l'esprit en est tout autre car l'artiste a transformé sa vision de la nature en une parodie de son unité et une déformation de ses processus de croissance.

Le rapport entre son art et sa vie après les crises de 1935 et de 1936 atteignirent une intensité et, je dirais même, une réalité qui dépassent tout ce qu'il avait fait auparavant. C'est absolument le cas de *Parc près de L(ucerne)* (*Park bei L[uzern]*) de 1938. Klee, qui était alors atteint d'un mal chronique, passait presque tout son temps à Berne où il travaillait dans son atelier de Kistlerweg. Sa femme Lily était également sous surveillance médicale à Sonnmatt, près de Lucerne, où Klee se rendait pour la voir. Ces visites drainaient une grande partie de ses énergies sur le plan physique et on ne peut dire à quel point sur le plan émotif, et en 1939 il dut y mettre fin. Ce tableau, avec toutes les connotations personnelles qu'il renferme, constitue en outre l'un des plus beaux témoignages qu'il ait rendus aux phénomènes de naissance et de mort dans la nature. Alors que *Menu sans appétit* n'est qu'une vile mutation de ce processus, *Parc près de L(ucerne)* unit l'expérience personnelle à ce qu'il y a de permanent dans la nature, ramenant ainsi le sort de chacun à une parcelle d'un grand tout.

Au cours de ses années au Bauhaus, Klee consacra beaucoup de temps à des questions théoriques comme en témoignent les écrits et les croquis qui nous sont parvenus. Comme l'a soutenu Max Huggler, ces documents ne peuvent être considérés comme de simples exercises pédagogiques[64], mais il semble que son intérêt diminua proportionnellement à son désenchantement quant à l'orientation prise par le Bauhaus, problème qui devint critique avec le départ de Gropius en 1928. Tout ce qu'on peut dire de cette source encore largement inexplorée c'est que tout au long des années 1920, il continua d'étudier et de vérifier le fondement rationnel et abstrait de la production des formes, ce qui semble contredire son affirmation antérieure qu'il avait déjà franchi le stade de l'abstraction. Il faut croire que les exigences du professorat et l'éclatement des valeurs créatrices dans son œuvre indépendante accrurent, au lieu de diminuer, son besoin de vérifier les principes de son art.

À partir de 1919, l'art de Klee regorge des applications poétiques des principes formels qu'il avait si patiemment établis au cours de quinze années de travail. Les libertés d'images tirées de l'art enfantin et primitif, de son sens de l'humour, du monde animal, du théâtre et de la nature étaient possibles grâce à la sûreté de ses moyens formels. Ainsi, de 1919 à 1925, il exécuta proportionnellement beaucoup plus de peintures à l'huile et d'œuvres en couleurs que de dessins. Ces proportions sont exactement renversées pendant les périodes de Dessau et de Düsseldorf de 1926 à 1933[65]. Bien que des changements soient survenus dans le thème entre ces deux périodes, changements qui se sont notamment traduits par une augmentation, à partir de 1926, du nombre d'œuvres essentiellement abstraites, le

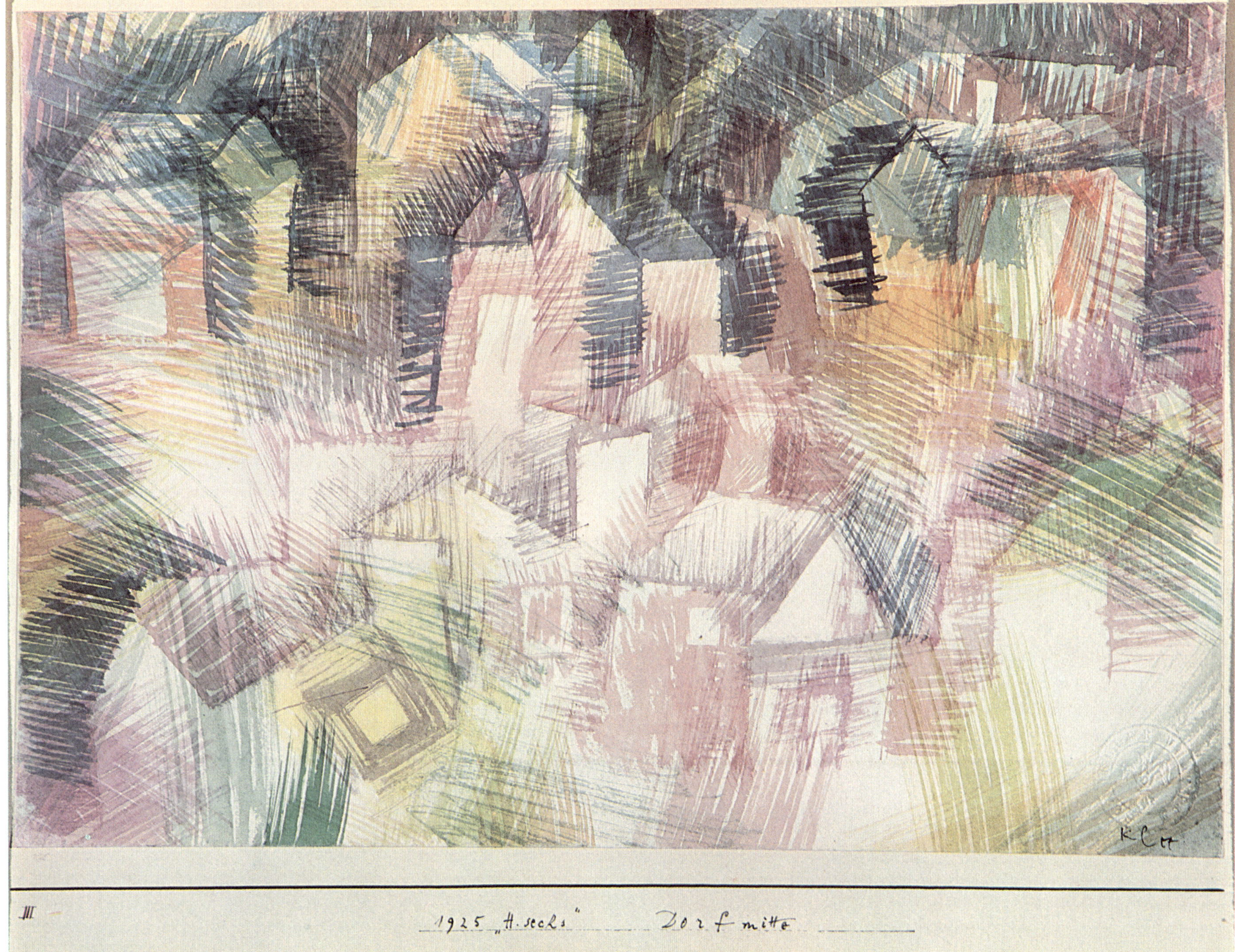

Village Centre 1925
(see cat. no. 34)

Centre de village 1925
(voir no 34)

remains – but there is an insistence on the formal, as though the lesson had been understood but insufficiently heeded.

This change of emphasis had direct repercussions on the nature of the creative work of the mid- and later 1920s. Conventions, ever more emphatic in their abstractions, were developed, such as the bands of lines that mark many works from the mid-1920s. *Storm Spirit* (cat. no. 36) uses the convention loosely to describe the varying parts of the figure and then to form the hatching at upper left and lower centre to give the figure some spatial stability. The convention is much more firmly applied the following year in *Fox* (cover; cat. no. 38) and is given major expression in *A Garden for Orpheus* (*Ein Garten für Orpheus*; Klee Foundation), both of 1926. The form continues through the decade into the 1930s.

A more rigorously geometric group, both in paintings and drawings, is brought up with *The Fools Day Out* (cat. no. 47), which is based on interlocking forms developed from the relationship of thick and thin lines. There are a series of these drawings of somewhat straight-laced family outings to which the style seems appropriate. That the form has precedence over the subject, however, is made clear by the fact that the source of the style is traceable to a series of landscape and seascape pictures of 1927, including a group entitled *Côte de Provence* which, in turn, may have been stimulated by Klee's summer visit that year to Corsica and the Isles de Porquerolles.[67] And later come tonal and watercolour pictures whose forms are barely deflected from total nonobjectivity; for instance, the beautifully delicate *Polyphony of Composed White* (*Polyphon gefasstes Weiss;* 1930; Klee Foundation) with overlapping films or colour developing out of white through pale pink and blue, or the similarly calculated but black-and-white *Two Ways* (*Zwei Wege*; Guggenheim Museum) of 1932.

There is no simple way of ascribing this interest in more rigid forms to one or another factor. A rigorous examination of formal units had been at the basis of all his mature work, and, seen from another aspect, his work through the later 1920s and early 1930s remained as varied and imaginative as it had ever done. Nor can it be explained away (as is often done) as the commitment of a *Bauhäusler* (Bauhaus member) because Klee's disenchantment with the Bauhaus was substantially the result of his disagreements with the growing and emphatic formalism of the place – the "template mentality." We cannot, either, talk in terms of a change of style in the way that we can of Kandinsky, for example, when he moved to Paris from Berlin in 1933, nor of any abandonment of that poetic "in-between world" by which Klee's images found a unity of form and expression. Perhaps it was more that form rather than spirit which demanded constant testing; for freedom, in Klee's terms, was gained only through the rules of art. If confirmation of this assertation is needed, it is to be found during his time in Düsseldorf when, as has been mentioned before, he painted some of his most joyous coloured works, which were also amongst some of his most rigorously structured and composed pictures, the "divisionist" paintings. Composed of small blocks of colour, as in *Distant Landscape* (cat. no. 48), often on multicoloured grounds, the formal structure is technically rigid but visually open with the colours contrasting or harmonizing to a shimmer.

Those months in Düsseldorf were, in their own way, as unreal as

plus significatif d'entre eux réside dans l'accent mis sur la réévaluation, plus particulièrement à Dessau, des éléments formels fondamentaux. Une lecture comparative d'un très court essai publié en 1928, *Expériences exactes dans le domaine de l'art* (*Exakter Versuch im Bereich der Kunst*) et d'essais antérieurs, notamment (*Confession créatrice* (*Schöpferische Konfession*), *Voies de l'étude de la nature* (*Wege des Naturstudiums*) et *De l'art moderne* (*Über die moderne Kunst*) permet de mesurer ces changements[66]. Il ne s'agit pas d'un renversement des principes, l'équilibre entre l'étude formelle et l'intuition demeurant, mais d'une insistance plus marquée sur le formel comme si la leçon avait été bien comprise mais mal appliquée.

Ce changement eut des répercussions directes sur la nature de l'œuvre créatrice de l'artiste du milieu à la fin des années 1920. Les conventions, d'autant plus emphatiques dans leur abstraction, sont développées telles que les bandes de lignes qui caractérisent mainte œuvre à partir de 1925. *Esprit-Tempête* (nº 36) utilise la convention sans rigueur pour décrire les diverses parties de la figure et pour former alors les hachures dans le coin supérieur gauche et au-dessous du centre, donnant ainsi au personnage une certaine stabilité spatiale. Avec *Renard* (couverture; nº 38) il respecte beaucoup plus scrupuleusement la convention à laquelle il donne sa pleine expression dans *Un jardin pour Orphée* (*Ein Garten für Orpheus*) de 1926. La forme se poursuit jusque dans les années 1930.

Un groupe plus rigoureusement géométrique, tant dans les tableaux que les dessins, émerge avec *Jour de sortie des bouffons* (nº 47) de 1930, fondé sur l'entrelacement des formes qui naissent du rapport entre les lignes minces et épaisses. Il existe une série de dessins de sorties en famille quelque peu guindées auxquels ce style semble très approprié. Toutefois, la préséance de la forme sur le sujet apparaît évidente lorsqu'on remonte à l'origine du style dans une série de paysages et de marines datant de 1927 dont fait partie le groupe *Côte de Provence* qui a sans doute été inspiré par un voyage en Corse et à l'île de Porquerolles que fit Klee l'été de cette même année[67]. Ce n'est que plus tard que viennent les peintures et les aquarelles tonales dont les formes s'écartaient à peine de la non-objectivité totale, comme la merveilleusement tendre *Polyphonie de blanc composé* (*Polyphon gefasstes Weiss*) de 1930 (Fondation Paul Klee) aux couches de couleurs se chevauchant et naissant du blanc pour passer au rose et au bleu pâles ainsi que *Deux voies* (*Zwei Wege*; The Solomon Guggenheim Foundation, New York) de 1932 conçu de façon analogue, mais peint cette fois en noir et blanc.

Il n'est pas facile d'attribuer cet intérêt pour des formes plus rigides à une cause en particulier, car un examen rigoureux des unités formelles avait été à la base de tout l'œuvre de sa maturité et, vue d'un autre angle, son travail de la fin des années 1920 et du début des années 1930 resta aussi varié et imaginaire qu'auparavant. Nous ne pouvons pas non plus l'expliquer (comme on le fait trop souvent) par son engagement en tant que *Bauhäusler* car le désenchantement de Klee à l'égard du Bauhaus fut en grande partie lié à son désaccord avec le formalisme grandissant et grandiloquent de l'endroit, sa «mentalité de clan». Nous ne pouvons pas non plus parler de changement de style, comme chez Kandinsky lorsqu'il quitta Berlin pour s'établir à Paris en 1933, ni de l'abandon de l'univers poétique du monde «intermédiaire» grâce auquel ses images trouvaient une unité de forme et d'expression. Il s'agit sans doute plus de forme que d'esprit qui demandait une vérification instantanée; car la liberté, chez Klee, était obtenue

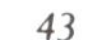

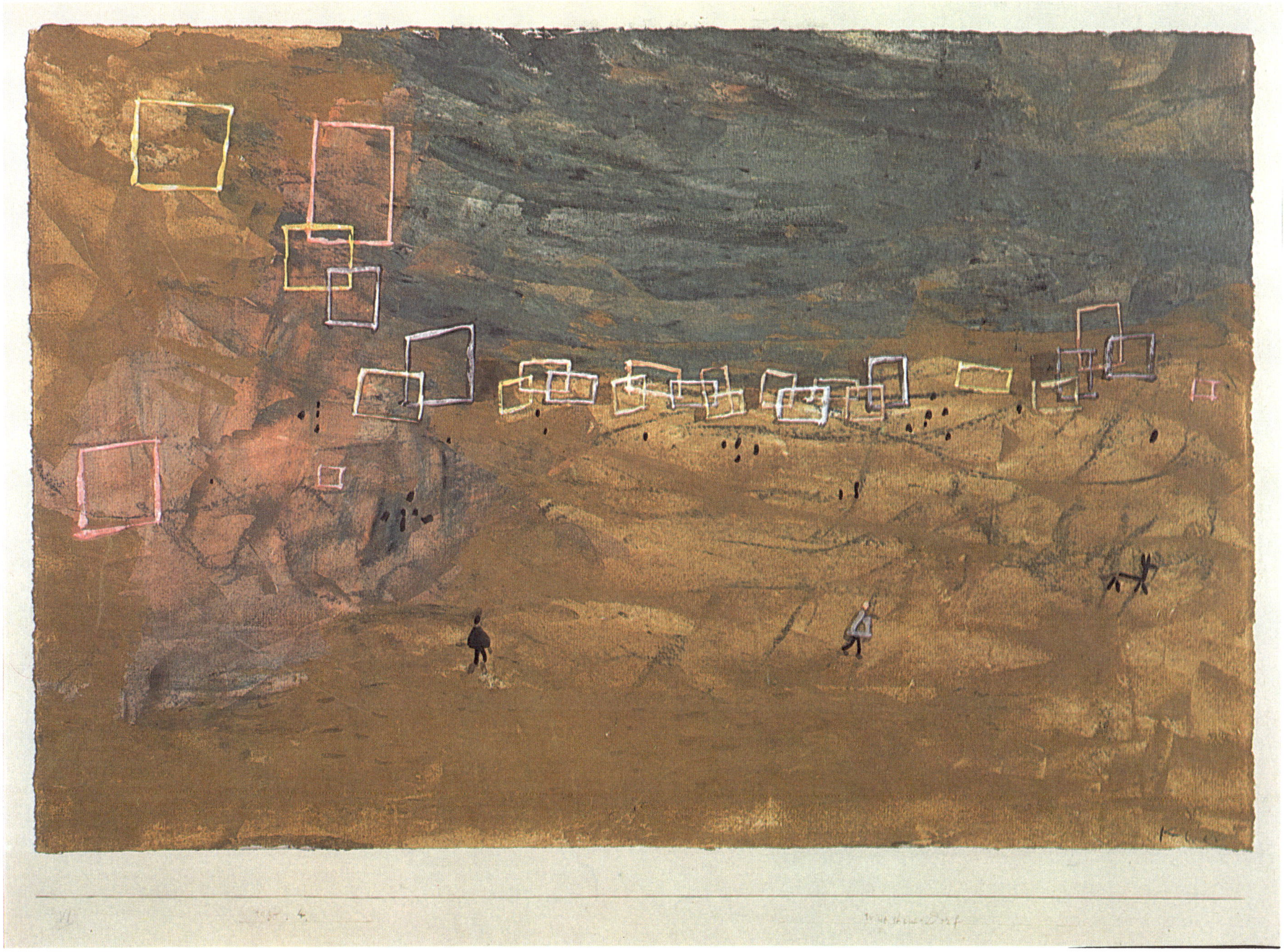

Desolate Village 1930
(see cat. no. 44)

Village désert 1930
(voir nº 44)

they were brief. He had turned away from the Bauhaus to avoid the growing political activity, as well as to express his dissatisfaction with the artistic policies. But even if he got out of the hot-house atmosphere of Dessau, larger political forces were pressing closer and these could not, in the end, be overlooked. The years 1934–1936 strained Klee's creative ability to an all but unbearable point. The quality of his work suffered, his inventive capacity seemed critically weakened. He began, during his illness, to keep a diary again, but not one that as before probed and argued but one that only marked the daily events. When he emerged in 1937 to work again, it was no longer to an "in-between" world, but to a world whose reality had to be faced and to an awareness of how his own physical condition was constantly under test.

Signs and Symbols

> [I need] to find words, or signs or something else by which to express my innermost feelings.
> *Philip Otto Runge*

> No one contests the principle of the arbitrary nature of the sign.
> *Ferdinand de Saussure*

The power in the work of the final years lies in this irony: that the presentness of individual suffering and the closeness of death is finally transmissible only in signs. The poetic vision of the "in-between" is pulled back onto the partial, broken, and relative conventions by which human communication may suggest reality. There is no question as to how deeply the circumstances of Klee's life in these years cut into the nature of his pictures, yet they cannot be interpreted further than the eloquence of the signs that comprise them, because the signs do not *hide* meaning. The keys and codes which appear and reappear in the late pictures cannot unlock their own meaning or unscramble their own conventions; they can only affirm their conventionality. He called one picture of 1938 *Broken Key* (*Zerbrochener Schlüssel*; 1938) and another of 1939 *Destroyed Labyrinth* (*Zerstörtes Labyrinth*); is a destroyed labyrinth an ultimate truth or simply another state of the inexplicable?

What I am suggesting for these late works is not that his use of fixed signs and conventions is unusual in itself – even by comparison with his earlier work – but rather that he is grasping at the *conventionality* of the signs themselves. Their arbitrary nature and intrinsic meaninglessness point to the limits of their capacity to touch our "innermost thoughts" and, by that failure, to reveal the ultimate failure of communication both in us and between us.[68]

That fixed signs and conventions long played an important part in Klee's work is a simple matter of observation, particularly when it comes to such forms as letters and numerals, or to more directly graphic signs like the arrow. The arrow is a major pictorial device in the paintings and watercolours from 1919 through to the 1930s, though less in evidence after 1935. Its use had developed gradually from a largely natu-

seulement par les règles de l'art. Pour étayer cette affirmation, il suffit de se pencher sur sa période du Düsseldorf où, comme il a été mentionné plus haut, il exécuta ses peintures en couleurs les plus gaies, mais à la fois les plus rigoureusement structurées et composées: ses tableaux «divisionnistes». Composés de petits carrés de couleurs comme dans *Paysage lointain* (n° 48), souvent sur un fond multicolore, la structure formelle en est techniquement rigide mais visuellement ouverte, les couleurs contrastant ou s'harmonisant jusqu'à devenir chatoyantes.

Ces mois passés à Düsseldorf furent, à leur façon, aussi irréels que brefs. Klee s'était détourné du Bauhaus pour se soustraire à l'activité politique croissante et pour exprimer son insatisfaction vis-à-vis des politiques artistiques. Mais, même sorti de l'atmosphère de serre qui caractérisait Dessau, il ne pouvait, à la fin, ignorer les importantes forces politiques qui se faisaient de plus en plus pressantes. Les années 1934 à 1936 pesèrent sur sa créativité au point de devenir presque insupportables. La qualité de son travail en souffrait, son pouvoir d'invention semblait gravement affaibli. Il recommença au cours de sa maladie, à tenir un journal, non pas, cette fois, pour y approfondir des questions ni y tenir des raisonnements, mais seulement pour y consigner les événements de la journée. Lorsque, en 1937, il sortit de cet état pour se remettre au travail, il se trouvait non plus devant un monde «intermédiaire», mais devant un monde dont la réalité devait être affrontée et devant la conscience que son état physique était constamment mis à l'épreuve.

Signes et symboles

> [J'ai besoin] de trouver des mots ou des signes ou autre chose qui me permette d'exprimer mes sentiments les plus profonds.
> *Philip Otto Runge*

> Nul ne conteste le principe de la nature arbitraire du signe.
> *Ferdinand de Saussure*

Ironiquement, la puissance de l'œuvre des dernières années tient au fait que l'actualité de la souffrance individuelle et l'imminence de la mort ne sont finalement transmissibles que par des signes. La vision poétique d'un monde «intermédiaire» est ramenée brusquement aux conventions partielles, brisées et relatives qu'emprunte l'humain pour évoquer la réalité. Les circonstances qui ont marqué la vie de Klee au cours de ces dernières années ont, sans aucun doute, laissé une empreinte profonde sur la nature de ses œuvres, mais l'interprétation de celles-ci ne peut aller au-delà de l'éloquence des signes qui les composent, car les signes n'*occultent* aucun sens. Les clés et les codes qui apparaissent et réapparaissent dans les œuvres tardives ne peuvent nous livrer leur signification ni déchiffrer leurs conventions, mais seulement affirmer leur caracactère conventionnel. Klee a intitulé un tableau de 1938 *Clef brisée* (*Zerbrochener Schlüssel*) et un autre de 1939, *Labyrinthe détruit*; (*Zerstkörtes Labyrinth*); peut-on voir dans un labyrinthe détruit une vérité ultime ou simplement une autre manifestation de l'inexplicable?

En ce qui concerne ces œuvres tardives, mon intention n'est pas d'avancer que l'usage des conventions et des signes établis a quelque chose d'étrange en soi, même par rapport aux œuvres antérieures, mais plutôt que Klee cherche à saisir le *caractère conventionnel* des signes eux-mêmes; leur

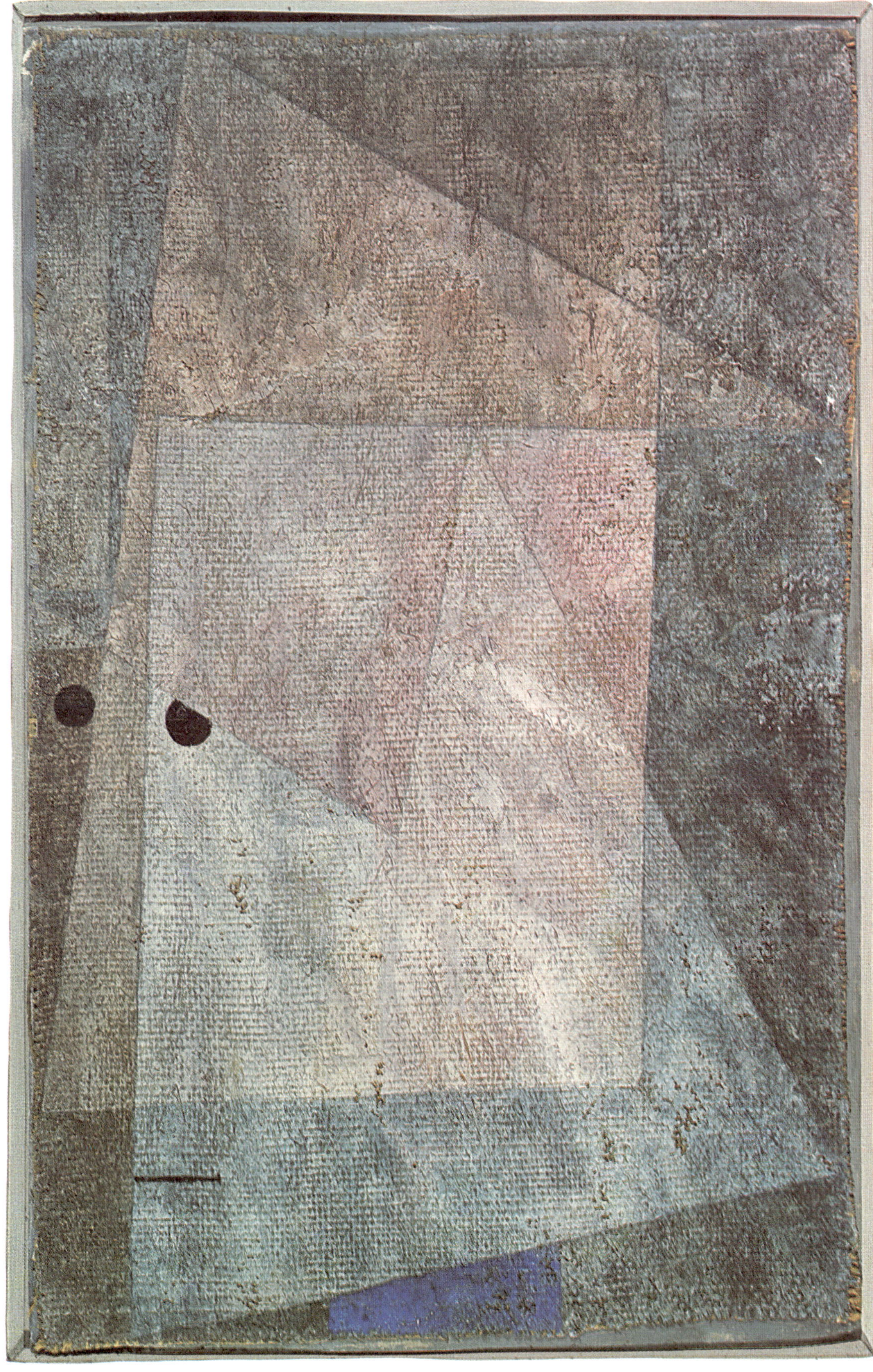

Headdress 1935
(see cat. no. 55)

Coiffe 1935
(voir nº 55)

ralistic function about 1913 to an openly graphic device indicating movement by 1918.[69] It played a major part in his theoretical discussions and was the subject of specific discussion in his Bauhaus courses in connection with the "figuration of dynamic forces."[70] As with most of Klee's uses of conventional forms, the arrow can function at several metaphorical levels. In the painting *With the Setting Sun* (cat. no. 18) it signifies, at one level, a naturalistic condition, for in being attached to the sun its blackness drags down the sun and brings darkness. The arrow's shape, however, is repeated by the strange construction in the lower left, an unstable sort of building with steps and windows. The whole image is, like *Blossom Time,* one of the face-landscapes, and the arrows represent a conflict between a weak, upward movement on the left with the unstable house-like construction and the strong downward pull of the arrow with the sun enclosed within another schematic house. They symbolize the conflict of natural forces and human rationalism which always lies within us.

In *For the Night Flutterers Dance* (cat. no. 25), the arrows are used as a sort of tragic decoration to the figure in that as it urges itself upwards, pinned through the heart, toward the heavens with a fatal longing, so it is dragged down by the arrows, symbolizing gravity, to earth. In much later works, the arrow tends to be simply one graphic symbol amongst others, for example, in *Haste Without Discretion* (cat. no. 54); in this case, the figure of the man is reduced to a linear symbol; the arrow is an equivalent linear form to indicate the direction in which the figure is supposedly moving.

Klee's introduction of letters and numerals in his pictures begins and develops within a similar time frame as the arrow, but they continue to play an important part right through the 1930s. As with other aspects of his work that have been discussed, the use of letters in pictures, as a simple fact, is something Klee holds in common with many artists of his time. From the start, however, his introduction of such forms is stated in his own terms, as for instance, in the unusual little drawing *V* (cat. no. 14). The scratchy, nervous lines, characteristic of many of his early drawings, gradually develop into regular forms, part sign and part structural grid; then, on these simple geometric forms stand letters crowned by the "V." Around this floating invention are other signs that suggest cosmic bodies – stars and planets; the letters differ from these in being linear in character as against their solid tones, but there is no essential difference of shape between them.

If *V* is a speculative, poetic image for the invention of language, it bears comparison with another approach to the development of language forms found in pictures a decade or so later. The speculation is not so much cosmic as rooted in human history, testing the cultures of the past and their methods of convention against our own, as if to discover whether they were closer to "the source of all" than we are. He constructed pictures containing forms that recall a time when linguistic signs were more fluid than now. But in the same way that his debt to primitive art and child art is open and scientifically imprecise, so also is it with his linguistic symbols. This is apparent in looking at pictures like *A Leaf from the Town Records* (*Ein Blatt aus dem Städtebuch*; 1928; Kunstmuseum Basel), and *Documents* (*Dokument*; 1933). The first is pictographic in character, yet displays an order and sophistication of

nature arbitraire et leur absence intrinsèque de signification indiquent les limites de leur aptitude à toucher nos «pensées les plus secrètes» et, par conséquent, leur inaptitude à révéler l'échec définitif de la communication tant en nous-même qu'entre nous[68].

Il suffit de regarder l'œuvre de Klee pour voir que les conventions et les signes établis y ont longtemps joué un rôle important, notamment lorsqu'il s'agit de formes telles que les lettres et les chiffres ou de signes plus nettement graphiques comme la flèche. La flèche apparaît comme un élément pictural majeur dans les peintures et les aquarelles de 1919 jusque dans les années 1930, bien qu'elle soit moins en évidence après 1935. L'utilisation de cet élément, qui, autour de 1913, avait une fonction surtout naturaliste, avait évolué au point qu'en 1918, celui-ci était devenu une composante décidément graphique servant à indiquer le mouvement[69]. La flèche occupe un rôle important dans les discussions théoriques de Klee, qui y accorde une place toute particulière dans ses cours au Bauhaus lorsqu'il étudie «la mise en forme des forces animées»[70]. Comme c'est le cas pour la plupart des formes conventionnelles chez Klee, la flèche peut cumuler plusieurs niveaux métaphoriques. Par exemple, dans la peinture *Avec le soleil couchant* (n° 18), elle représente, à un niveau, un état naturaliste, car, étant rattachée au soleil, sa noirceur fait descendre l'astre et apporte l'obscurité. Sa forme se retrouve, cependant, dans l'étrange construction, espèce de bâtiment précaire avec marches et fenêtres, qui se dresse en bas à gauche. L'ensemble de l'image rappelle *Floraison* (n° 29), un des paysages-visages. Les flèches illustrent le conflit qui oppose le faible mouvement ascendant à gauche que donne l'espèce de maison précaire et la forte attirance vers le bas qu'exerce la flèche, renfermant le soleil dans une autre maison schématique. Elles sont symboliques de l'éternel conflit en l'homme entre les forces naturelles et la raison.

Dans *À la danse de la fête de nuit* (n° 25), les flèches servent d'ornement tragique au personnage: dans son ascension vers le ciel, animé d'un désir funeste, il est atteint en plein cœur et entraîné par les flèches gravitationnelles dans un mouvement de chute vers la terre. Bien des années plus tard, la flèche a tendance, par exemple dans *Hâte sans égard* (n° 54) de 1935, à n'être qu'un symbole graphique parmi d'autres – le personnage se trouvant réduit à un symbole linéaire, la flèche apparaît comme une forme linéaire équivalente qui indique le mouvement du personnage.

L'emploi des lettres et des nombres suit une évolution parallèle à celle de la flèche, à cette différence près que ceux-ci continuent d'occuper une place importante jusqu'à la fin des années 1930. Comme pour d'autres aspects de son œuvre que j'ai décrits précédemment, la présence des lettres comme simples réalités dans les œuvres de Klee le rapproche de nombreux artistes de son époque. Dès le moment où il introduit ce moyen pictural, cependant, il le décrit en ses propres termes. Prenons par exemple le curieux petit dessin *V* (n° 14). Les graffiti nerveux, qui caractérisent une bonne partie des dessins des premières années, se transforment petit à petit en formes régulières, qui tiennent à la fois du signe et du quadrillé structural, et sur ces simples formes géométriques se dressent des lettres couronnées d'un «V». Dans l'espace autour de cette invention flottante, d'autres signes évoquent des corps cosmiques – étoiles et planètes; les lettres ressortent sur les tons unis de ces symboles par leur caractère linéaire, mais la forme en est essentiellement la même.

Si *V* est une image hypothétique, une vision poétique de l'invention du

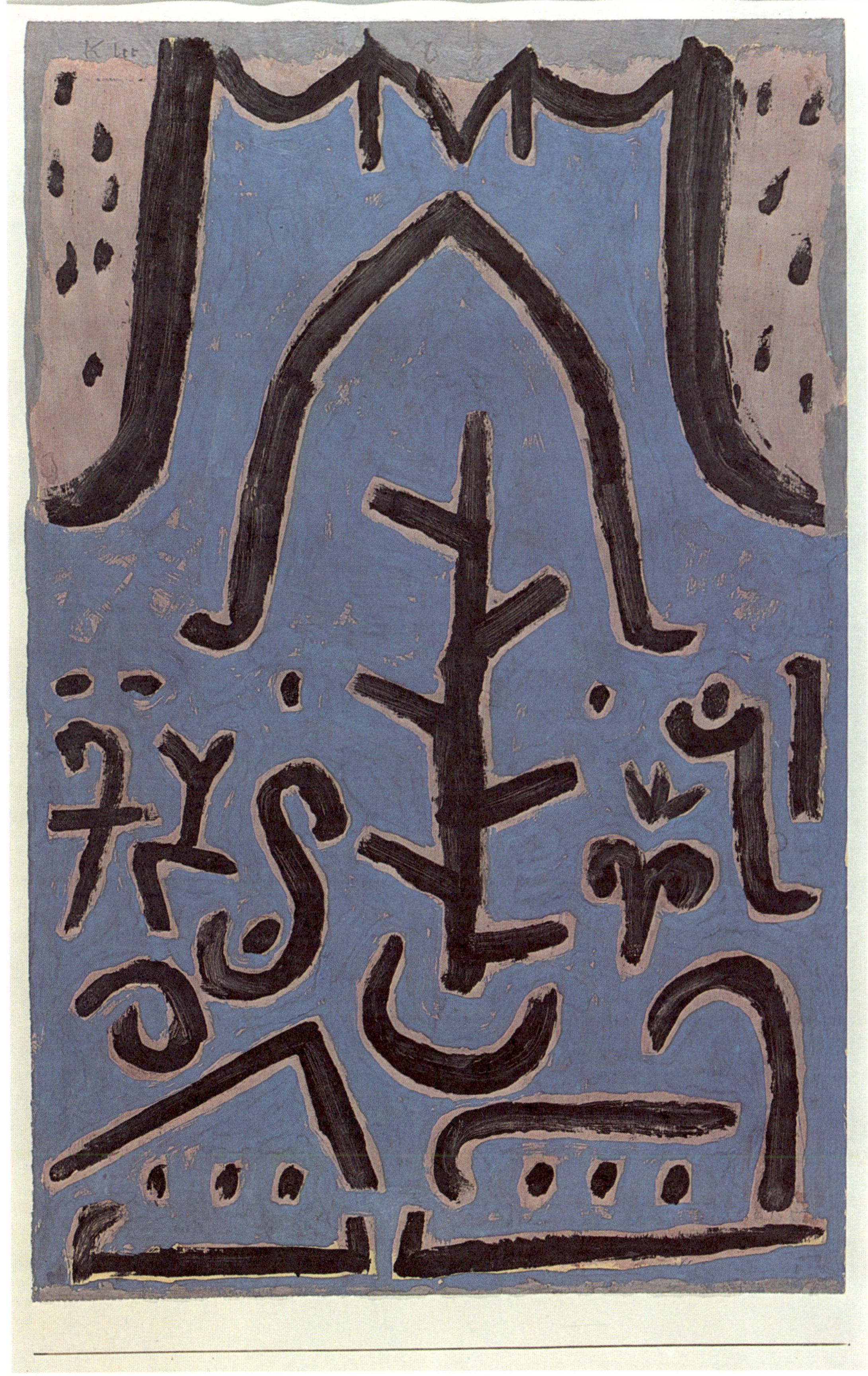

Theatre in the Forest 1938
(see cat. no. 62)

Théâtre dans la forêt 1938
(voir nº 62)

forms that cannot be confused with known examples of that form.[71] The second evidently refers to a later stage of script development. In neither case, however, is it possible to relate the precise forms to the known traditions; there is no concealed message.

There is no question but that Klee was convinced of the path he was following. Certainly he studied the origin of linguistic signs; he owned a copy of a book on the origins of writing, Karl Weule's *Vom Kerbholz zum Alphabet, Urformen der Schrift,* which had been published in 1915, and he used letters as abstract forms in teaching exercises at the Bauhaus.[72] Any attempt, however, to get close to specific sources are, and I would say must be, invariably frustrated by the very function of the pictures, for Klee is concerned not with a particular communication but with the nature of communication itself, with evoking through it the way that we know the past. The success of the pictures lies in Klee's ability to make the forms appear convincing as specific signs and yet retain themselves as independent forms.[73] It is as if the search for beginnings is always prevented by the very means used to express it – and that lesson of history has not changed.

His visit to Egypt in 1928–1929 reinforced this view of history. He was somewhat disappointed by the historical museum in Cairo, for he saw little that was different from what he already knew from the museums in Germany.[74] He was, however, impressed by the works from Tutenkhamon's tomb, discovered just six years before, "so beautiful" even if "overcultivated," but he called the mosques of Cairo "*kitschig*" in comparison with those he had seen in Kairuan fourteen years before. The aspects of Egypt that had truely profound effects were more directly human concerns: first, the sense of it as a meeting place of cultures, "the whole confusion Europe – Orient – Africa is simply deafening in its magnificence," and secondly, the profound feeling for the Egyptian landscape as an *historical* landscape, a living landscape that had seen little change for generation after generation.

The effect of the landscape, given Klee's pictorial interests in the late 1920s, found immediate response in several groups of pictures. Some, like *Desolate Village* (cat. no. 44), bring out a sense of conflict between the geometry of human habitation and the chaotic matrix of desert and sky in which it sought to exist. Others, like *Highway and Byways* (*Hauptweg und Nebenwege*; 1929; Wallraffe-Richartz Museum, Cologne) and *Monument on the Edge of Fertile Country* (*Monument im Fruchtland*; 1929; Kunstmuseum, Bern) relate abstractly, almost uncannily, the notion of the ancient landscape to Klee's rigorous pictorial interests of the late 1920s.

There were, however, other aspects of the Egyptian visit which did not find expression until much later. Indeed they cannot even have been anticipated, for they were only possible in the circumstances of his life and art after 1936. What the experience of the historical landscape and the hegemony of cultures confirmed was that the survival of history led no further back than the immediate present, for its survival was locked into the repetition of signs and conventions which contained no essential truth and no possible solution apart from the continuity of conventional forms. Those drawings and paintings of the later 1930s that contain many reminders of Egypt and of other ancient cultures are visible only as complex sign systems. Any attempt, so to speak,

langage, il est possible de le rapprocher d'une autre façon de concevoir l'évolution des formes linguistiques que l'on trouve chez Klee une dizaine d'années plus tard. À cette époque, l'idéologie n'est pas tant cosmique qu'ancrée dans l'histoire de l'homme, c'est la confrontation des conventions de nos prédécesseurs avec les nôtres comme pour voir s'ils étaient arrivés plus près que nous de «la source de toute chose». Klee construisait des images contenant des formes qui rappellent une époque où les signes linguistiques étaient plus fluides qu'ils ne le sont de nos jours. Mais sa dette envers l'art primitif et l'art enfantin reste ouverte et difficile à cerner scientifiquement; il en est de même de l'emploi qu'il fait des symboles linguistiques. Cela transparaît dans des œuvres comme *Une feuille du livre urbain* (*Fin Blatt aus dem Stadtebuch*; Kunstmuseum, Bâle) de 1928 et *Document* (*Dokument*) de 1933. La première a un caractère pictographique, mais dénote un ordre et un raffinement de formes qui ne peuvent être confondues avec des exemples connus de ce genre[71]. La seconde fait manifestement allusion à une phase ultérieure dans le développement de l'écriture. Ni l'une ni l'autre, cependant, ne permet d'établir de lien entre ces formes précises et les traditions connues; il n'y a pas de message caché.

Il est sûr que Klee connaissait bien la voie qu'il suivait. Il avait certainement étudié l'origine des signes linguistiques; il possédait un ouvrage sur les origines de l'écriture, *Vom Kerbholz zum Alphabet, Urformen der Schrift* de Karl Weule, publié en 1915 à Stuttgart, et il se servait de lettres comme formes abstraites pour ses exercises pédagogiques au Bauhaus[72]. Mais, vu la fonction de l'image, tout effort de rapprochement des sources spécifiques se solde, et je dirais même doit se solder, invariablement par un échec, car ce qui intéresse Klee, ce n'est pas une communication particulière mais la nature même de la communication; c'est d'évoquer le processus par lequel nous venons à connaître le passé. L'image est réussie dans la mesure où l'artiste réussit à rendre les formes si convaincantes en tant que signes particuliers sans leur faire perdre leur caractère indépendant[73]. La recherche des origines est, pour ainsi dire, toujours entravée par les moyens utilisés pour l'exprimer – c'est là une leçon que l'histoire nous répète constamment.

Son voyage en Égypte en 1928 – 1929 renforça chez Klee cette nouvelle conception de l'histoire. Il fut quelque peu déçu par le musée du Caire, il y vit très peu de choses qui fussent différentes de ce qu'il avait déjà vu dans les musées allemands[74]. Toutefois, il fut impressionné par les œuvres découvertes, à peine six ans auparavant, dans la tombe de Toutânkhamon et qu'il trouvait «si belles» quoique «raffinées à l'excès». Quant aux mosquées du Caire, il les trouva «kitsch» par rapport à celles qu'il avait vues à Kairouan (Tunisie) quatorze ans plut tôt. Les aspects de l'Égypte qui eurent une influence vraiment profonde sur lui appartenaient au domaine plus spécifiquement humain. D'abord, cette impression de l'Égypte comme lieu de rencontre de diverses cultures: «Toute cette confusion, Europe – Orient – Afrique, est absolument assourdissante dans sa magnificence». Puis, l'émotion profonde que lui inspirait la qualité *historique* du paysage égyptien, paysage vivant qui avait très peu changé au fil des générations.

L'influence du paysage, étant donné les intérêts picturaux de Klee à la fin des années 1920, se manifesta immédiatement dans plusieurs groupes d'œuvres, dont quelques-unes, comme *Village désert* (n° 44), faisaient ressortir un sentiment de conflit entre la géométrie de l'habitation humaine et la matrice chaotique de désert et de ciel dans laquelle elle cherchait à se tailler une place. D'autres, comme *Chemin principal et chemins latéraux*

to crack the codes can succeed only in cracking the continuity of the conventions, thus dissipating the only truth they contain.

The supreme example of this (and surely one of Klee's most beautiful paintings) is the *Legend of the Nile* (*Legende vom Nil*; 1937) in which a mixture of script, hieroglyphic and pictographic forms all appear and where the only way to sort them out seems to be that the pictographic forms above, simpler in form and depiction, give way to an incoherent jumble of abstract script forms below. The relationship between the colour areas and linear forms is equally obscure, for sometimes they seem to conform to one another and at other times to conflict.[75] The whole complex is given a further set of meanings, as is often the case with Klee, by the ambiguities in the title.

The German *Legende* has a meaning, similar to English, of a traditional, unhistorical narrative. It has also two other meanings, both concerned with signs: "legend" as an inscription on, for example, a medal, and as the explanatory key to reading a map. The painting itself gives validity to each of these meanings. I would suggest, however, that there is a fourth and unifying meaning of legend which draws together all the linguistic and pictorial levels. This meaning is the very notion of convention itself. The use of forms like hieroglyphs, pictographs, and script is a dependence on conventions and this is matched by the levels in the title, for it is the continuity of a particular narrative form that gives value to a legend; it is a convention of praise or dedication that is expected of an inscription; and, in order to be useful, the legend of a map must be a simple key. But, in the end, what locks can such keys turn?

That point is definitively made in another picture of 1937 *Catharsis* (*Katharsis*; 1937; Glaesemer 1976, no. 198). In contrast to the partial order and calm of *Legend of the Nile*, the profusion of sign types swirls around in a sea of purgation. No consistent value is possible, no consistent relationship of signs can gather long enough to solidify a concept, a record. There is only the purging of values. But, ironically, one form does remain and that is the tenacity of the abstract, arbitrary sign to survive even when meaning is taken from it.

With pictures like these Klee uses conventions in such a way as to evoke and to neutralize the values of history. When he uses letters and numerals of the Latin script he does so to destroy more directly the value we put in them for gaining knowledge and making communication. Klee explodes those values in two works of 1938 called *Alphabet*, in which he merely marks on a page of newsprint a series of scattered letters. With the exception of the small personal touch of signing his name in the upper right beneath the words *die Familie* in *Alphabet II*, his presentation blasts the relativity of signs in the contrast between the faith we place in communication, which the newsprint symbolizes, and the painted-on letters which defy meaning.

In *Legend of the Nile* the sign-like elements are closely related, whether in harmony or conflict, to a structure of colour that recalls the "magic square" pictures that Klee had developed in the early 1920s. Those had been, for him, some of his most successful pictures in their triumphant independent structure of colour. They were, in his sense, the epitome of quality. In the late 1930s the form is no longer left to stand on its own, but is bound and compromised by linear signs.[76]

(*Hauptweg und Nebenwege*; Wallraffe-Richartz Museum, Cologne) et *Monument en pays fertile* (*Monument im fruchtland*; Kunstmuseum, Berne) toutes les deux de 1929, établissent un lien abstrait, quasi surnaturel, entre la notion de paysage antique et la rigueur des intérêts picturaux de Klee à la fin des années 1920.

Il y a, cependant, d'autres aspects du voyage en Égypte qui ne trouvèrent leur expression que beaucoup plus tard. En vérité, ils ne sont pas apparus à Klee à l'époque, car ils n'ont pu se manifester que dans les circonstances qui marquèrent sa vie et son art après 1936. Ce que l'expérience du paysage historique et de l'hégémonie des cultures attestait, c'était que la survivance de l'histoire ne remonte qu'au présent immédiat, car elle est intimement liée à la répétition des signes et conventions qui ne renferment aucune vérité essentielle ni solution possible à part la continuité des formes conventionnelles. Les dessins et les peintures de la fin des années 1930 qui contiennent de nombreuses allusions à l'Égypte et à d'autres cultures anciennes se présentent purement comme des systèmes idéographiques complexes. Toute tentative, pour ainsi dire, de déchiffrage des codes ne peut que briser la continuité des conventions et, par le fait même, dissiper la seule vérité qui s'y trouve.

L'exemple par excellence de cette tendance (et assurément une des plus belles peintures de Klee) est bien la *Légende du Nil* (*Legende vom Nil*) de 1937, cet amalgame de caractères, de formes hiéroglyphiques et pictographiques, où le seul semblant d'ordre vient du fait que les formes pictographiques en haut, d'un tracé simple, semblent céder la place à un fouillis incohérent de caractères abstraits plus bas. Le rapport entre les zones de couleur et les formes linéaires est tout aussi obscur, car il est fait tantôt de conformité tantôt de conflit[75]. L'ambiguïté du titre donne au tout un autre jeu de significations, comme c'est souvent le cas chez Klee. Le mot allemand *Legende* désigne, comme le mot français, un récit traditionnel, plus ou moins fabuleux. Il a aussi deux autres acceptions, se rapportant toutes deux aux signes: l'une désignant l'inscription d'une médaille par exemple; l'autre, un code explicatif permettant de comprendre une carte. La peinture elle-même confère une certaine validité à chacune de ces acceptions. Toutefois, selon moi, il y aurait un quatrième sens, unificateur celui-là, du mot «légende», qui fait le lien entre tous les niveaux linguistiques et picturaux. Ce sens est celui de la notion même de convention. L'emploi de formes comme les hiéroglyphes, les pictogrammes et les caractères indique un assujettissement aux conventions, que l'on retrouve également dans les divers niveaux de sens du titre, car c'est la continuité d'une forme narrative particulière qui caractérise une légende. De même, la convention veut qu'une inscription exprime une louange ou une dédicace et l'utilité de la légende d'une carte tient au fait qu'elle constitue une simple clé. Mais, tout compte fait, de quels mystères ces clés peuvent-elles nous donner l'accès?

C'est une question à laquelle Klee répond de façon décisive dans une autre œuvre qui date de 1937, *Catharsis* (*Katharsis*; Glaesemer 1976, n° 198). Contrairement à l'ordre et au calme relatifs de la *Légende du Nil*, nous avons ici une profusion de signes tourbillonnant dans une mer de purgation. Impossible d'en déduire aucune valeur stable, ni aucun rapport assez durable entre les signes pour en bâtir un concept, une affirmation quelconque. Il n'y a que la purgation des valeurs. Mais, par une ironie du sort, il reste pourtant un élément et c'est la ténacité de l'abstrait, signe arbitraire qui subsiste même privé de sens.

Figure in the Garden (cat. no. 58) and *Glance from Red* (cat. no. 60) are two such works, each dependent on different notions of conventions. *Glance from Red* recalls, in some ways, the combination of the face-landscape compositions discussed earlier (see p. 38), except that here the facial signs are combined not with aspects of nature but with musical notation. We can identify the > diminuendo, the "F:" (an old-fashioned way of indicating the key of F), the ⌒· fermata (which serves Klee here as elsewhere also as an eye), and perhaps also the ||| if set horizontally, referring to a tremolo. All these centre around the markings ⊔ that are like the music natural sign ♮ that has been pulled apart. The "natural" sign in German is *der Auflösungzeichen, Auflösung* having a musical connotation of resolution and a common meaning of disentanglement. The scattered and disoriented signs in this case centre around the sign for "*aufgelöst,*" the "resolved," which has become *unaufgelöst,* the "unresolved." Music (certainly Mozart and Bach, the music which Klee loved) as a symbol of order is attacked in the same way that the structure of the colours is broken away from a pattern of regularity and harmony of the "magic squares" into an arbitrary abutment of hues and shapes.

Figure in the Garden is also a picture of scattered linear signs and an irregular colour structure that seems to seek resolution. One figure is identifiable, but nothing else is easily legible. The term figure, of course, abounds with ambiguity, but the proper German meaning, like the strict use of the term in English, is the same; also, a "figure," in the sense of a statue, that is, a form dependent on an existing artistic convention. "Figure" may also be used in other contexts to describe a formal set pattern, such as dancing or ice-skating. And at another level it relates to Klee's own theoretical work of the 1920s when he worked out, on sheet after sheet, formal, geometric "figures." Many of these late paintings are partial, broken derivatives of these abstractions.

Another range of subject types for which this particular colour and line relationship is used refers to the theatre, a subject in which Klee had long shown interest.[77] Again the realm of the subject itself is one that exists by virtue of its forms and conventions in settings and action, direction and words. *Theatre Landscape* (*Bühnenlandschaft*; 1937) is a major example of this as is, though without the same colour pattern, *Theatre in the Forest* (cat. no. 62). There comes a point, however, in the late works, when it seems more accurate to describe Klee's approach to conventions as one of indifference as to whether a particular group of forms will develop into pictographic forms, or linguistic signs, or some other formal pattern (an indifference that the German painter Philip Otto Runge [1777–1810] and other Romantics were unable to admit). This is, it seems to me, the case with *Theatre in the Forest* and with a 1939 picture *Elves* (cat. no 71). In *Elves* the colour base exists, but the linear signs, acting wildly and independently, mark out their indifference to it. Though largely broken and scattered, some of them remain just sufficiently enclosed as forms to raise in the spectator's eye a convention of figural representation, "match-stick men." But they lie tenuously close to destruction, and in two fine pictures, both in Felix Klee's collection, *Black Signs* (cat. no. 63) and *Growth Stirs* (*Wachstum regt sich*) the signs, that in other pictures form themselves into letters and figures, are here pushed back to a point where the only significant form is that of formation itself.

Dans des œuvres comme celles-ci, Klee se sert des conventions de manière à évoquer et à neutraliser les valeurs de l'histoire. Lorsqu'il utilise les caractères et les chiffres romains, c'est pour détruire plus directement la valeur que nous leur donnons en vue d'acquérir des connaissances et d'entrer en communication. Ces valeurs, Klee en démontre la fausseté dans deux œuvres de 1938 intitulées *Alphabet*, où il ne fait que poser sur une feuille de papier journal une série de lettres éparses. Exception faite de la petite note personnelle que constitue la signature de son nom en haut à droite sous les mots *die Familie* (la famille) dans *Alphabet II*, la composition de Klee fait éclater la relativité des signes de par le contraste entre la confiance que nous inspire la communication, symbolisée par le papier journal, et l'impossibilité de conférer un sens aux lettres qui sont simplement plaquées là.

Dans la *Légende du Nil*, les éléments-signes étaient intimement liés, que ce soit par la force de l'harmonie ou du conflit, à une structure de couleurs qui rappelle les «carrés magiques» du début des années 1920. Ces compositions comptaient, pour Klee, parmi les plus réussies de ses œuvres en raison de leur structure de couleurs triomphale et indépendante – elles étaient, à son sens, l'incarnation de la qualité. À la fin des années 1930, la forme n'est plus abandonnée à ses propres moyens, mais elle se trouve liée et compromise par les signes linéaires[76]. Citons deux exemples, *Figure au jardin* (n° 58) et *Regard à partir du rouge* (n° 60), tous deux de 1937 et relevant chacun de notions différentes des conventions. *Regard à partir de rouge* évoque, à certains points de vue, les compositions cumulant paysages et visages décrites précédemment (voir p. 38), à cette différence près que les signes faciaux sont combinés ici avec des éléments, non plus de la nature, mais de la notation musicale. Ainsi, on peut y reconnaître le diminuendo >, l'ancien symbole de la clé de fa «F:», le point d'orgue ⌒· (qui, ici comme ailleurs chez Klee, représente également un œil de même que le signe ||| qui, s'il était horizontal, pourrait être celui du trémolo. Tous ces signes gravitent autour de notations ⊔, qui semblent être un bécarre ouvert, le bécarre ayant, en allemand, dans les expressions *der Auglösungzeichen* et *Auflösung*, une connotation musicale de «résolution» et de «dénouement». Les signes éparpillés et désorientés tournent autour du symbole de la chose «résolue», ou *aufgelöst*, qui est devenue *unaufgelöst*, c'est-à-dire «non résolue». La musique (certainement celle de Mozart et de Bach, que Klee aimait), en tant que symbole d'ordre, se trouve attaquée tout comme la structure des couleurs est brisée, laissant la régularité et l'harmonie des «carrés magiques» pour devenir un agencement arbitraire de teintes et de formes.

La *Figure au jardin* apparaît comme la représentation de signes linéaires épars et comme une structure de couleurs irrégulière qui semble demander à être résolue. Il est possible d'y distinguer une figure, mais le reste de la composition n'est pas facile à déchiffrer. Le terme «figure», bien entendu, est plein d'ambiguïté, mais dans son sens le plus strict, en allemand comme en français, désigne une représentation visuelle, une statue par exemple, c'est-à-dire une forme qui obéit à une convention artistique existante. Le mot peut être utilisé aussi dans d'autres contextes pour décrire un ensemble de mouvements réglés, dans le domaine de la danse ou du patinage artistique. Et, à un autre niveau, le terme évoque les études théoriques auxquelles Klee se livra au cours des années vingt, époque où il s'acharnait à remettre vingt fois sur le métier ses «figures» géométriques formelles. Bon nombre de ces œuvres tardives apparaissent comme des dérivatifs partiels ou comme des fragments de ces abstractions.

But that tendency to break down the forms and go back to the point of formation does not take Klee further. In the works of 1939 and 1940 the forms, even if broken and linear, seem to regain a degree of the pictorial, an open descriptiveness that in the years immediately before had been lost in the ambiguity of sign systems. In 1939, in particular, he made a very large number of drawings and coloured works describing figures with enclosed but devastatingly simple outlines or, if the figures were broken, they were broken radically into parts and the parts themselves discretely preserved. Pictures like *A Dreaming One Looks Back* (cat. no. 66) and the sphinx-like *With the Cabbages* (cat. no. 67) belong to the group of outlined figures. The figures are isolated, given no firm spatial description, and often seem out of place on the scrubbed or roughly toned and coloured sheets. At first sight, and in contrast to the broken forms of the 1937 pictures, it seems Klee was building up from what had been lost in the conflict between the linear and the colouristic. But the pictures do not support that; the figures, even if whole, are abandoned in their settings and their wholeness is, in the end, little different from the radical dismemberings of pictures like *Candle and Flames* (cat. no. 65) or *Puppet* (*Untitled I*) (cat. no. 75) that "wholeness" itself becomes a quality open to a definition of doubt. As if to underline the point the still-life picture *Also a Black Fig* (cat. no. 64) is similar to the broken human figures, and to recognize a fig amongst the abstract shapes is a relative and tenuous matter.

A Summing Up

In these very last works the heavy black line remains the most basic form of description. It is as if to express the notion that even the whole figure, the pictorially complete form, is no less a discrete and abstract sign than is a single letter or numeral. It is as though the ultimate alienation of the sign is grasped not by breaking it down to smaller and smaller parts but by accepting the fundamental unit as the figure, the representation of the man. This is done with well-tried conventions as it is with the newly developed ones. The "match-stick figures" that played an important part at the turn of the 1920s and 1930s appear now in pieces like *Dark Voyage* (cat. no. 76) and *He Rows Despairingly* (cat. no. 77). But the whole character of their use is quite different now from a painting like *Haste Without Discretion* (cat. no. 54). There they were simply a graphic form, distinguished in shape, but not in kind, from the other forms in the picture. Now the convention is isolated from a linear pictorial world in which it rationally belongs.

The same is true, but intensified, of figures like *Drummer* (*Paukenspieler*, 1940) and *A Face Also of the Body* (cat. no. 74); the notion of a purely graphic convention being capable of expressing an emotional condition. And if the movement of the art of Klee in these last works emphasizes darkness and presages his own death, it does not do so to the exclusion of humour or pathos. In *A Face Also of the Body* Klee draws on our conventional acceptance of a linear enclosure and two circles to represent a human head. Here, however, the smiling face of the body is topped by a broken and distressed head, the eyes literally dripping into tears, and in a hopeless and traditional gesture of modesty the figure tries to conceal the display of her nakedness with hand and

Ce rapport entre la couleur et la ligne, Klee s'en est servi dans une autre gamme de sujets se rapportant au théâtre, domaine qui le passionnait depuis longtemps[77]. Il s'agit encore une fois d'un domaine qui existe, en raison de ses formes et de ses conventions, dans les décors et l'action, la mise en scène et les paroles. Le *Paysage de théâtre* (*Bühnenbandschaft*) de 1937 en est un exemple majeur, de même *Théâtre dans la forêt* (nº 62), bien que la combinaison des couleurs y soit différente. Cependant, avec les œuvres tardives de Klee, arrive un moment où il semble conclure qu'il serait plus juste de voir dans sa façon d'envisager les conventions une certaine indifférence quant à l'éventuelle évolution d'un ensemble de formes aboutisant à des pictogrammes, à des signes linguistiques ou autres (indifférence que le peintre allemand Philip Otto Runge [1777–1810] et d'autres romantiques ne pouvait admettre). Ceci, à mon avis, s'applique au *Théâtre dans le forêt* de même qu'aux *Lutins* (nº 71) de 1939. Dans cette dernière œuvre, la base de couleur est là, mais les signes linéaires, par leur folle indépendance, montrent bien leur parfaite indifférence vis-à-vis de celle-ci. Bien qu'ils soient pour la plupart brisés et épars, certains d'entre eux s'inscrivent juste assez dans des formes connues pour suggérer au spectateur une convention de la représentation figurative, des petits bonshommes. Mais la destruction les guette de près et, dans deux excellents tableaux de la collection Felix Klee, *Signes noirs* (nº 63) et *Début de croissance* (*Watchstum reght sich*), les signes qui, dans d'autres compositions deviennent des lettres et des formes se trouvent ici repoussés à un point tel que la seule forme qui ait un certain sens est celle de la formation elle-même.

Cependant, cette tendance à décomposer les formes et à retourner au stade de la formation n'entraîne pas Klee plus loin. Dans ses œuvres de 1939 et 1940, les formes, bien qu'elles soient brisées et linéaires, semblent reprendre un certain caractère pictural ouvertement descriptif qui, au cours des quelques années précédentes, s'était perdu dans l'ambiguïté des systèmes de signes. En 1939 notamment, l'artiste fit un très grand nombre de dessins et de compositions en couleur dépeignant des formes aux contours fermés mais d'une simplicité désarmante ou encore des formes brisées, où la brisure était nette et les morceaux soigneusement conservés. Au nombre de ces représentations de silhouettes esquissées s'inscrivent *Un rêveur regarde en arrière* (nº 66) et l'énigmatique *Près des choux* (nº 67). Les figures s'y trouvent isolées, sans description spatiale précise, et semblent souvent déplacées sur les feuilles grattées ou grossièrement teintées et colorées. À première vue, il semble que Klee s'éloigne des formes brisées de 1937 pour rebâtir à partir de ce qui s'était perdu dans le conflit entre le linéaire et le coloré. Mais cette hypothèse n'est pas confirmée par les compositions; les figures, mêmes entières, sont abandonnées dans leur cadre et leur intégralité diffère très peu, finalement, des formes radicalement démembrées d'œuvres comme *Bougies-Flammes* (nº 65) ou *Sans titre* (*Marionette I*) (nº 75) – cette intégralité même devient un élément permettant de circonscrire le doute. Cette idée est comme renforcée par la nature morte *Aussi une figue noire* (nº 64) de 1938, qui évoque des formes humaines brisées et où le fait de reconnaître une figue parmi les formes abstraites est affaire de relativité et de grande subtilité.

Un sommaire

Dans ces toutes dernières œuvres, la forte ligne noire reste la forme descriptive la plus fondamentale – comme si elle voulait exprimer la notion que

arm, but only succeeds (making matters the worse for her) in drawing attention to the nose/navel.

The pictures *Dark Voyage* and *He Rows Despairingly* belong to a large group of such works which present the theme of death, a theme which intensified with the deterioration of Klee's own condition. The strength of the images and the great pace at which he worked was as if in direct proportion to his sense of the failing of time. He wrote to his son at the end of 1939: "there is not enough time for me at my main business. The production takes on an increased dimension with a much increased tempo. I don't keep up with these children any more. They spring out [*Sie entspringen*]."[78] These very late works, particularly pieces like the *Drummer* and the "Angels" series, have often been described in terms of their representing other-worldly figures – as if their forms had become mystically visible to him from the beyond. But setting aside the fact that this is a remarkably insensitive way of considering these last months of Klee's life, this interpretation also runs counter to everything that Klee had stood for as an artist.

Klee had always insisted that the artist first of all must be concerned with the means of his craft and that what was creative was contained within that activity. He had also insisted that the resources of the imagination were not, in some way, supplied from outside, but arose as a condition of the individual. Awareness of one's tragic situation led to the urge to fulfil the sense of the spirit; this, as he said, was the source of his "inventions," patently not some vision "given" to him but the result of his imaginative and pictorial resources. In a conversation he had with Lothar Schreyer at the Bauhaus, he spoke of limits: "You, Schreyer, are seeking the single form that is ultimately limitless;" compare this to his own methods whereby each mark on the paper was a limitation and determined the sequence that could follow.[79] He went on to stress the "process of working," gently criticizing Schreyer for his hope to stamp out an image that would, somehow, accord with the "abolition of all limits."

Much had happened between this conversation in the early 1920s and 1939, but the events showed no vital change of belief in the nature of art – only to reiterate the ever-tightening pressure of limitations, for the more Klee painted, the closer those limitations drew. There is no breakthrough into some mystic vision beyond. When he said that he lived a little "nearer to the heart of creation than is usual," he meant that he sought to test more intensely the nature of those limitations, those rules by which art may be an expression of freedom.

All of this is, for me, most profoundly contained in a small picture of *Stern Visage* (cat. no. 70). The background is not just dark, it is unremittingly black, and on that Klee combines together three levels of symbol. As in other late works the notion of the boat journey is suggested, but there no useful way of being able to separate the sign for the figure from the sign for the boat. The vessel of travel symbolized by the boat is exactly equated with the physical vessel of the man as his body. The eyes look into the blackness around him or are already composed of it. In the self-portrait *Lost in Thought* (cat. no. 16) the eyes were closed and turned inwards to the richness of the inner world; in *Stern Visage* the eyes, now open, find only darkness. More than that, the sign of the man and his vessel is described in forms resembling the letters

même la figure intégrale, la forme picturale complète, est un signe tout aussi distinct et abstrait qu'une lettre ou un chiffre pris isolément. On dirait que l'aliénation ultime du signe est saisie non pas en le décomposant en des parties toujours plus petites mais en acceptant comme unité de base la figure, la représentation humaine. Pour ce faire, Klee se sert de conventions aussi bien éprouvées que nouvelles. Les petits bonshommes qui avaient joué un rôle important dans les années 1920 et 1930 apparaissent maintenant dans des œuvres de 1940 comme *Sombre voyage en bateau* (n° 76) et *Ramer désespérément* (n° 77). Mais leur emploi n'est plus du tout le même que dans une peinture comme *Hâte sans égard* (n° 54) par exemple. Ils n'y jouaient que le rôle de symbole graphique, se distinguant des autres signes du tableau par leur forme, mais non pas par leur nature, tandis que maintenant les conventions sont isolées du monde pictural linéaire auquel elles appartiennent logiquement.

Il en est ainsi, mais à un degré encore plus grand, des figures comme *Timbalier* (*Paukenspieler*) de 1940 et *Un visage, et aussi celui d'un corps* (n° 74) avec lesquelles Klee exprime la notion d'une convention purement graphique capable d'exprimer un état émotif. Et si la direction que prend son art dans ces dernières œuvres met l'accent sur les ténèbres et présage sa propre mort, ce n'est pas sans humour ni un certain pathos. Dans *Un visage, et aussi celui d'un corps*, l'artiste part du fait que nous acceptons conventionnellement qu'un contour linéaire et deux cercles représentent une tête d'homme. Cependant, ici, le visage souriant du personnage est surmonté d'une tête brisée et désemparée, littéralement ruisselante de larmes, et, dans un vain geste de modestie conventionnel, la figure tente de cacher du bras et de la main sa nudité exposée, mais ne réussit (comble de malheur pour elle) qu'à attirer l'attention sur son nez/nombril.

Sombre voyage en bateau et *Ramer désespérément* appartiennent à une importante série d'œuvres semblables qui présentent le thème de la mort, thème qui a pris de l'ampleur à mesure que se détériorait la santé de Klee. La puissance des images et le rythme auquel il travaillait semblaient directement proportionnel à son sentiment que le temps allait lui manquer. Il écrivait à son fils tout à fait à la fin de l'année 1939: « . . . je n'ai pas assez de temps à consacrer à mon activité principale. La production prend une dimension de plus en plus importante et un rythme beaucoup plus rapide. Je ne peux plus suivre ces enfants. Ils jaillissent (*Sie entspringen*)»[78]. Ses toutes dernières œuvres, notamment *Timbalier* et la série des *Anges* (*Engels*), sont souvent décrites en fonction des personnages surnaturels qu'elles présentent – comme si leurs formes lui étaient devenues visibles, mystiquement, de l'au-delà. Outre le fait que cette façon de considérer les derniers mois de la vie de Klee est d'une insensibilité remarquable, elle va à l'encontre de tout ce qu'avait toujours été Klee en tant qu'artiste.

En effet, Klee avait toujours soutenu que l'artiste devait, d'abord et avant tout, se préoccuper des moyens de son métier et que l'aspect créateur s'inscrivait au sein de cette activité. Il avait aussi affirmé que les ressources de l'imagination ne venaient pas, par quelque procédé magique, de l'extérieur, mais de la nature de chaque être. La conscience du tragique de l'existence incitait l'artiste à vouloir satisfaire son besoin de spiritualité; c'était là, disait-il, la source de ses «inventions», manifestement pas quelque vision qui lui aurait été «donnée», mais le fruit des ressources de l'imagination et de l'image. Il suffit de se remémorer la conversation qu'il avait eue avec Lothar Schreyer au Bauhaus et dans laquelle il avait été question de limites:

"P" and "K," Klee's own initials, and to underline the identity he signs *Klee* prominently in the lower form, as if naming the vessel. The designation of the man, his name, the convention by which he is known and presents himself to the world, becomes the final sign for himself. All that he can be in the end, all that is communicable, is contained in those signs, set on a journey that leads only to darkness.

«Vous, Schreyer, ce que vous voulez c'est l'unité, qui en fin de compte est sans limite» et il faisait la comparaison avec ses propres méthodes selon lesquelles chaque marque posée sur le papier était une limite et déterminait ce qui pouvait suivre[79]. Plus loin, il insistait sur le «processus de travail», reprochant sans méchanceté à Schreyer son espoir de réaliser une image qui concorderait, en quelque sorte, avec «l'abolition de toutes les limites».

Il s'était passé beaucoup de choses entre cette conversation au début des années 1920 et 1939, mais rien qui ait amené l'artiste à modifier de façon essentielle sa conception de l'art, seulement à réitérer la pression toujours plus insistante des limites, car plus il peignait, plus elles se resserraient. Klee n'a pas non plus changé de direction pour se lancer dans quelque vision mystique de l'au-delà. En disant qu'il vivait un peu «plus près du cœur de la création qu'il n'est normal», l'artiste faisait allusion au fait qu'il cherchait à éprouver, de façon plus intense, la nature de ces limites, c'est-à-dire des règles qui font que l'art peut être une expression de la liberté.

Tout ceci est, à mon avis, profondément illustré dans un petit tableau de 1939, *Mine grave* (n° 70). Le fond n'est pas seulement foncé, il est obstinément noir et Klee y fait intervenir trois niveaux de signification. Nous retrouvons ici, comme dans d'autres œuvres tardives, l'idée du voyage en bateau, mais nous n'avons pas de moyen commode de distinguer le signe qui représente la figure de celui qui représente le bateau – le vaisseau du voyage que symbolise le bateau est l'équivalent exact du vaisseau physique que constitue le corps de l'homme. Les yeux scrutent l'obscurité ou en sont déjà pénétrés. Pensons à l'autoportrait *Plongé dans ses pensées* (n° 16), où les yeux sont fermés et tournés sur la richesse du monde intérieur, et regardons ensuite *Mine grave*, où les yeux, maintenant ouverts, ne voient que ténèbres. Qui plus est, le signe représentant l'homme et son vaisseau apparaît sous des formes qui rappellent les lettres «P» et «K», les initiales de Klee, et comme pour insister sur l'identité, Klee signe son nom bien en vue dans la forme du bas, comme pour nommer le vaisseau. La désignation de l'homme, son nom, le signe conventionnel qu'il utilise pour se présenter au monde et celui auquel on le reconnaît, devient le symbole définitif de lui-même. À la fin, tout ce qu'il est, tout ce qui est communicable, est contenu dans ces formes symboliques, parties pour un voyage qui ne peut qu'aboutir dans les ténèbres.

Notes

1 *The Diaries of Paul Klee 1898–1918*, ed. and introd. Felix Klee (Berkeley and Los Angeles, 1968), section 861. All future references to the diaries will be given in the text by section rather than by page numbers. More specific remarks on art criticism can be found in Klee's brief responses to a questionnaire distributed and published in *Der Ararat* in 1921; see Christian Geelhaar, ed., *Paul Klee Schriften: Rezensionen und Aufsätze*, p. 123.

2 Klee, *On Modern Art*, introd. Herbert Read, pp. 49, 51. This essay is from the text of a lecture given to the Jena Kunstverein 24 January 1924.

3 See Lothar Schreyer, *Erinnerungen an Sturm und Bauhaus* (Munich, 1956), quoted in Felix Klee, *Paul Klee: His Life and Work in Documents*, pp. 181ff.

4 The standard work on Klee and the most authoratative source for his biography is Will Grohmann, *Paul Klee* (London: Lund Humphries, 1954). Grohmann met Klee at Weimar and first wrote on him in 1924. The plans for the monograph were developed through the 1930s, with Klee's active cooperation.

5 There are four diaries, all edited by Felix Klee and first published in 1957, with the first English edition published in 1964. Klee began the diaries in 1898 and subsequently added childhood reminiscences and about 1911 began transferring the rough notes to a clean copy. The diaries, along with Klee's other literary remains, are preserved by the Paul Klee Foundation (Klee Stiftung), though their copyright remains with Felix Klee and his family.

6 "Recollections by Felix Klee," published in *Diaries*, pp. 414–419.

7 *Diaries* 137. In Grohmann, *Paul Klee* (1954), p. 32, *die Plastik* is transposed, surely incorrectly, as "sculpture" rather than "the plastic arts."

8 Klee was, of course, doing a considerable amount of work at this time, including academic studies and landscape drawings. He seems to have made a distinction between this type of work and the development of work that was quite personal to him.

9 He had made two etchings in 1901 (Kornfeld, *Paul Klee* [Bern, 1963], nos 1, 2).

10 Hermann Esswein writing about Alfred Kubin in 1911 records this; see Peter Selz, *German Expressionist Painting*, p. 188.

11 Grohmann, *Paul Klee*, p. 45.

12 Wilhelm Hausenstein in *Kairuan oder eine Geschichte vom Maler Klee and von der Kunst dieses Zeitalters* gives an evocative account of the Schwabing in those years.

13 Klee, *The Thinking Eye*, p. 9.

14 *Diaries* 866. For an interesting discussion of the thirty-year-old hero in earlier twentieth-century German literature see T. Ziolkowski, *Dimensions of the Modern Novel* (Princeton, 1969).

15 Klee mentions that Thannhauser agreed to take thirty works (*Diaries* 896). There must have been a change of heart because Grohmann (1954, p. 50) says that the entire Swiss show of fifty-six items was, in fact, shown.

16 *I. Ausstellung der Kunstler-Vereiningung Sema.* It may be possible to identify one of the works included in this exhibition with the *Galloping Horse* shown here (cat. no. 6).

17 Geelhaar, *Klee Schriften*, p. 108.

Notes

1 *Journal*, Bernard Grasset Éditeur, Paris, 1959, traduction de Pierre Klossowski, p. 235. La version française étant incomplète et s'arrête à l'année 1917, les textes omis ont été traduits à partir de l'édition anglaise, *The Diaries of Paul Klee 1898–1918* (University of California Press, Berkeley et Los Angeles, 1968), et on a utilisé le numéro des sections au lieu des pages. On trouvera des remarques plus précises sur la critique d'art dans les brèves réponses de Klee à un questionnaire publié dans *Der Ararat* en 1921; voir *Paul Klee Schriften. Rezension und Aufsätze*, Christian Geelhaar, éd., p. 123.

2 Klee, *De l'art moderne* dans *Théorie de l'art moderne* (Éditions Gonthier, S.A. Genève, 1964), p. 15–33. Cet essai est le texte d'une conférence donnée au Kunstverein de Iéna le 24 janvier 1924.

3 Voir Lothar Schreyer, *Erinnerungen an Sturm und Bauhaus*, Munich, 1956, cité dans Felix Klee, *Paul Klee*, Paris, 1963; p. 113–117.

4 L'ouvrage normatif portant sur Klee et constituant la source la plus sûre pour sa biographie est celui de Will Grohmann, *Paul Klee* (Trois Collines, Genève, 1954). Grohmann, ayant fait la connaissance de Klee à Weimar, écrivit à son sujet pour la première fois en 1924. Le projet de monographie fut élaboré entre 1930 et 1940 avec l'active collaboration de Klee.

5 Le *Journal* comporte quatre cahiers, revus par Felix Klee et publiés pour la première fois en allemand en 1957, puis en français chez Grasset à Paris en 1959. Klee commença son journal en 1898, puis y ajouta des souvenirs d'enfance et d'école et, vers 1911, entreprit de mettre au propre ses notes. Le *Journal* ainsi que les autres écrits de Klee sont conservés à la Fondation Paul Klee, bien que Felix Klee et sa famille en gardent les droits d'auteur.

6 D'après les souvenirs de Felix Klee annexés au *Journal* (p. 317–324).

7 *Journal*, p. 50. À la p. 31 de Grohmann, *Paul Klee* (1954), *die Plastik* est rendu erronément par «la sculpture» plutôt que par «l'art plastique».

8 Naturellement, il produisait un volume de travail considérable à cette époque, notamment des études sérieuses et des croquis de paysages, genre d'œuvres qu'il aurait apparemment distinguées de ses productions personnelles.

9 Il avait fait deux gravures en 1901 (Kornfeld, *Paul Klee* [Berne, 1963], n°s 1 et 2).

10 Fait consigné par Hermann Esswein dans ses écrits sur Alfred Kubin en 1911; voir Peter Selz, *German Expressionist Paintings*, p. 188.

11 Grohmann, *Paul Klee* (Genève, 1954), p. 44.

12 Wilhelm Hausenstein, dans son ouvrage *Kairuan oder eine Geschichte vom Maler Klee und von der Kunst dieses Zeitalters*, fait un récit évocateur du Schwabing de ce temps-là.

13 Paul Klee, *La pensée créatrice*, p. 9.

14 *Journal*, p. 237. Pour une étude intéressante du héros de trente ans dans la littérature allemande du début du xxe siècle, voir T. Ziolkowski, *Dimensions of the Modern Novel* (Princeton, 1969).

15 Klee mentionne que Thannhauser convint d'accepter trente œuvres (*Journal*, p. 248). Il dut revenir sur sa décision, car d'après Grohmann (1954, p. 48) toute la série de Berne, soit cinquante-six feuilles, a fait partie de l'exposition.

16 *I. Ausstellung der Künstler-Vereinigung Sema* (première exposition du groupe Sema). Peut-être y a-t-il lieu d'identifier l'une des œuvres de cette exposition comme le *Cheval au galop* (voir cat. n[o]6).

18 The article appeared in January 1913, see Geelhaar, *Klee Schriften*, pp. 116–117. The influence of Delaunay has been widely discussed in the literature, though generally briefly. The best treatment now is probably contained in Jordan, "Paul Klee and Cubism, 1912–1926" (1974), in the sense of carefully tracing the works Klee could have known and discussion in detailed terms how they were of influence.

19 See Geelhaar, *Klee Schriften*, pp. 107–108.

20 *Diaries* 926. There are twenty-two entries for the Tunisian trip under the number 926: an introduction and entries 926 a to 926 u, one entry for each day from 3 April to 22 April. Going first to Bern to leave Felix and collect money, Klee travelled to Marseilles with Moillet, met Macke there, and boarded ship on 6 April, arriving in Tunis in the afternoon of 7 April. Klee left alone from Tunis on 19 April and travelled back to Bern by way of Palermo, Naples, Rome, and Milan.

21 Between entries 934 and 935 there is a notation that war broke out. A similar note was inserted in the œuvre catalogue.

22 *Diaries* 951. The English edition shows *unerhört* as "unheard of;" I have substituted "not granted." In the manuscript the final two words *ich Kristall*, though written in lower case, are three times the size of the script usually used. Glaesemer points out that the notion of the crystalline in this context originated in Alois Riegl and was taken over by Wilhelm Worringer in *Abstraction and Empathy*.

23 *Diaries* 959. Rilke mentions this in a letter to Merline, 28 February 1922.

24 He does mention the loss of Macke in letters to Marc and Hermann Rupf (see Jordan, "Paul Klee and Cubism," pp. 191–192).

25 *Diaries* 1008. The following quotations in this section are all taken from this entry.

26 Felix Klee, *Paul Klee*, pp. 155–157.

27 Jürgen Glaesemer, *Farbige Werke* (1976), pp. 134–135.

28 "Interview with Ardon" in Introduction to *Johannes Itten – The Lesson*, Israel Museum, Jerusalem, 1977. I am indebted to Marilyn Schiff for bringing this interview to my attention.

29 Through an agreement with Lily Klee after her husband's death, the responsibility for editing and publishing Klee's notes was given to Dr Jürg Spiller. Publication in four volumes was anticipated. The first volume *Das bildnerische Denken* was published in Basel in 1956 and in English as *The Thinking Eye* in 1961. Volume II published as *Unendliche Naturgeschichte* in 1970 was published in English as *The Nature of Nature* in 1973. On the organization and presentation of Volume I, see Max Huggler, "Die Kunsttheorie von Paul Klee," *Festschrift Hans R. Hahnloser* (Bern, 1959), subsequently republished by the Paul Klee-Stiftung, Schriftreihe, no. 3 in conjunction with an exhibition *Paul Klee's Pädagogischer Nachlass* held at the Bern Kunstmuseum, June – August 1977.

30 L. Feininger to Julia Feininger, 9 March 1925, in Hans Wingler, *The Bauhaus*, p. 97.

31 See Wingler, *The Bauhaus*, p. 120.

32 *The Case of Wagner, Second Postscript*, trans. W. Kaufman (New York, 1967), p. 188. Klee was acquainted with Nietzsche's work by 1902, but how much and how deeply is difficult to say. He surely did not, at this time, share Nietzsche's late view of Wagner.

33 Klee was not alone in his rejection of the academic and the determination to begin with basics, but a true re-evaluation had to be personally discovered, not derived from the substitution of one convention for another.

34 In his œuvre catalogue Klee designated most of the drawings at this time with either an *A* or *B*; *A* meaning those drawn without the model, *B* being those done from the model. Glaesemer, *Handzeichnungen*, p. 138, gives a comparative table of these categories.

35 Klee and Sonderegger met in June 1906 (Klee, *Diaries* 773).

36 See Klee, *Diaries* 899. The sequence of events is quite clear from Klee's diaries, but some writers, for instance Carola Giedion-Welcker, *Paul Klee*, pp. 11–12, have given the impression, particularly with regard to Ensor, that the significant point of contact was iconographic.

37 Giedion-Welcker's ingenious comparison (*Paul Klee*, p. 25) with the illustrations of Martin Disteli (1802–1844) for *Der Mann von Welt* does not, in a sense, allow for the graphic struggle that is the value of the *Candide* illustrations.

17 Gelhaar, *Klee Schriften*, p. 108.

18 L'article parut en janvier 1913 (voir Gelhaar, *Klee Schriften*, p. 116–117). L'influence de Delaunay a été étudiée dans de nombreux écrits sur l'art, mais en général brièvement. À l'heure actuelle, le meilleur jugement se trouve probablement dans la thèse de doctorat de Jim M. Jordan, *Paul Klee and Cubism 1912–1926*. L'auteur cherche avec soin à identifier les œuvres qu'aurait pu connaître Klee, et à en démontrer l'influence.

19 Voir Gelhaar, *Klee Schriften*, p. 107–108.

20 *Journal*, p. 265*sqq.*; le voyage en Tunisie couvre vingt pages: une introduction puis une note par jour du 3 au 22 avril. Passant d'abord par Berne pour y laisser Felix et prendre de l'argent, Klee voyagea avec Moilliet jusqu'à Marseille où ils rejoignirent Macke; de là ils s'embarquèrent le 6, arrivant à Tunis l'après-midi du 7. Klee quitta seul Tunis le 19 et revint à Berne en passant par Palerme, Naples, Rome et Milan.

21 Une note intercalée p. 297, signale la déclaration de la guerre, et il en fit une autre semblable dans le catalogue de son œuvre.

22 *Journal*, p. 300 *Unerhört* est rendu ici par «pas acquis», et non «par inouï» comme dans l'édition française du *Journal*. Dans le manuscrit, les deux derniers mots, *ich Kristall*, sans être en majuscules, sont écrits en lettres trois fois plus grandes que son écriture normale. Glaesemer fait remarquer que la notion du cristal en pareil contexte remonte à Alois Riegl et qu'elle fut reprise par W. Worringer dans *Abstraction et Einfühlung*.

23 *Journal*, p. 393; Rilke mentionne ce fait dans une lettre à Merline du 28 février 1922.

24 Il passe sous silence la perte de Macke dans ses lettres à Marc et à Hermann Rupf (voir Jordan, *Paul Klee and Cubism*, p. 191–192).

25 *Journal*, p. 310–311; les autres citations de cette partie proviennent des mêmes pages.

26 Felix Klee, *Paul Klee*, p. 109–112.

27 Jürgen Glaesemer, *Farbige Werke* (1976), p. 134–135.

28 *Interview with Ardon*, dans l'introduction à *Johannes Itten–The Lesson*, Musée d'Israël, Jérusalem, 1977. Je suis gré à Marilyn Schiff de m'avoir signalé cette entrevue.

29 Une entente avec Lily Klee après la mort de son mari confiait la charge de revoir et de publier les notes de Klee à Jürg Spiller. On prévoyait de publier l'œuvre en quatre volumes. Le premier, *Das bildnerische Denken*, parut à Bâle en 1956 et en français sous le titre *La pensée créatrice*, en 1973. Le deuxième volume parut sous le titre de *Unendliche Naturgeschichte* en 1970 et *Histoire naturelle infinie*, en 1977, pour la version française. Quant au plan et à la présentation du volume I, voir l'ouvrage de Max Huggler, *Die Kunsttheorie von Paul Klee*, dans *Festschrift Hans R. Hahnloser* (Berne, 1959), publié à nouveau par la Fondation Paul Klee, *Schriftreihe Nr. 3* en rapport avec l'exposition *Paul Klees Pädagogischer Nachlass* tenue au Kunstmuseum de Berne, de juin à août 1977.

30 L. Feininger à Julia Feininger, 9 mars 1925, dans Hans Wingler, *The Bauhaus*, p. 97.

31 Voir Wingler, *The Baubaus*, p. 120.

32 *Frederic Nietzsche, le cas Wagner*, second postcriptum, présentation de Clément Rosset dans la collection «Libertés nouvelles», Jean-Jacques Pauvert, éditeur, Paris, 1968, p. 106. Klee connaissait déjà l'œuvre de Nietzsche en 1902, mais dans quelle mesure, il est difficile de le dire; à cette époque, il ne partageait sûrement pas les vues exposées par le philosophe sur Wagner à la fin de sa vie.

33 Il ne fut évidemment pas le seul à rejeter les conventions académiques et l'obligation de commencer par l'essentiel; mais ce qu'il convient de souligner c'est qu'une véritable réévaluation devait procéder d'une recherche personnelle, et non résulter de la substitution d'une convention par une autre.

34 Dans le catalogue de ses œuvres, Paul Klee désignait alors presque tous ses dessins par un A ou un B, A signifiant dessiné sans modèle, et B, d'après modèle. Glaesemer, *Handzeichnungen* (1973), p. 138, donne un tableau comparatif de ces catégories.

35 Klee et Sonderegger se rencontrèrent en juin 1906, voir *Journal*, p. 207.

36 Voir Paul Klee, *Journal*, p. 250. La suite des événements est très claire d'après son *Journal*; mais certains auteurs, notamment Carola Giedion-Welcker, *Paul Klee* (Londres, 1952), p. 11 et 12, donnent l'impression, surtout en ce qui concerne Ensor, que le point de contact significatif était iconographique.

37 L'ingénieuse comparaison que fait Giedion-Welcker (*Paul Klee*, p. 25) avec les illustrations de Martin Disteli (1802–1844) pour *Der Mann von Welt* ne tient pas compte, en un sens, de la lutte graphique qui pourtant fait la valeur des illustrations de *Candide*.

38 Jordan, "Paul Klee and Cubism," pp. 125–127.

39 Jordan, who traces the influence of Cubism on Klee to 1912, develops a catagory of "proto-Cubism" for signs of incipient Cubism in works prior to that; one wonders if that does not beg the question.

40 Selz, in discussing the influence of the Cubists at the second exhibition of the *Neue Künstlervereinigung* in September 1910 at the Thannhauser Gallery, writes that the Munich painters, influenced by their knowledge of early Cubist works, nevertheless "rejected the formal character, which they believed too intellectual, theoretical and nonsensual in some cubist paintings . . . " (*German Expressionist Painting*, pp. 193–194).

41 The question of movement, which is so fundamental to Klee's notion of art, has recently been studied by Andeheinz Mösser, *Das Problem der Bewegung bei Paul Klee* (Heidelberg, 1976).

42 Klee, *On Modern Art*, p. 49.

43 See *Diaries* 633.

44 See "Ways of Nature Study" (1923) in *The Thinking Eye*, p. 63, and PN 10 M/S p. 65f (January 1924) in Glaesemer, *Farbige Werke* (1976), pp. 137–138.

45 The subject was one treated by Umberto Boccioni (1882–1916) in 1910. Although not mentioned by Jordan, the work would probably fall into his "proto-Cubist" catagory. It appears to be similar in approach and subject to a work of 1913 which he illustrates, *Utility Poles* (*Leitungsstangen*), pl. 140, in "Paul Klee and Cubism."

46 He had done something similar with a series of drawings of 1909 and 1910 of views of Bern – here with tonal elements and line.

47 It seems likely that the diary entries were, to a degree, rewritten, and this assumption was confirmed in a statement by Louis Moilliet (see W. Holzhausen, *August Macke: Tunisian Watercolours and Drawings* [New York, n.d.] pp. 18–19).

48 See Burnett, "Klee as Senecio: Self Portraits 1908–1922," pp. 12–18.

49 Conversation with Schreyer, see above note 3.

50 The outlines of this interest have been studied by a number of people, though no treatment so far is entirely satisfactory. Amongst the more important studies is Robert Goldwater, *Primitivism in Modern Art*, J. Pierce Smith's more detailed *Paul Klee and Primitive Art*, and Ellen Marsh, "Paul Klee and the Art of Children," p. 132–145.

51 *Die Alpen*, vol. 6 (August 1912), pp. 696–704, and *Diaries* 905.

52 *Der blaue Reiter Almanac*, ed. K. Langheit, in *Documents of Twentieth Century Art* (London, 1974), p. 174.

53 Felix Klee, *Paul Klee*, p. 182.

54 See Glaesemer, *Handzeichnungen*, nos 595, 599, 600, 605, 616, 618.

55 Klee, *On Modern Art*, p. 41.

56 PN 26 M/S 45 p. 54a (March 1924), see Glaesemer, *Farbige Werke*, p. 138.

57 Nietzsche in *Of the Use and Disadvantage of History* drew the contrast from Kant (see W. Kaufmann, *Nietzsche* [Princeton, 1974], p. 142.)

58 Selz, *German Expressionist Painting*, p. 201.

59 *Diaries* 1008. With the coming of war and Marc's direct involvement in it the character of his work pushes further to the nonobjective and his sense of disgust spreads to a rejection of the animal world as well as the human. It seems to justify Wilhelm Worringer's contention in *Abstraction and Empathy* (*Abstraktion und Einfühlung*, Munich, 1908) that art turns to abstraction when the circumstances of the world became abhorrent. Klee writes in similar terms at the beginning of 1915 (see *Diaries* 951).

60 Klee, *Nature of Nature*, p. 259. This note is dated 9 January 1924.

61 There were in fact two essays, both written as an introduction to his critical treatments of the Worpswede painters; the first was quite brief and subsequently rewritten and expanded into the version finally published.

62 Glaesemer, *Handzeichnungen*, nos 369 and 372.

63 This idea was not, in itself, new, as examples from Renaissance art show.

38 Jordan, *Paul Klee and Cubism 1912–1926*, p. 125 à 127.

39 Jordan, qui constate l'influence du cubisme chez Klee en 1912, établit une catégorie «proto-cubiste» pour les manifestations d'un cubisme naissant dans les œuvres antérieures à cette date; d'aucuns se demanderont si cela ne revient pas à faire une pétition de principe.

40 Selz, dans une discussion sur l'influence des cubistes lors de la deuxième exposition de la *Neue Künstlervereinigung* (Nouvelle association d'artistes de Munich) en septembre 1910 à la galerie Thannhauser, écrit que les peintres de Munich, influencés par leur connaissance des premières œuvres cubistes n'en «rejetèrent pas pour autant le caractère formel de certaines peintures cubistes, caractère qu'ils estimaient trop intellectuel, théorique et non-sensuel . . .» (*German Expressionist Painting*, p. 193–194).

41 La question du mouvement, fondamental dans la conception que Klee avait de l'art, a récemment fait l'objet d'une étude par Andeheinz Mosser, *Das Problem der Bewegung bei Paul Klee* (Heidelberg, 1976).

42 Paul Klee, *De l'art moderne*, p. 16–17.

43 Paul Klee, voir *Journal*, p. 178–179.

44 Voir *Voies de l'étude de la nature* (1923) dans *La pensée créatrice* p. 63, et PN 10 M/S p. 65f (janvier 1924) dans Glaesemer, *Farbige Werke* (1976), p. 137–138.

45 Le sujet fut un de ceux que traitèrent Umberto Boccioni (1882–1916) en 1910. Même si Jordan ne la mentionne pas, l'œuvre tomberait probablement dans sa catégorie «proto-cubiste». L'approche et le sujet semblent semblables à une œuvre de 1913 qu'il illustre *Utility Poles* (*Leitungsstangen*), pl. 140, dans *Paul Klee and Cubism*.

46 Il avait fait quelque chose d'analogue dans une série de dessins représentant des vues de Berne, exécutés en 1909 et 1910 avec des éléments en valeur tonale et des lignes.

47 Il est vraisemblable que le *Journal* a été, dans une certaine mesure, remanié — affirmation étayée par Louis Moilliet (voir W. Holzhaussen, *August Macke Tunisian Watercolours and Drawings* [New York, n.d.] p. 18–19).

48 Voir Burnett, *Klee as Senecio: Self-Portraits 1908–1922*, p. 12–18.

49 Entretien avec Schreyer, voir note 3.

50 Les éléments de cet intérêt ont fait l'objet de plusieures études, bien qu'aucune ne soit encore entièrement satisfaisante. Parmi les plus importantes, citons celle de Robert Goldwater dans *Primitivism in Modern Art*; celle, plus détaillée, de J. Pierce Smith, *Paul Klee and Primitive Art*; et enfin, celle de Ellen Marsh, *Paul Klee and the art of children*, p. 132–145.

51 *Die Alpen*, vol. 6 (août 1912), p. 696–704, et *Journal*, p. 252 et 253.

52 *Der blaue Reiter Almanac*, dans *Documents of Twentieth Century Art*, (Londres, 1974), p. 174.

53 Felix Klee, *Paul Klee*, p. 115.

54 Voir Glaesemer, *Handzeichnungen*, nos 595, 599, 600, 605, 616, 618.

55 Paul Klee, *De l'art moderne*, p. 26.

56 PN 26 M/S p. 54a (mars 1924), voir Glaesemer, *Farbige Werke*, p. 138.

57 Nietzsche dans *Of the Use and Disadvantage of History* établit une opposition avec Kant (voir W. Kaufman, *Nietzsche* [Princeton, 1974], p. 142).

58 Selz, *German Expressionist Painting*, p. 201.

59 Paul Klee, *Journal* p. 310. Avec l'avènement de la guerre et la part active qu'y prend Marc, son œuvre s'imprègne davantage du non-objectif et son dégoût le pousse à rejeter le monde animal aussi bien que celui des hommes. Cela semble justifier l'affirmation de Worringer dans *Abstraction et Einfühlung* (Klincksieck, Paris, 1978) selon laquelle l'art devient abstraction lorsque les événements dans le monde prennent une tournure horrifiante. Klee écrit dans des termes analogues au début de 1915, voir *Journal*, p. 300.

60 Paul Klee, *Histoire naturelle infinie*, p. 259. Cette note date du 9 janvier 1924.

61 Il existe en fait deux essais, tous deux écrits comme introduction à sa critique des peintres de Worpswede; le premier, qui était assez bref, a par la suite été repris et développé, et constitue la version, qui a été publiée.

62 Glaesemer, *Handzeichnungen*, nos 369 et 372.

64 Huggler, "Die Kunsttheorie von Paul Klee" in *Festschrift Hans R. Hahnloser* (Bern, 1959), p. 431.

65 To be precise 60.1 per cent of works 1919 – 1925 were oil paintings and coloured works; for 1926 – 1933 the proportion is 41.1 per cent. For his complete œuvre the figure is 43.9 per cent. These calculations are based on the œuvre figures given in Felix Klee, *Paul Klee*, pp. 210–213.

66 Klee, *The Thinking Eye*, pp. 69–70.

67 A painting in Philadelphia entitled *Journey to Corsica* (*Reise auf Corsica*; 1927) is built, if more loosely, from such interlocking linear forms.

68 This would seem to put Klee at the despairing edge of modern Existentialism. It is not a comparison to be made lightly, partly because there is no evidence known to me that Klee studied in any sustained way those philosophers generally grouped together as Existentialists, nor their immediate predecessors – except, probably, Nietzsche as a very young man – and partly because the internal nature of his work does not demand a simplistic causality to recognize its changes.

69 Glaesemer, *Handzeichnungen*, nos 494, 525, and 622.

70 Dated 3 April 1922, Klee, *The Thinking Eye*, pp. 403–430.

71 He would have known of the Pasiega (Spain) cave pictographs, discovered in 1911 and included in Weule, *Vom Kerbholz zum Alphabet, Urformen der Schrift* (Stuttgart, 1915) (see Klee, *The Thinking Eye*, p. 516).

72 The lesson dated 9 January 1922, Klee, *The Thinking Eye*, p. 215.

73 More recent research than Weule's continues to confirm this, as shown by the comparative developments as set out by a general treatment of the subject in Hans Jensen, *Sign, Symbol and Script* (London, 1970). Jensen's original text *Die Schrift in Vergangenheit und Gegenwart* appeared in 1935.

74 Remarks on the Egyptian visit drawn from letters to Lily Klee (see Glaesemer, *Farbige Werke*, p. 173).

75 Technically, of course, the procedure was for the linear forms to be set down first and the colour spread around them.

76 The "magic square" form appears only occasionally after 1925. One of the last, and largest, a sort of revival at a difficult moment in his life, was the Guggenheim's *New Harmony* (*Neue Harmonie*) of 1936, one of only twenty-five pictures made that year.

77 Many of his earlier drawings and paintings take some aspect of the theatre as their subject (for instance, cat. nos. 23, 62). He had also constructed a puppet theatre for his son. In due course, Felix Klee chose the theatre as his profession.

78 29 December 1939, Glaesemer, *Farbige Werke*, p. 343.

79 Felix Klee, *Paul Klee*, p. 182.

63 Cette idée n'était pas nouvelle en elle-même comme le montrent plusieurs exemples empruntés à la Renaissance.

64 Huggler, *Die Kunsttheorie von Paul Klee*, dans *Festschrift Hans R. Hahnloser* (Berne, 1959), p. 431.

65 Pour être plus précis, 60.1 pour cent des œuvres de 1919 à 1925 étaient des peintures à l'huile et des œuvres en couleur, contre 41.1 pour cent pour la période 1926–1933. Pour l'ensemble de son œuvre, le pourcentage est de 43.9 pour cent. Ces calculs ont été établis d'après les données fournies dans Felix Klee, p. 150–151.

66 Paul Klee, *La pensée créatrice*, p. 69–70.

67 Une peinture qui se trouve à Philadelphie, intitulée *Voyage en Corse* (*Reise auf Corsica*), 1927, est construite à partir de ces formes linéaires qui s'entrelacent, mais avec plus de souplesse.

68 Cela semble rapprocher Klee de la tendance de l'existentialisme moderne centrée sur le désespoir. Ce n'est pas une comparaison à établir à la légère d'une part, parce que je ne dispose d'aucune preuve démontrant que Klee a étudié de façon sérieuse ces philosophes généralement désignés sour le nom d'existentialistes, ou leurs prédécesseurs immédiats, à l'exception de Nietzsche probablement lorsqu'il était jeune et, d'autre part, parce que la nature profonde de son œuvre ne se prête pas à des explications simplistes.

69 Glaesemer, *Handzeichnungen*, n°s 494, 525 et 622.

70 Daté du 3 avril 1922, Paul Klee, *La pensée créatrice*, p. 403*sqq*.

71 Il connaissait sans doute les pictogrammes de la grotte de Pasiega (Espagne) découvert en 1911 et figurant dans *Vom Kerbholz zum Alphabet, Urformen der Schrift* (Stuttgart, 1915), (voir Paul Klee, *La pensée créatrice*, p. 517).

72 La leçon est datée du 9 janvier 1922, Paul Klee, *La pensée créatrice*, p. 215.

73 Des études plus récentes que celle de Weule le confirment, comme le fait un coup d'œil jeté sur les évolutions comparatives établies dans le cadre d'une étude générale du sujet comme celle de Hans Jensen, *Sign, Symbol and Script* (Londres, 1970). L'ouvrage original de Jensen parut en 1935 sous le titre de *Die Schrift in Vergangenheit und Gegenwart*.

74 Remarques sur son voyage en Égypte d'après des lettres à Lily Klee (voir Glaesemer, *Farbige Werke*, p. 173).

75 D'un point de vue technique, bien sûr, il traçait les formes linéaires d'abord puis appliquait ensuite la couleur autour de ces dernières.

76 Le «carré magique» apparaît seulement occasionnellement après 1925. Un des derniers et des plus grands qui constitue une renaissance à une période difficile de sa vie, est *Harmonie nouvelle* (*Neue Harmonie*) de 1936, un des vingt-cinq tableaux exécutés cette année-là, et maintenant au Solomon Guggenheim Museum de New York.

77 Le sujet de beaucoup de ses premiers dessins et tableaux est emprunté au théâtre (voir par exemple les n[os]23, 62). Il avait en outre construit un théâtre de marionnettes pour son fils. Au moment de choisir une carrière, Felix Klee opta pour le théâtre.

78 29 décembre 1939, Glaesemer, *Farbige Werke*, p. 343.

79 Felix Klee, *Paul Klee*, p. 115.

Plates

Planches

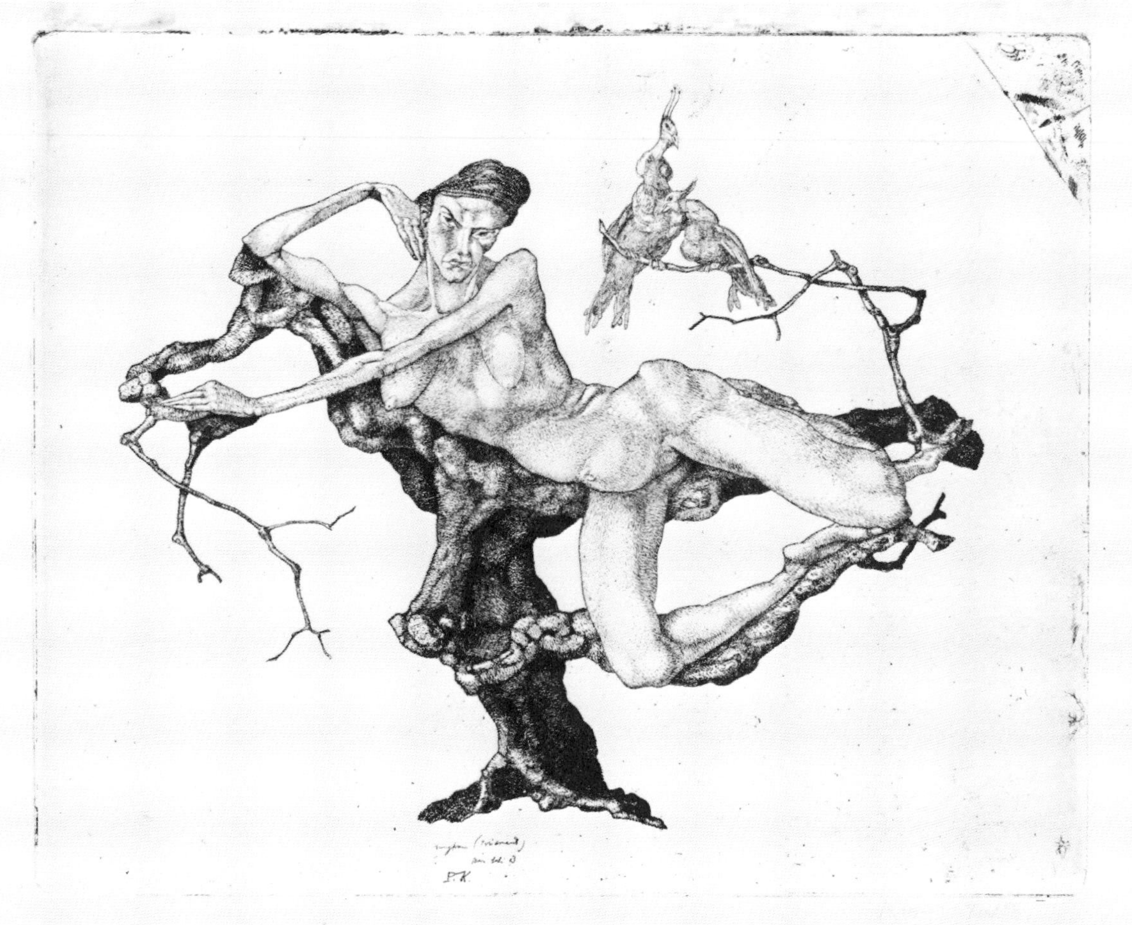

1

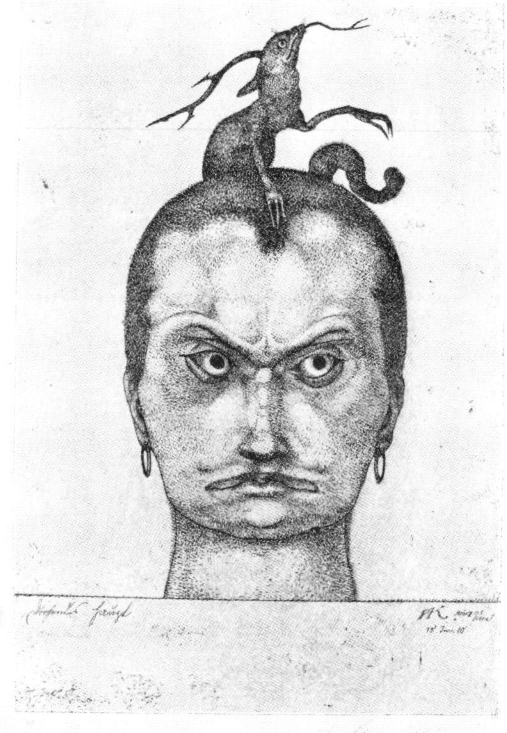

2

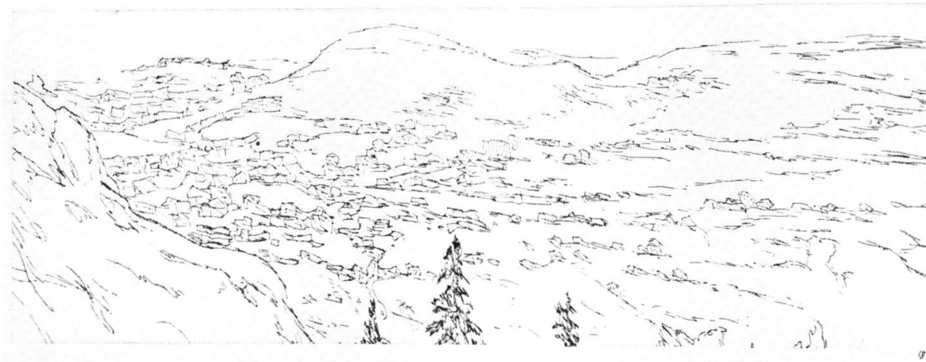

3

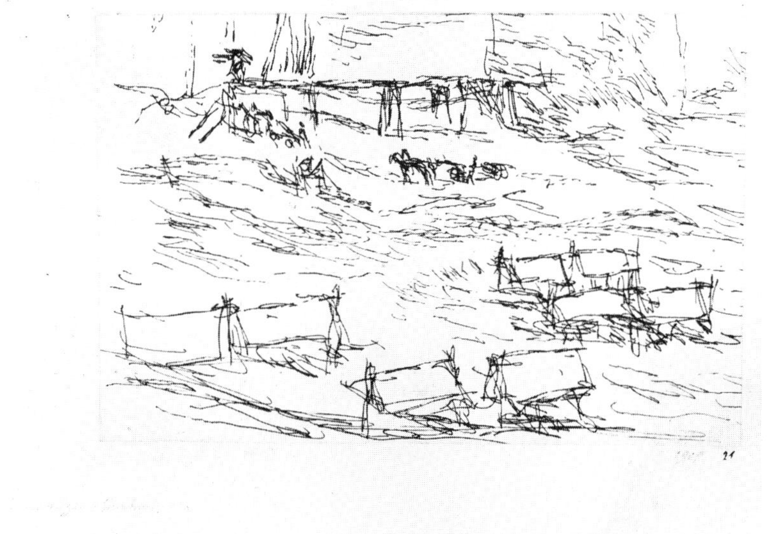

4

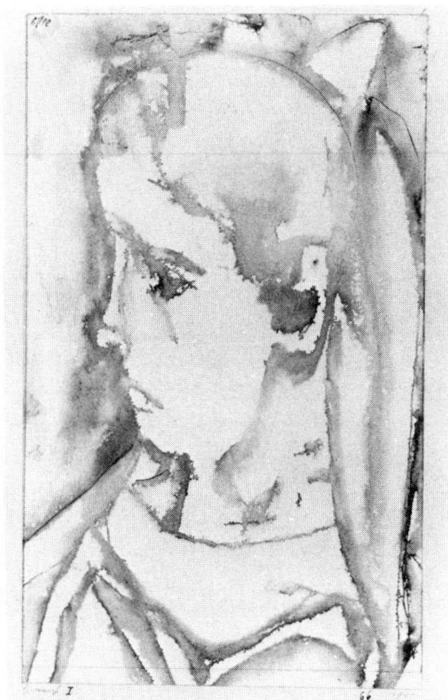

5

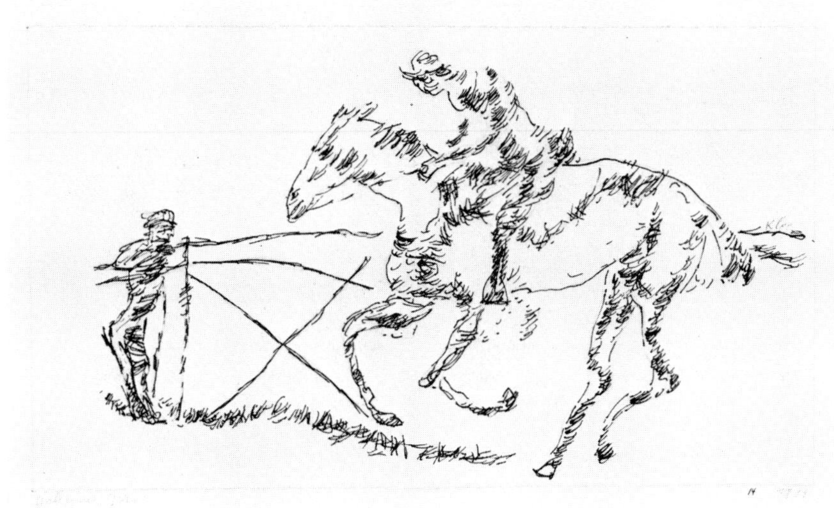

6

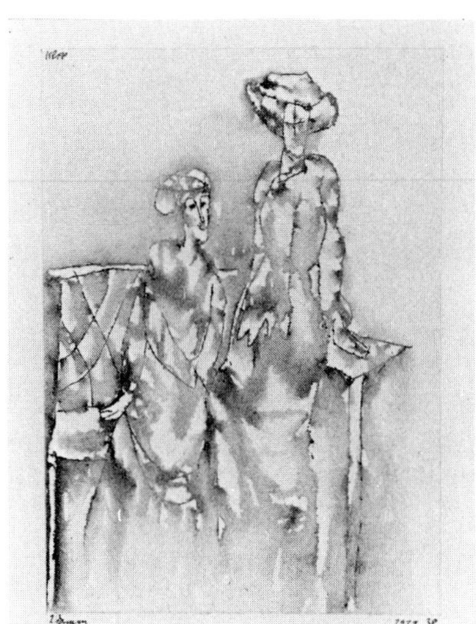

7

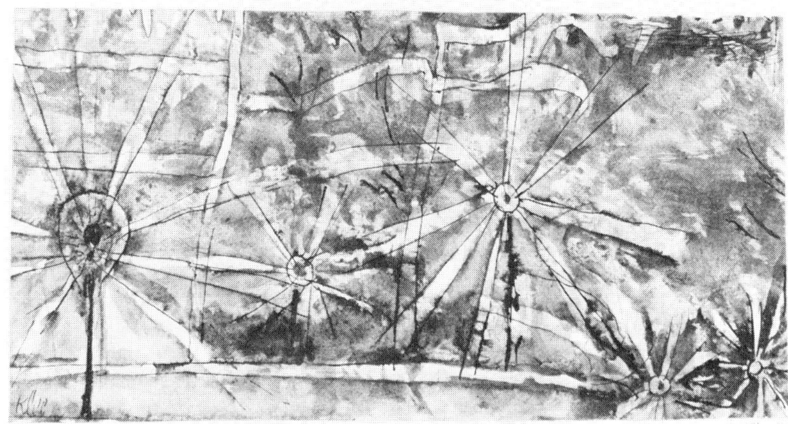

8

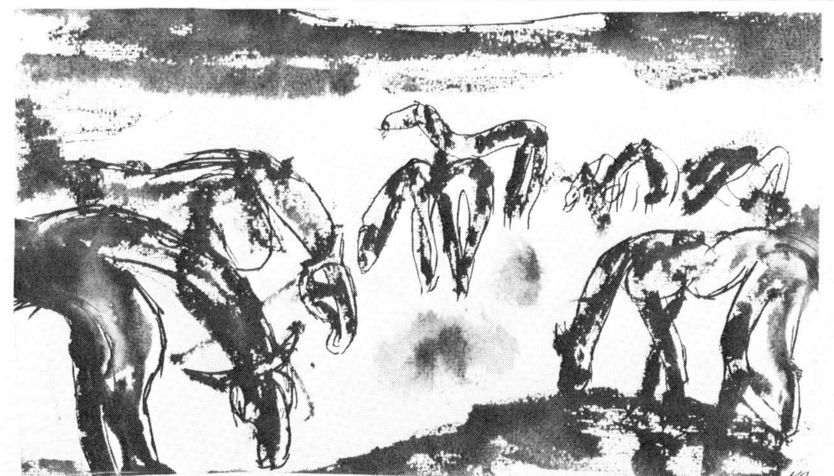

9

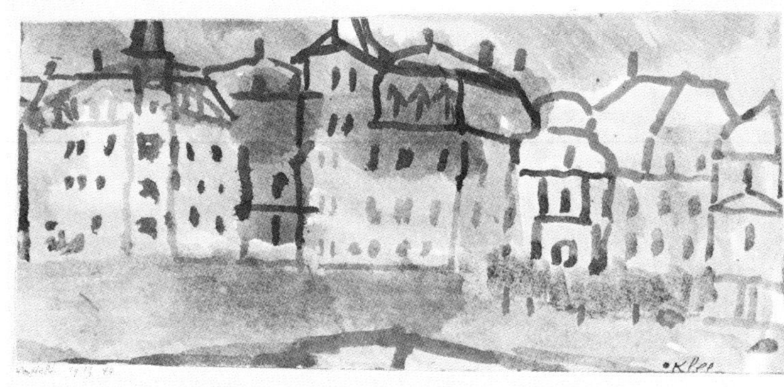

10

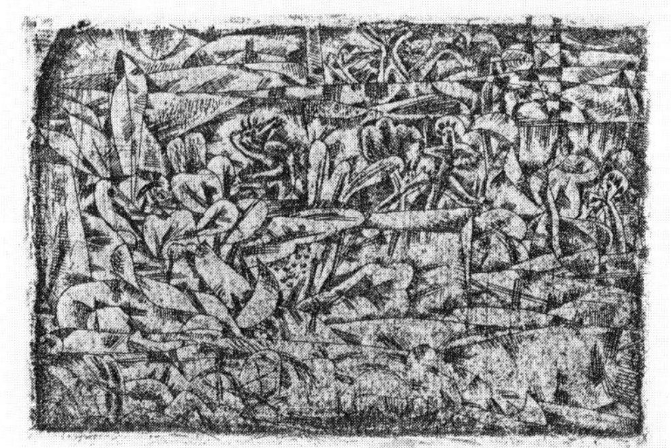

11

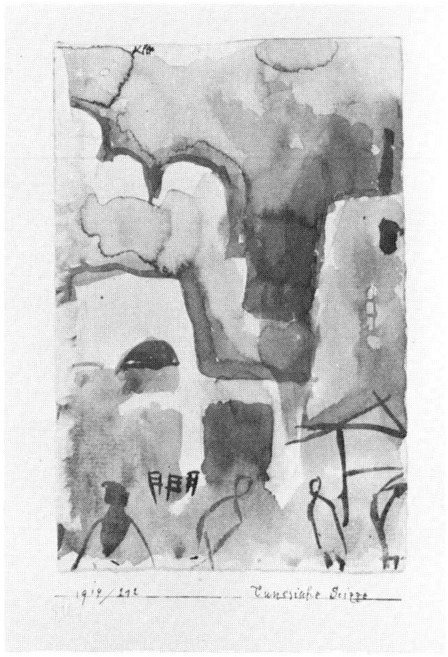

12

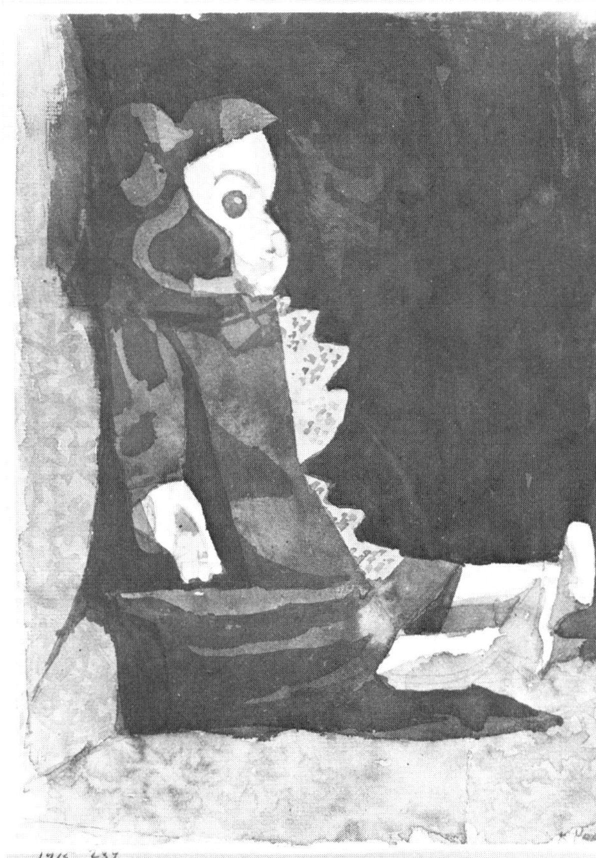

13

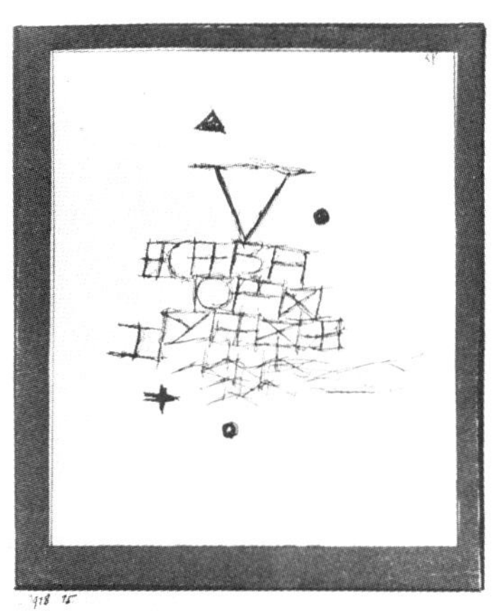

14

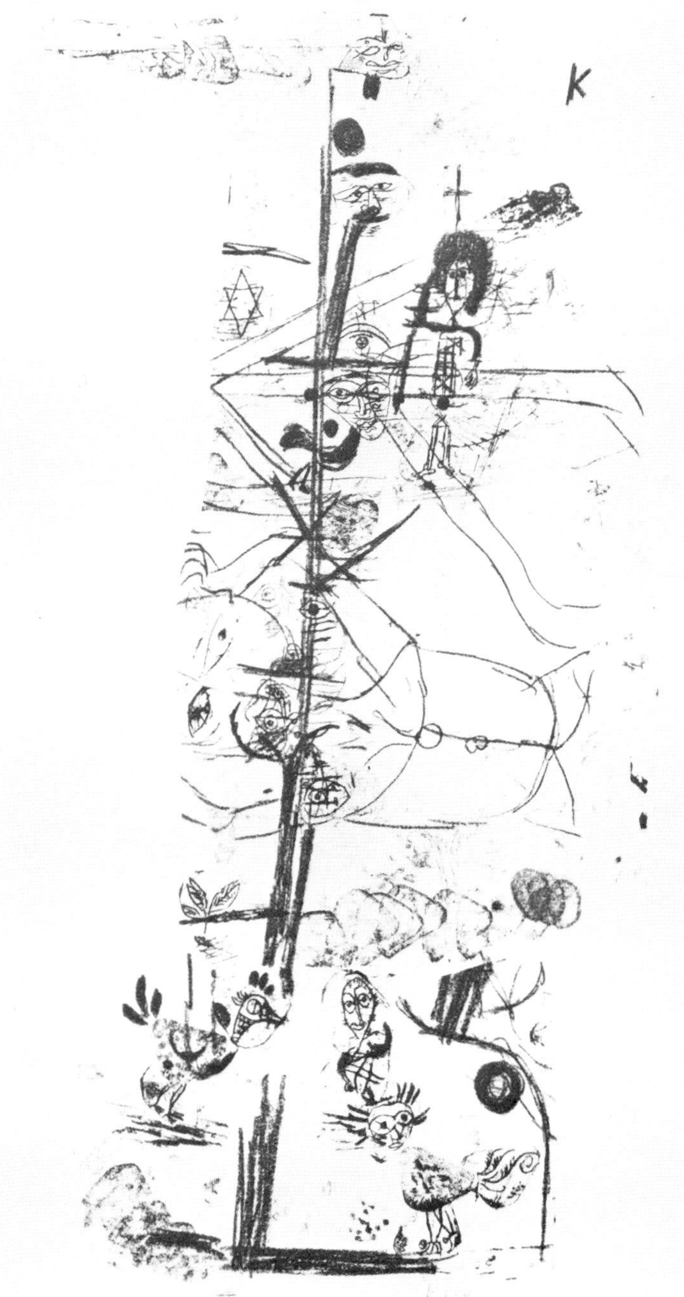

15

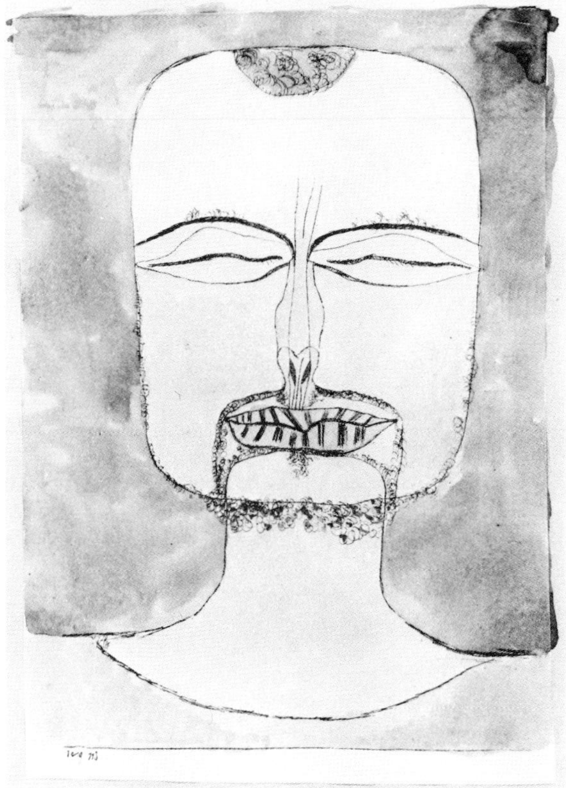

16

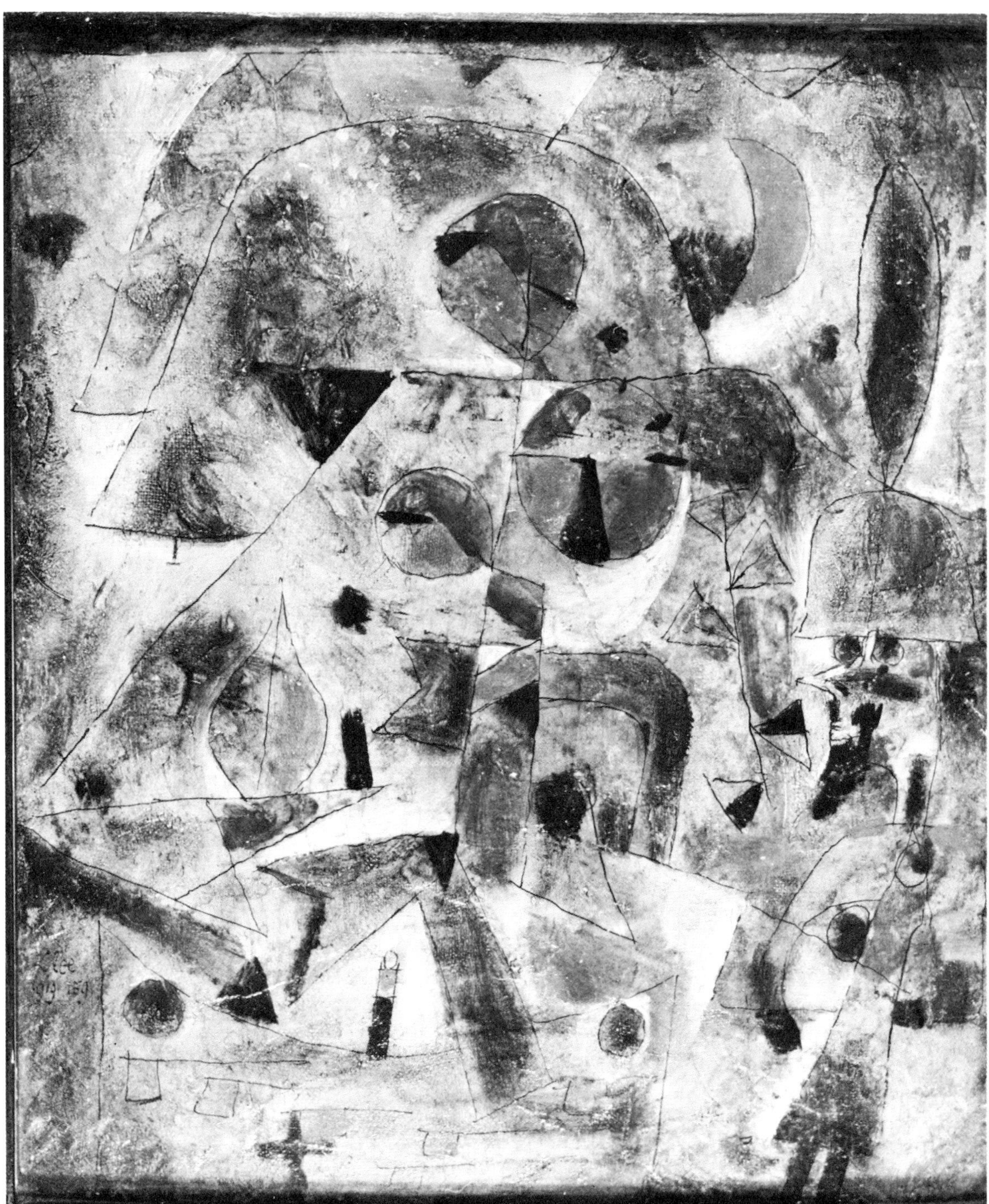

17

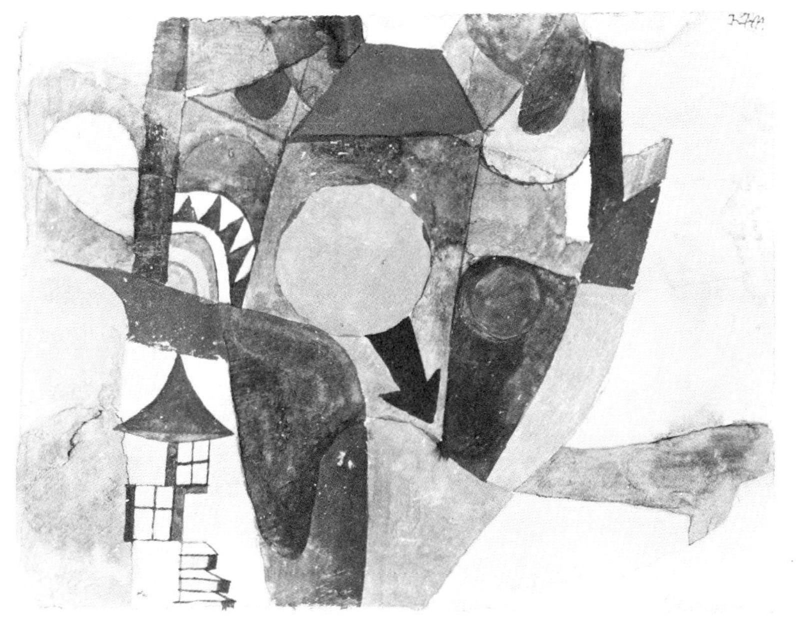

18

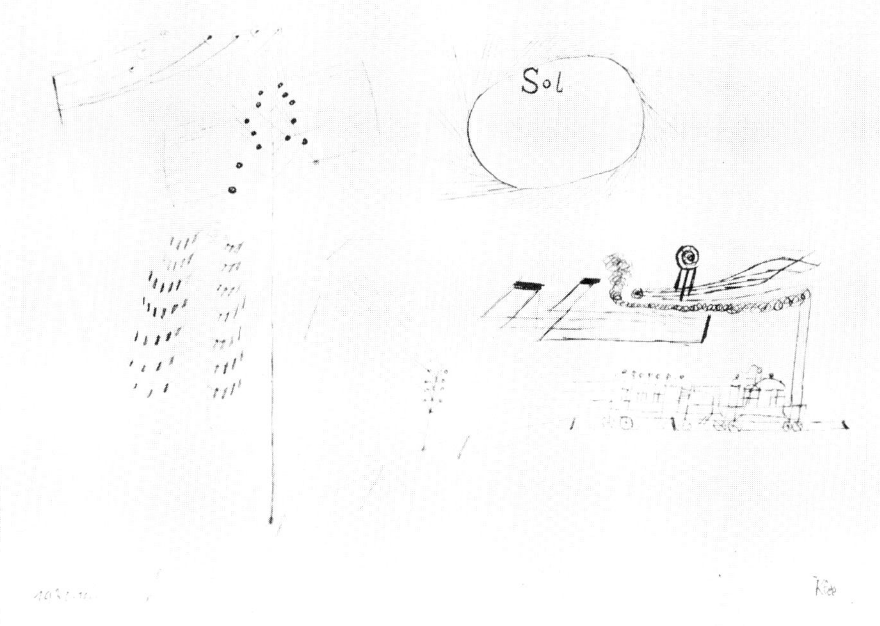

19

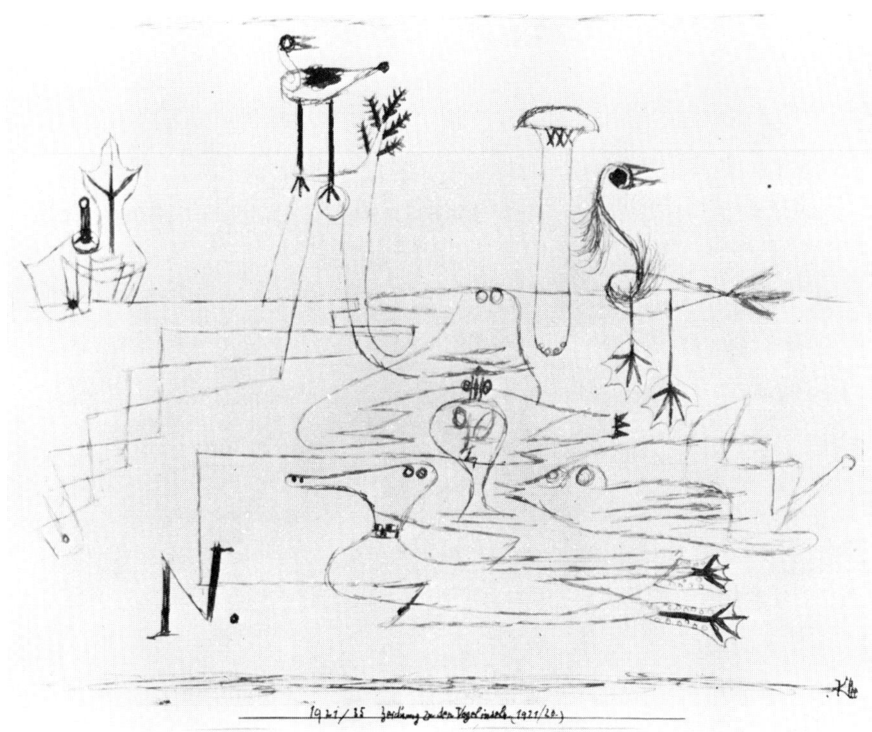

20

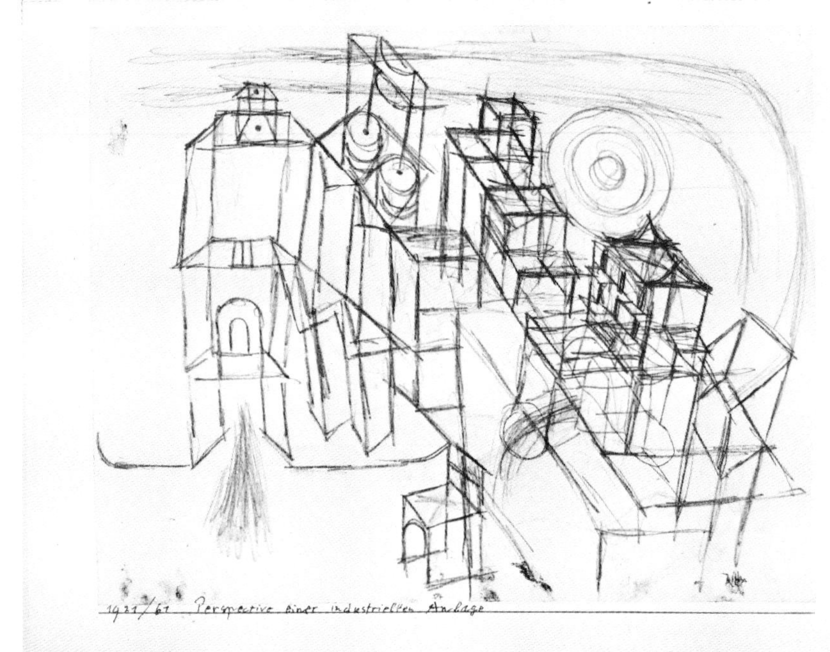

21

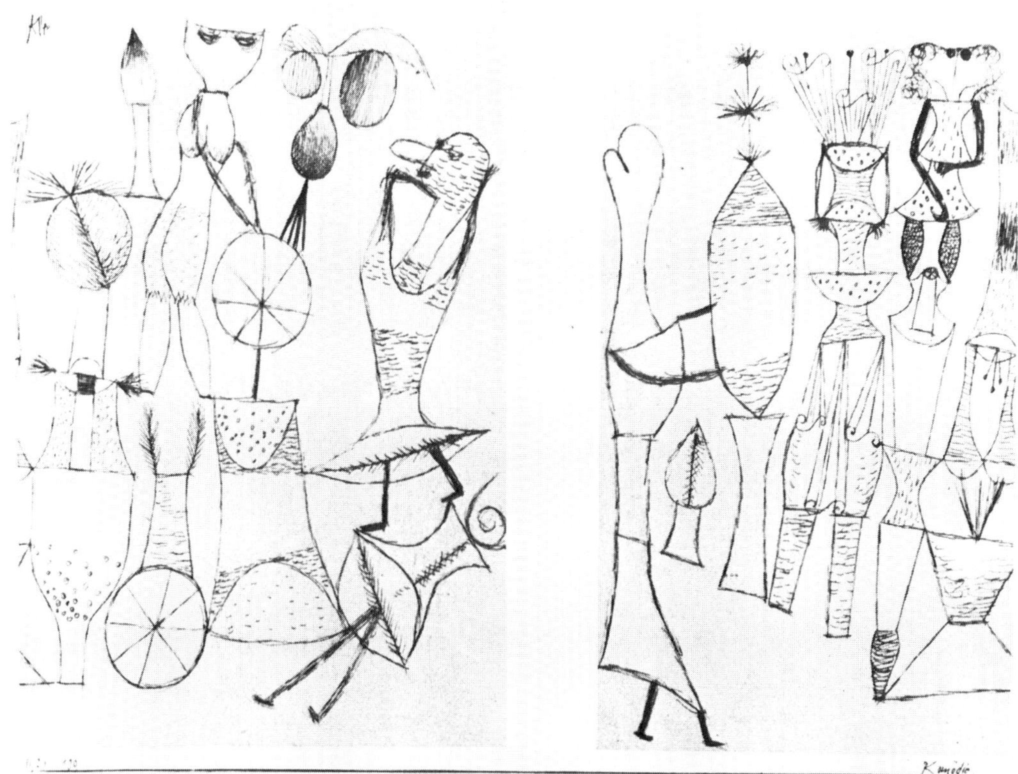

22

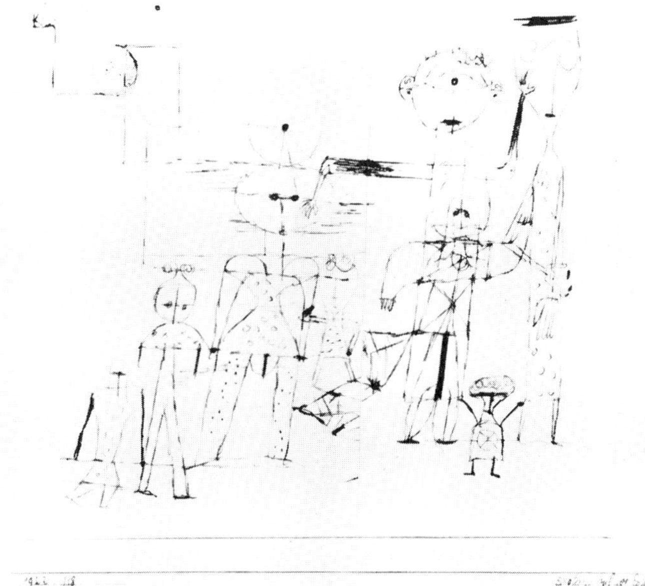

23

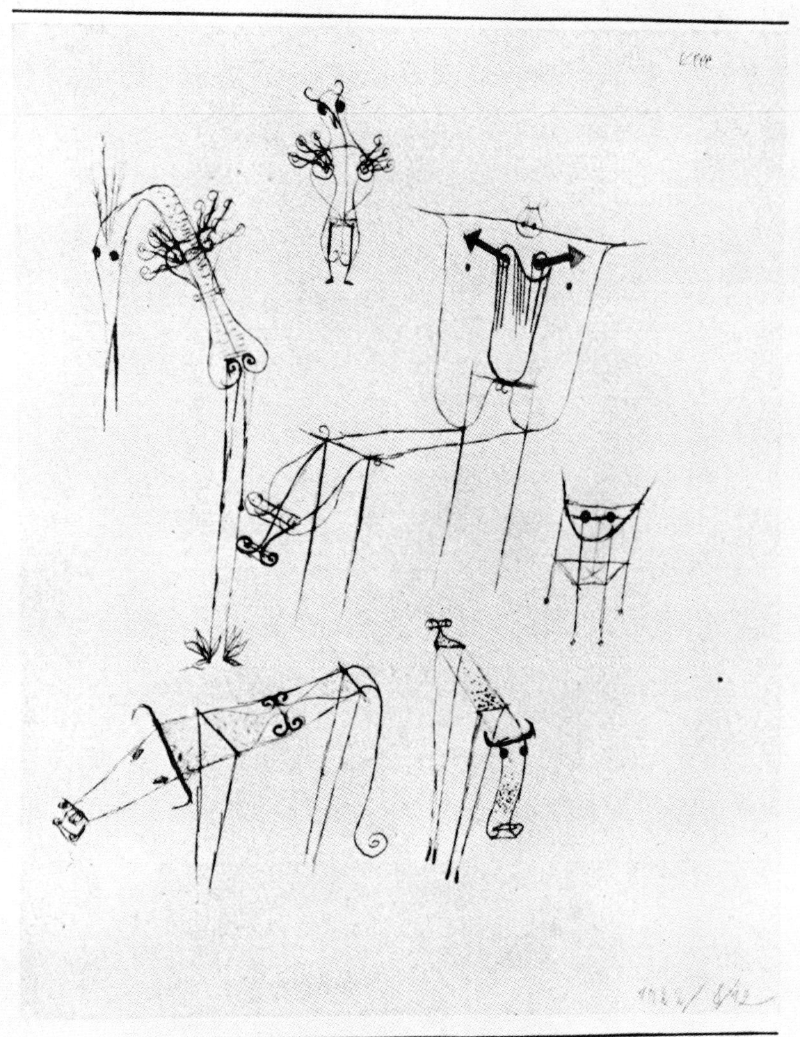

24

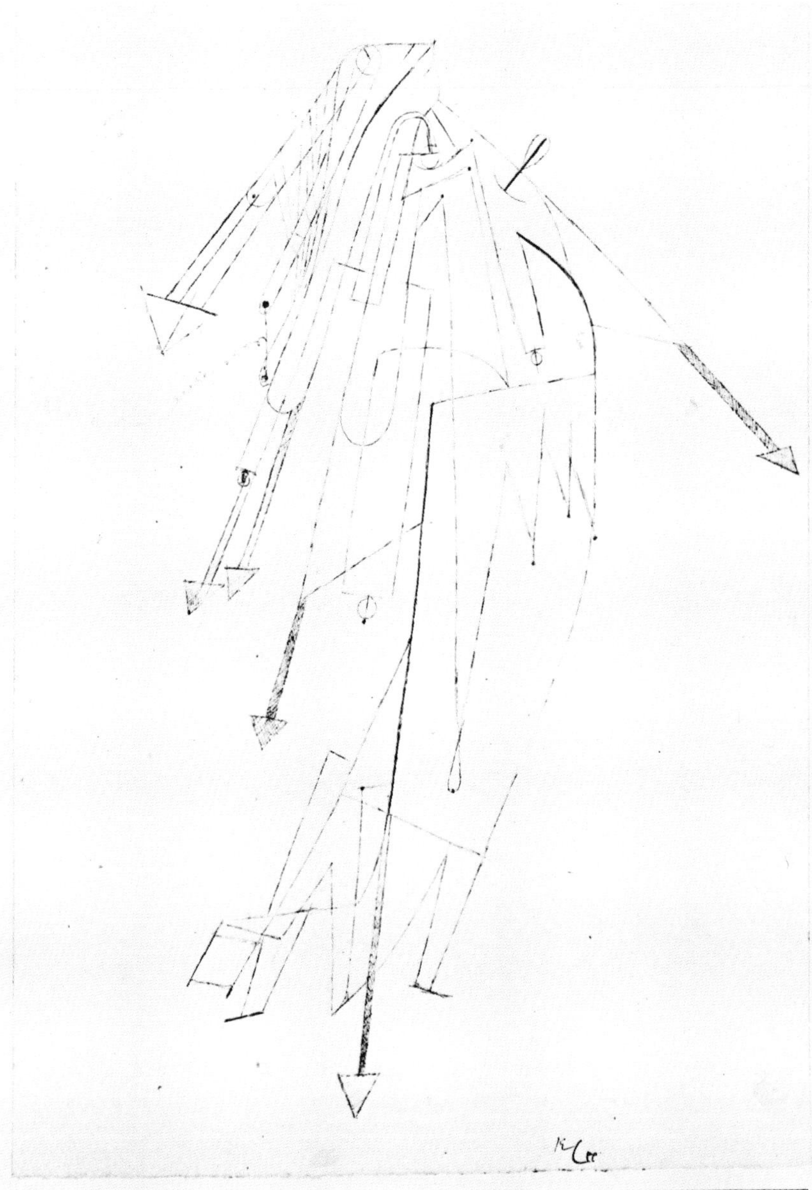

25

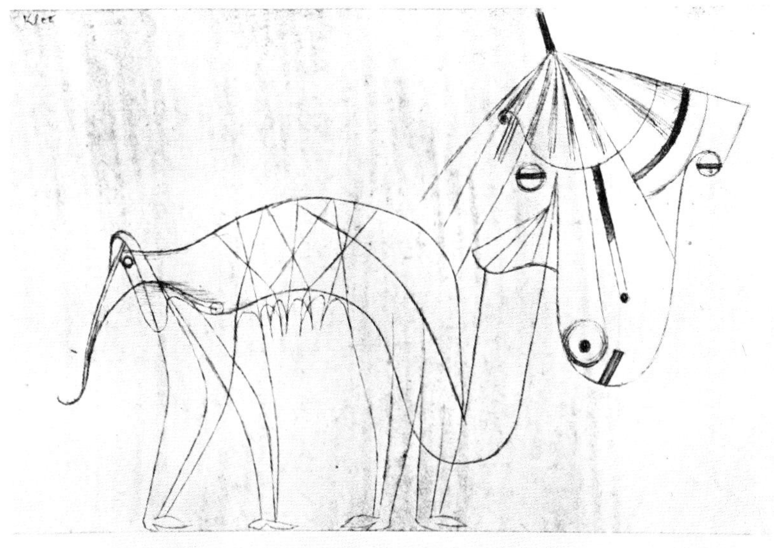

26

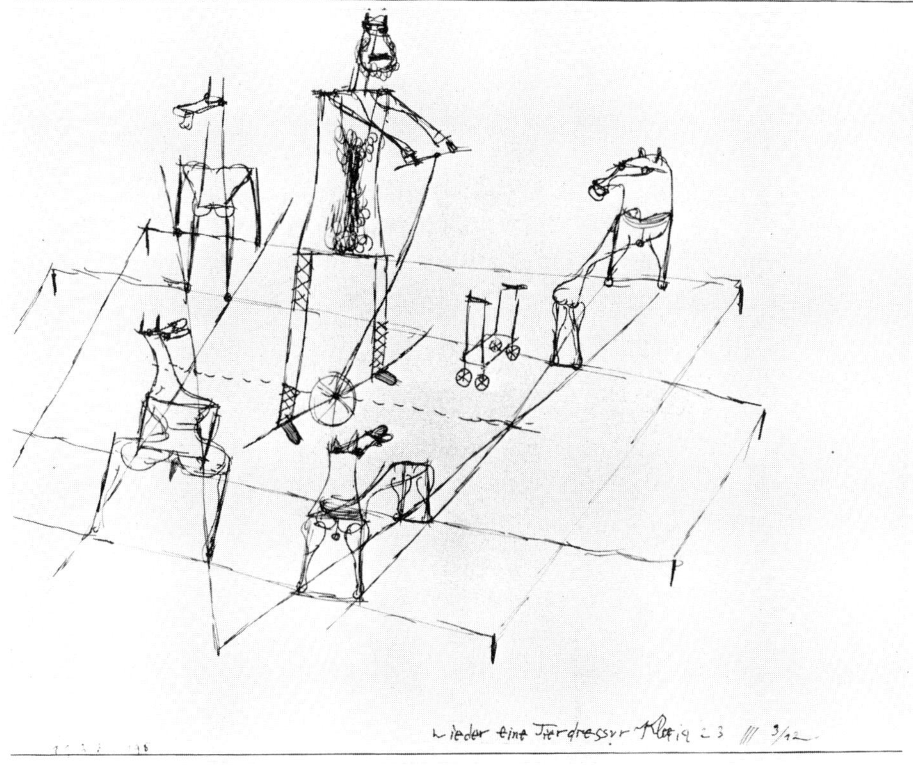

27

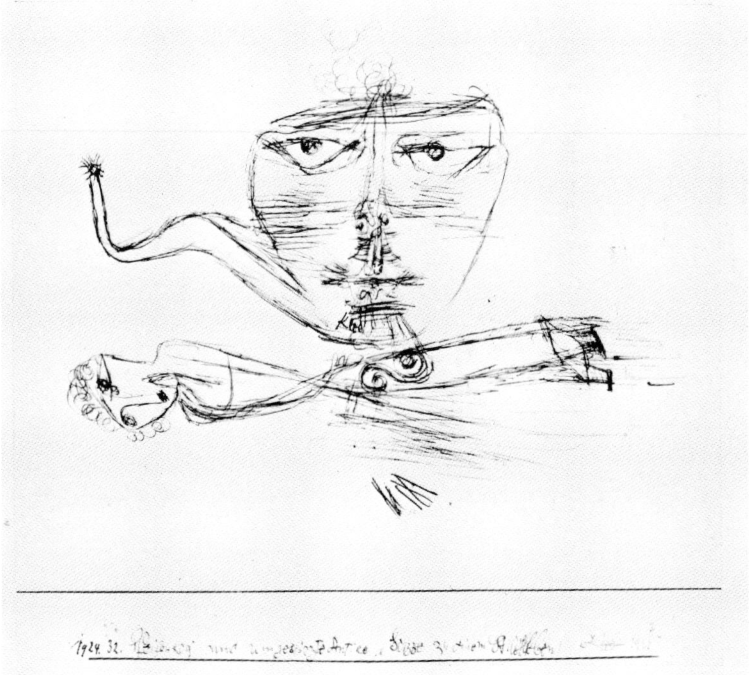

28

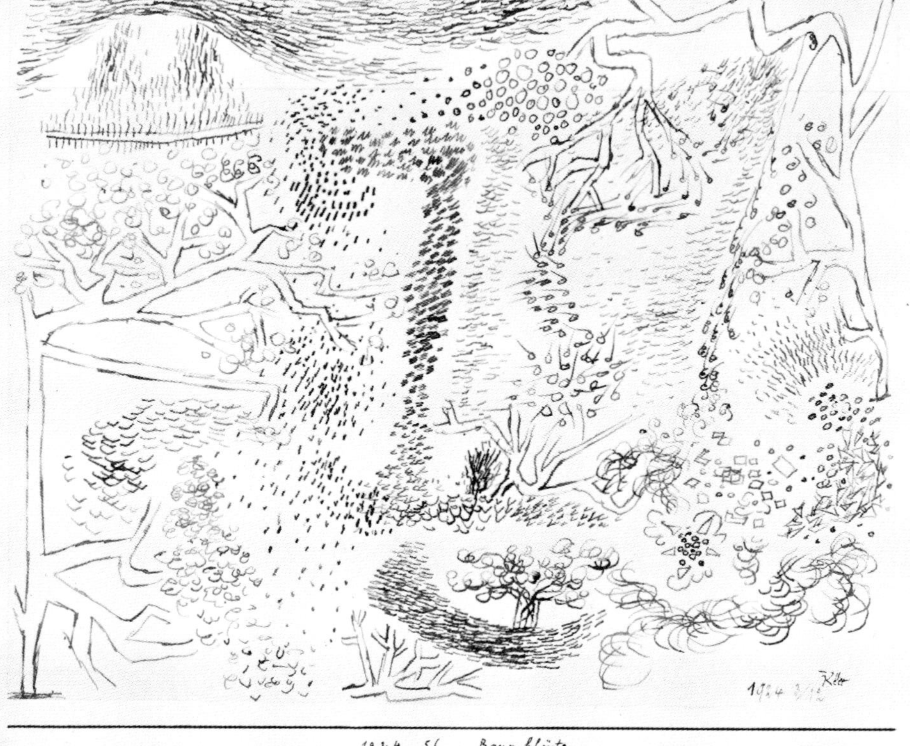

29

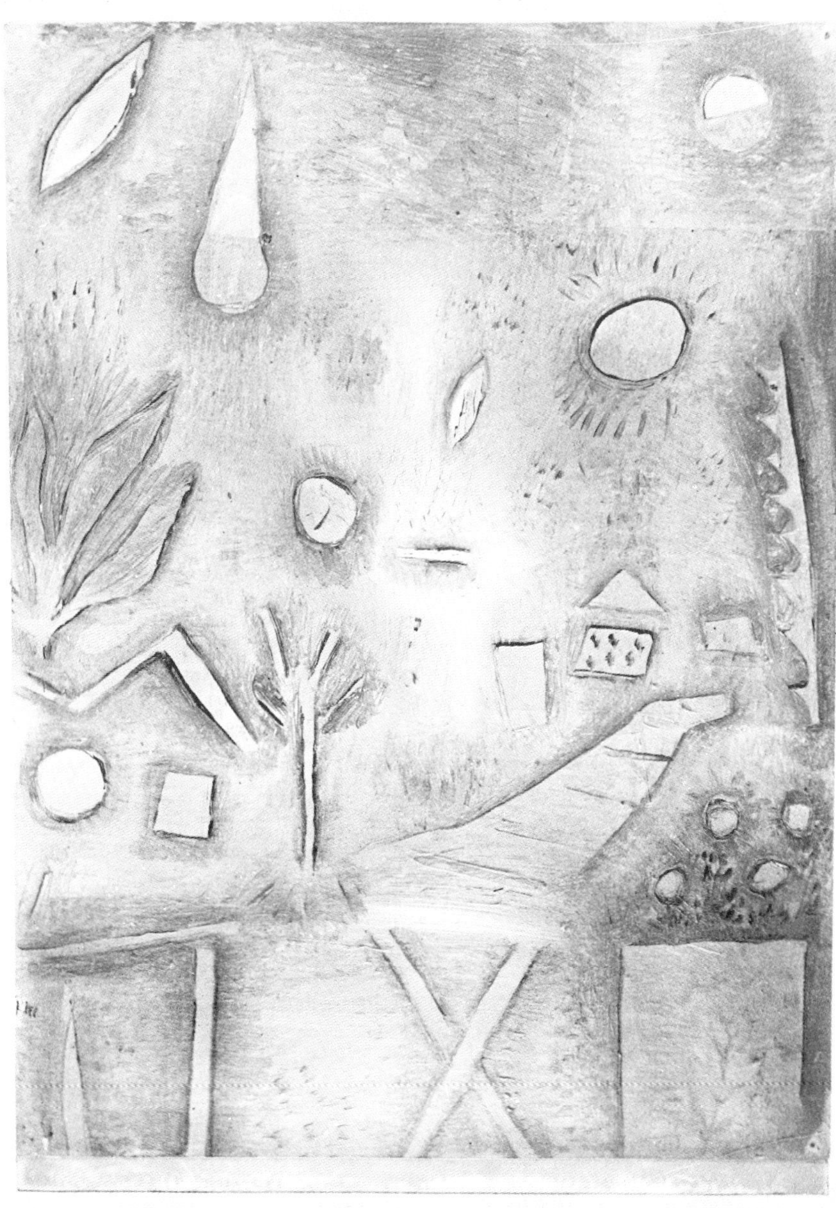

30

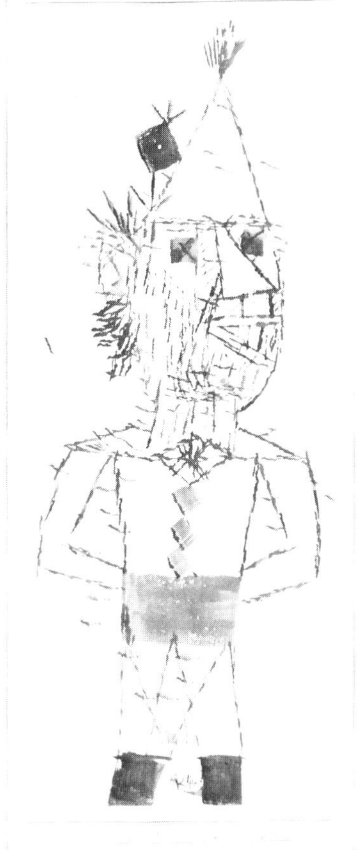

31

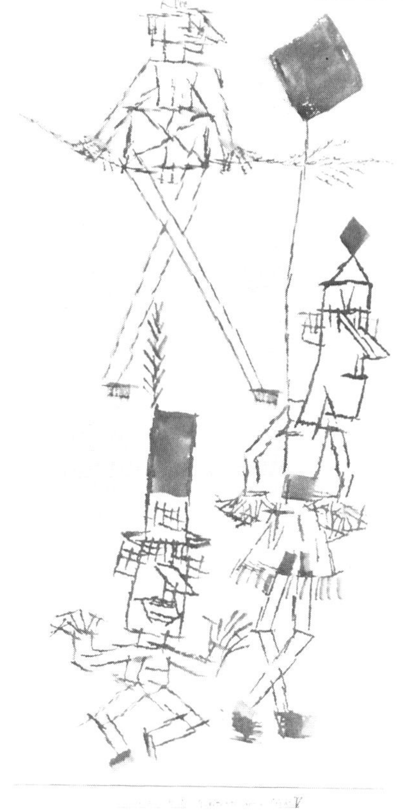

32

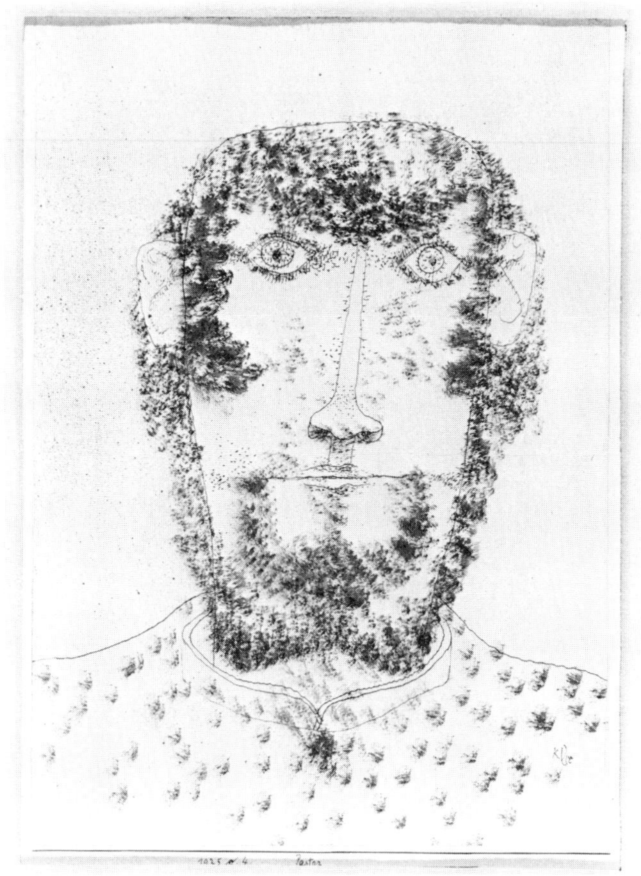

33

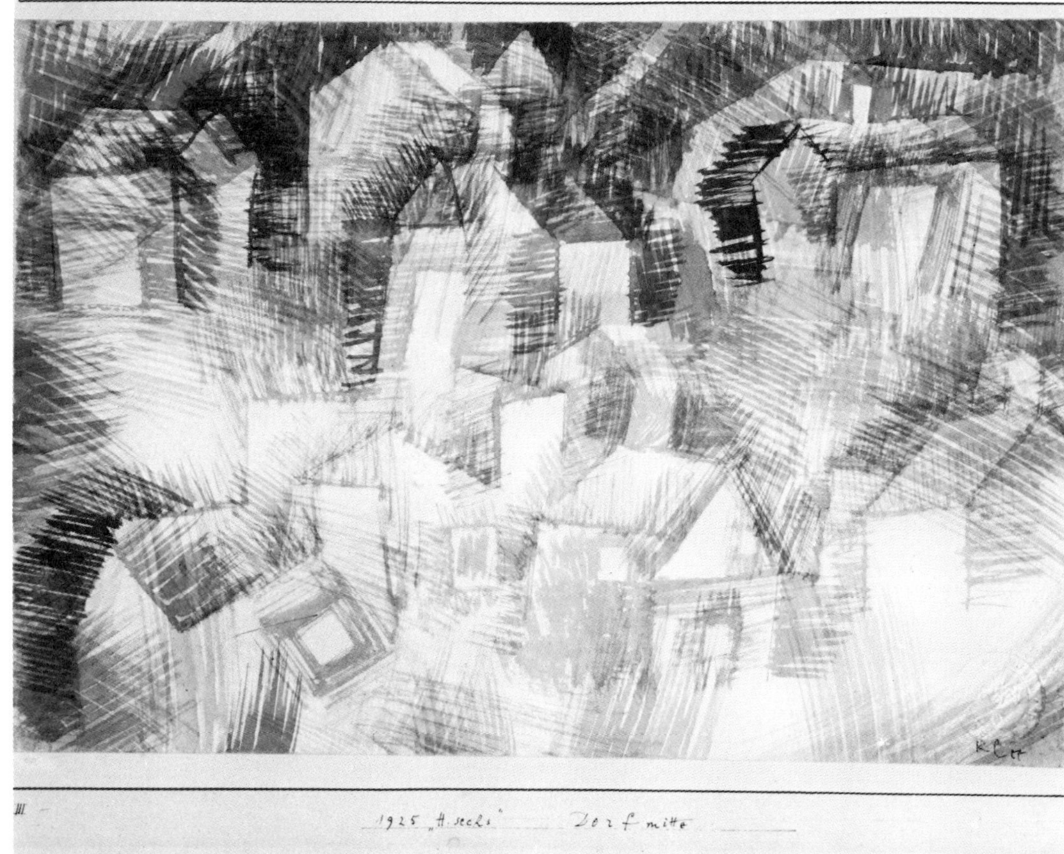

34

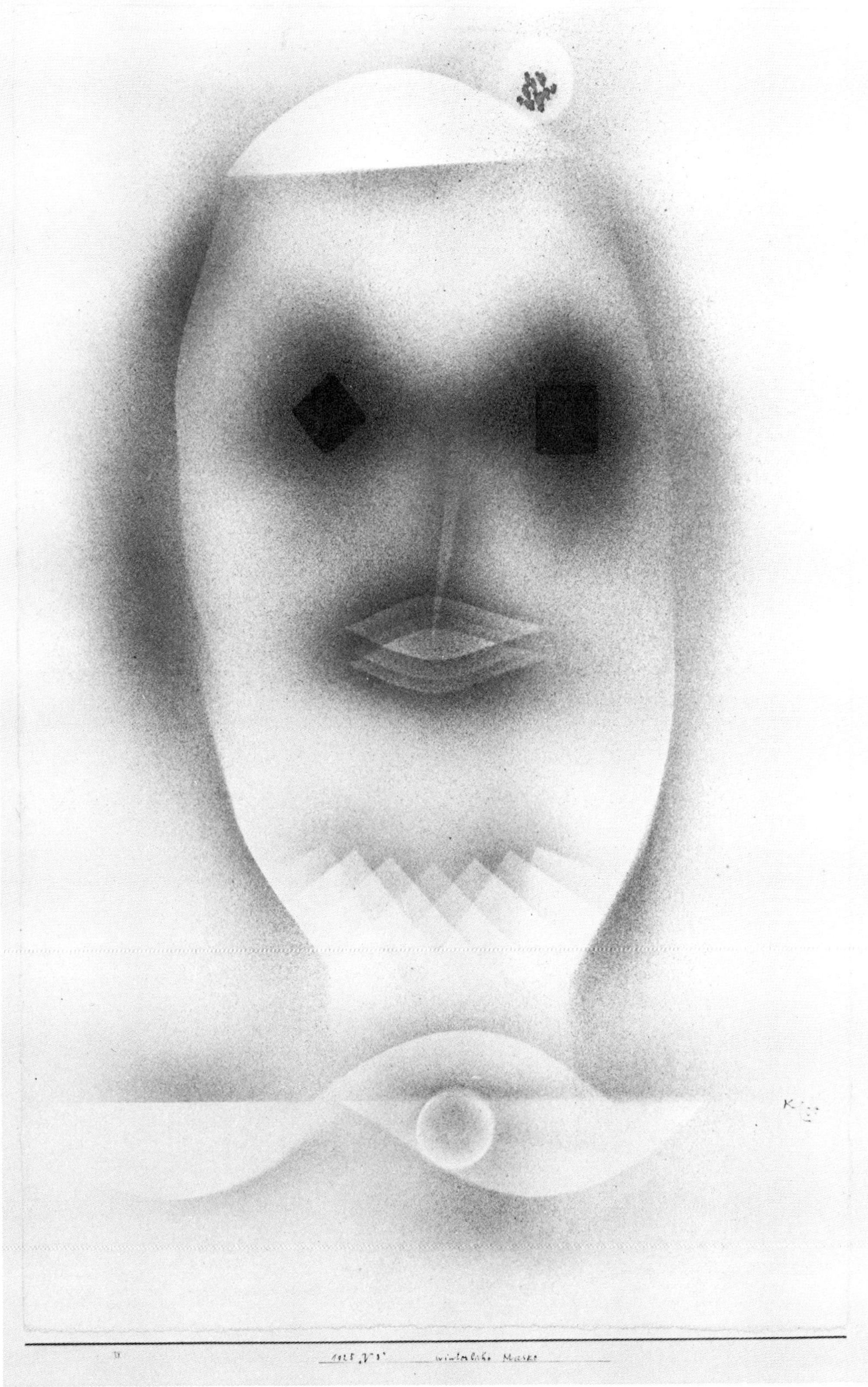

35

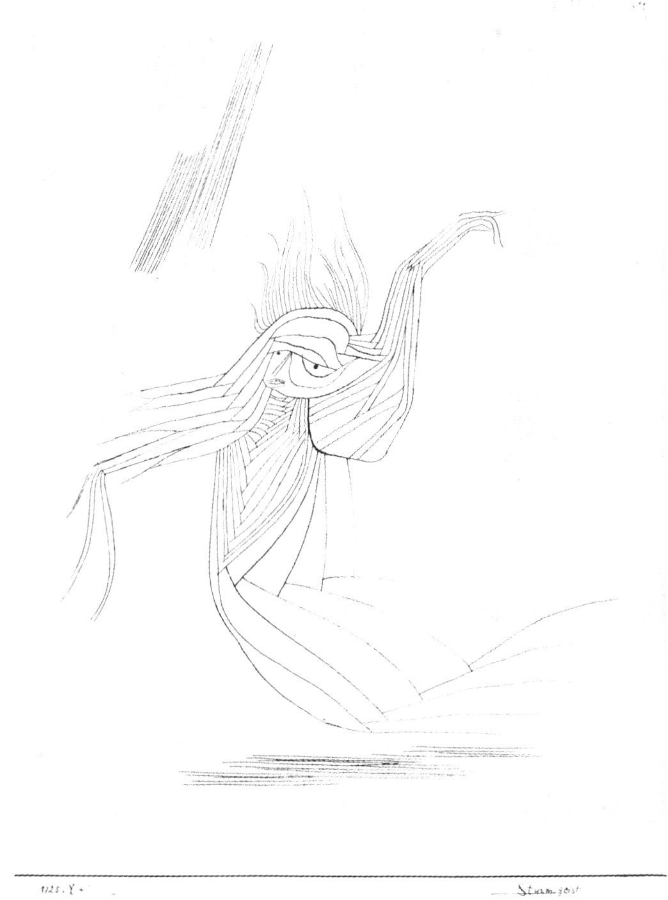

36

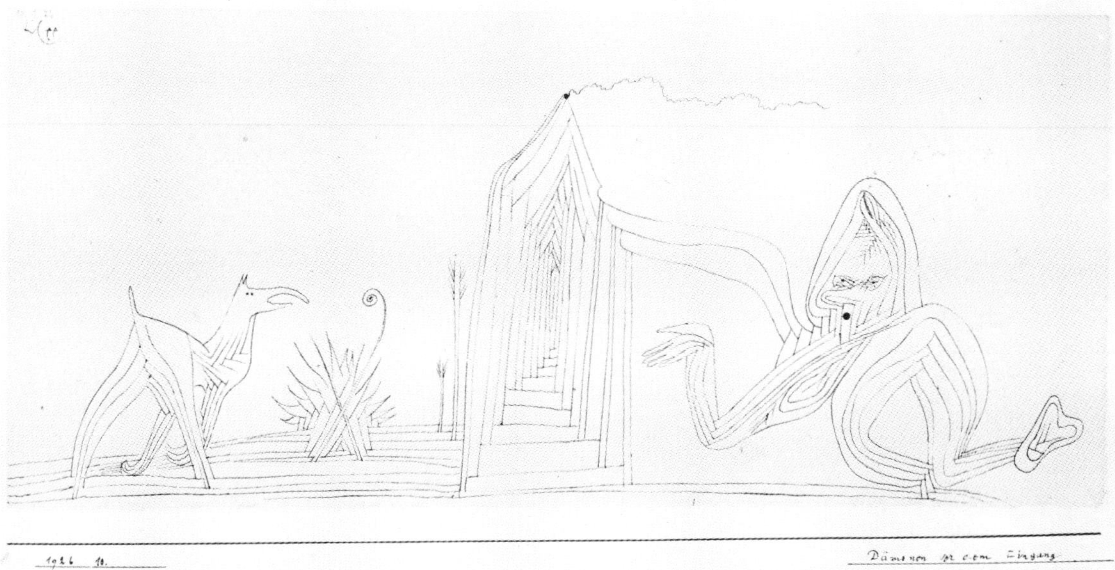

37

38

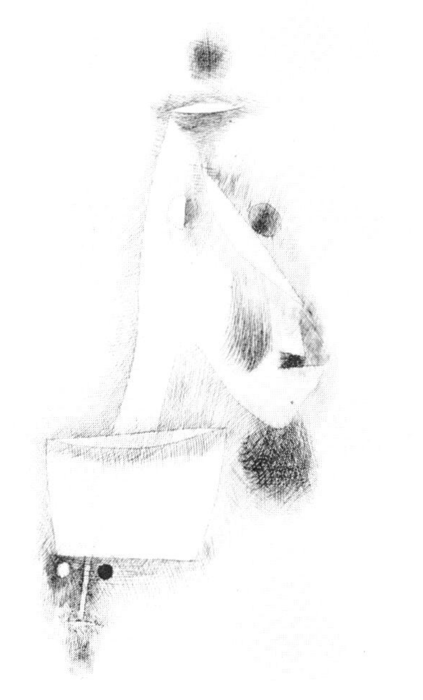

39

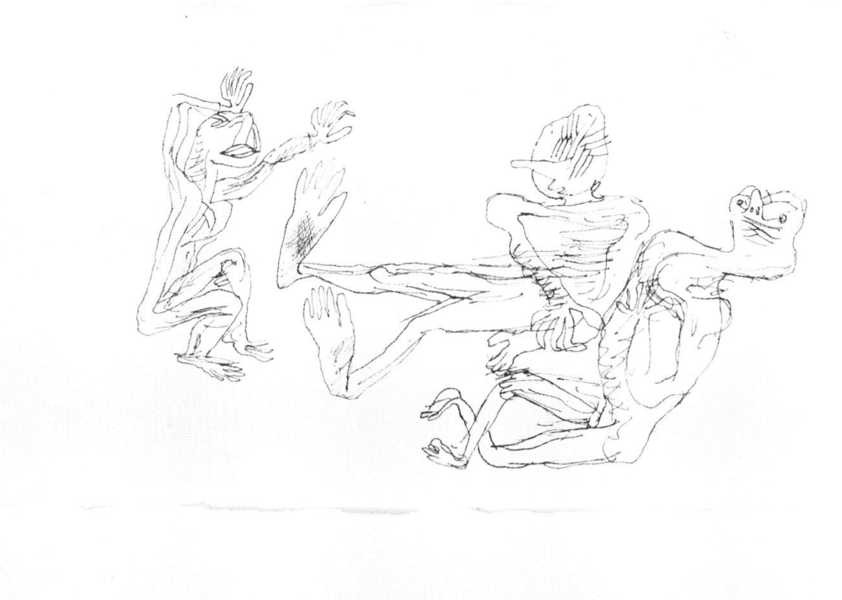

40

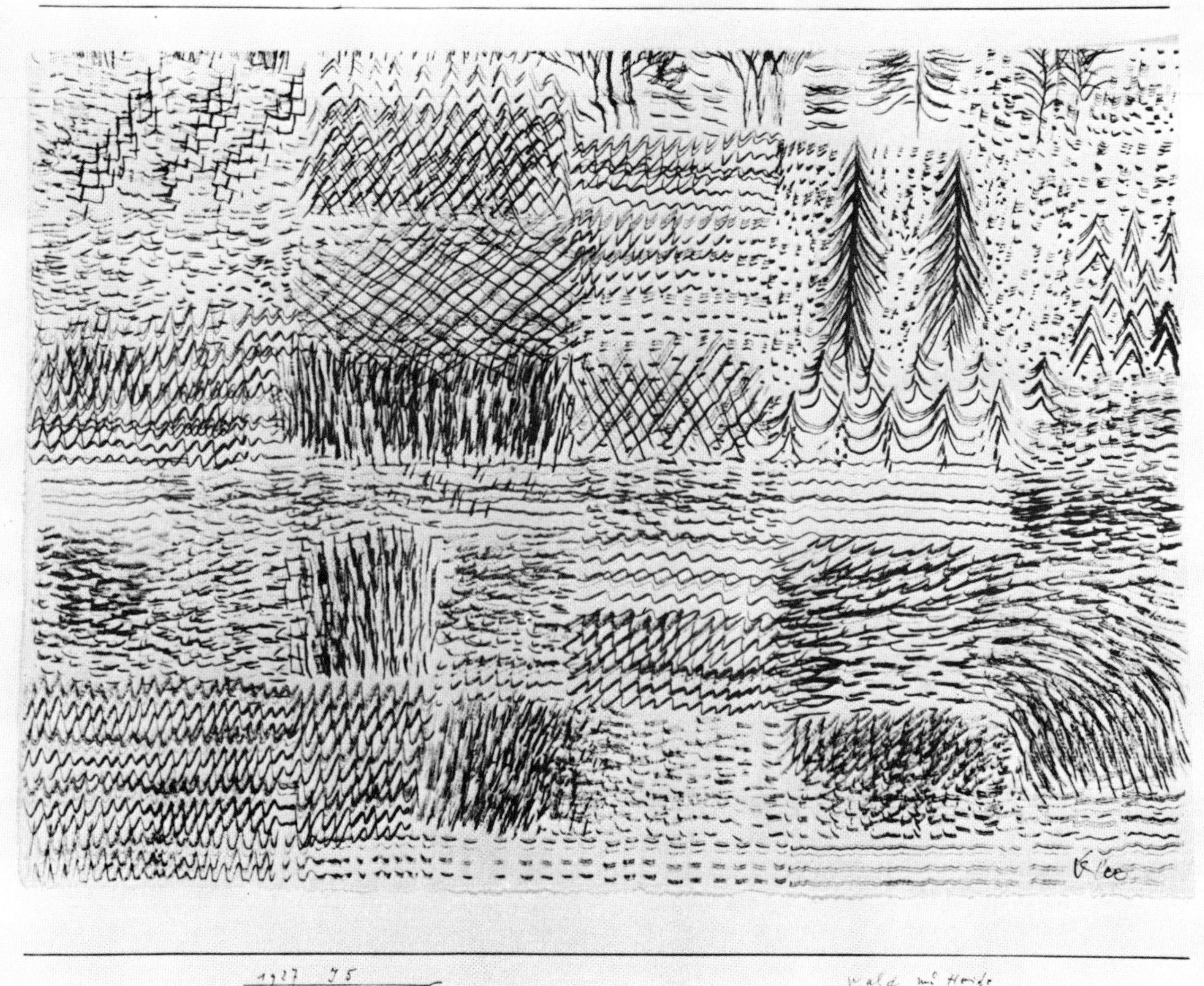

41

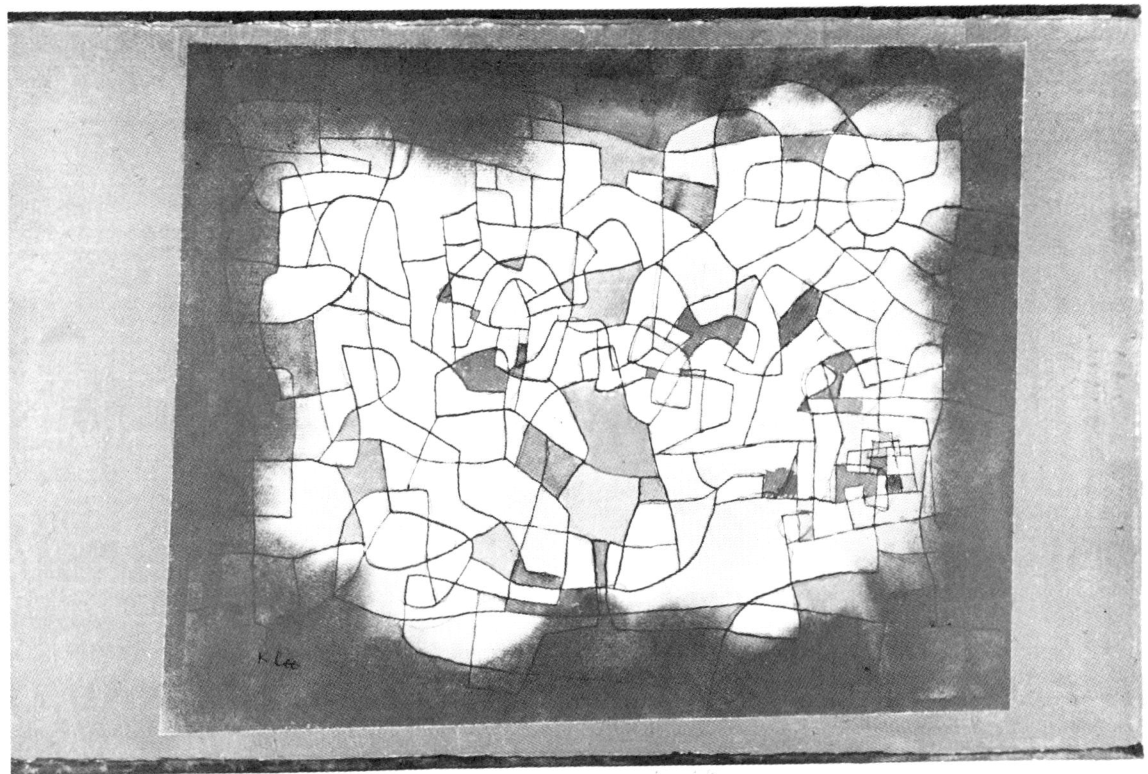

42

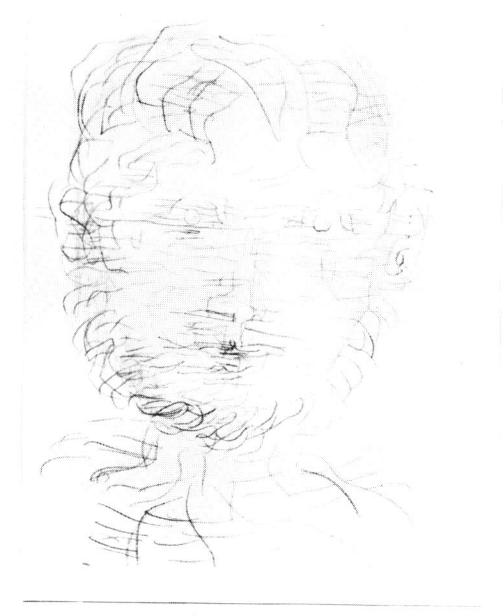

43

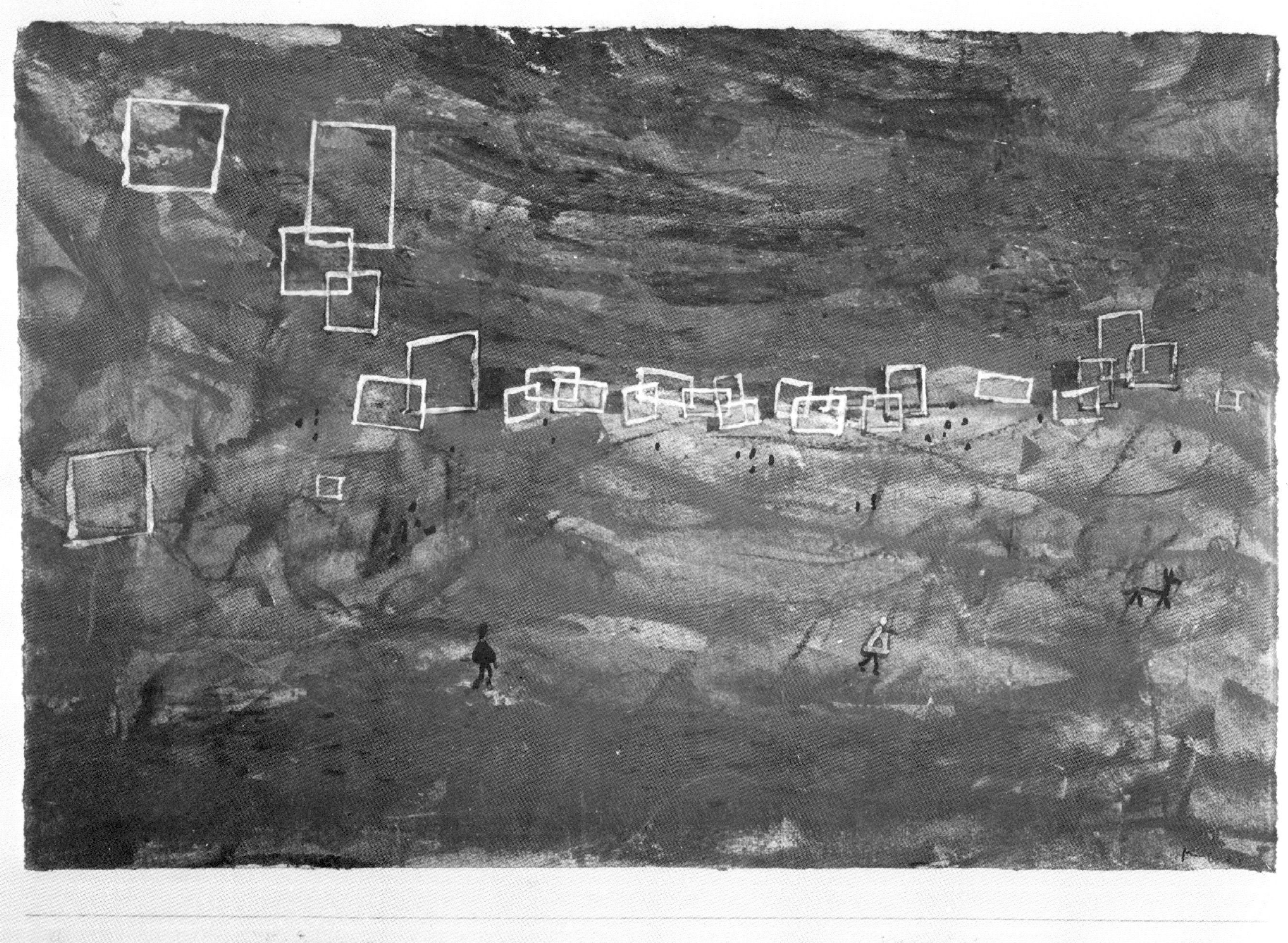

44

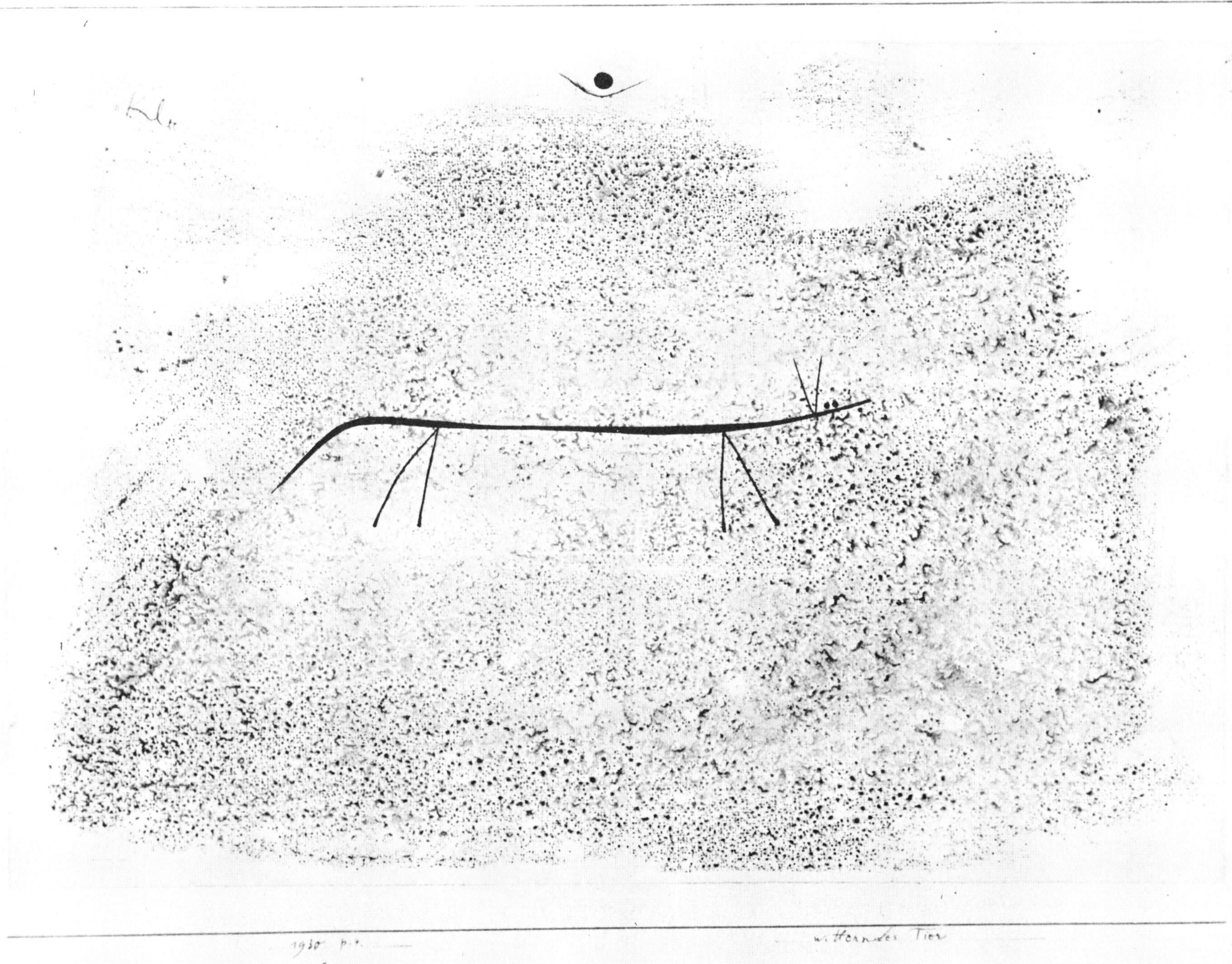

45

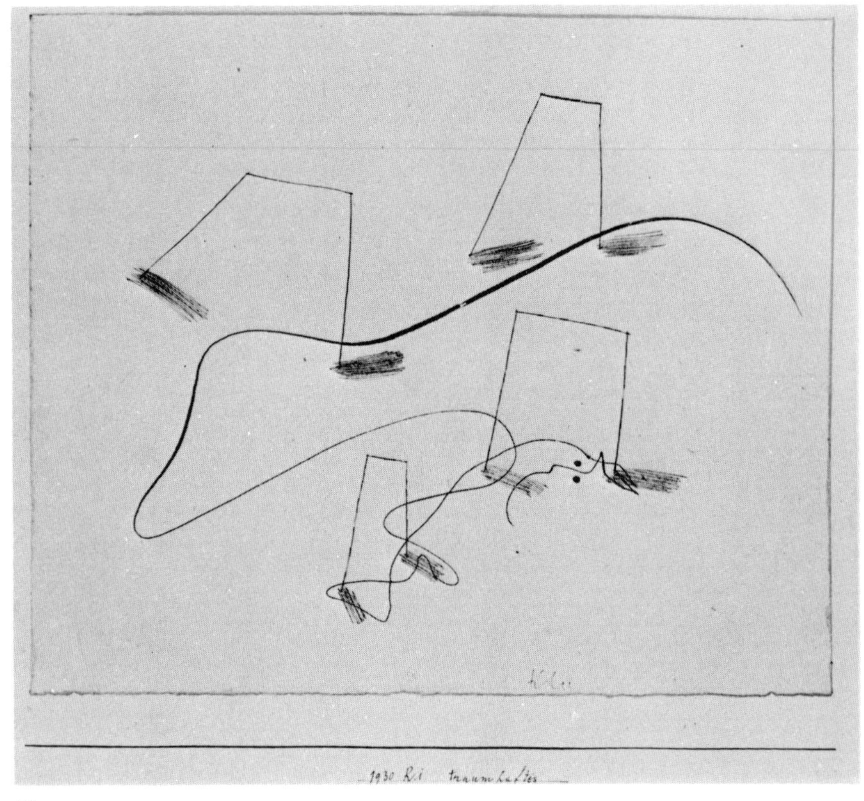

46

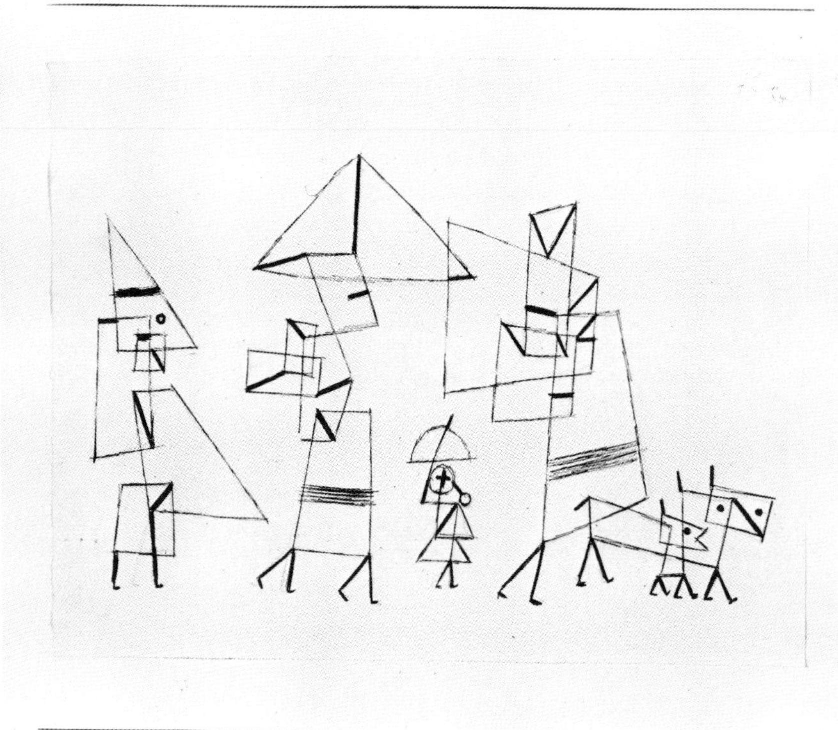

47

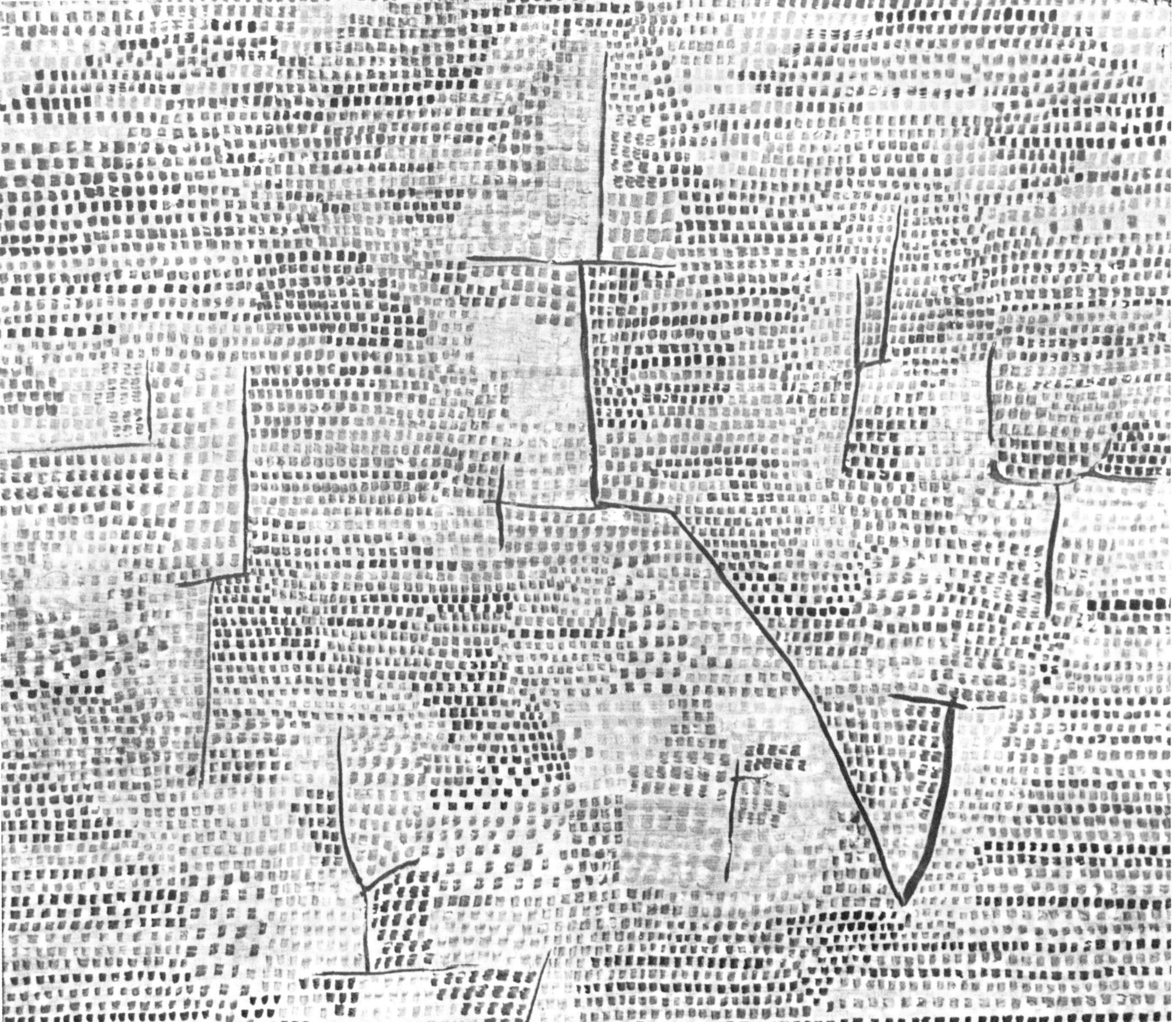

48

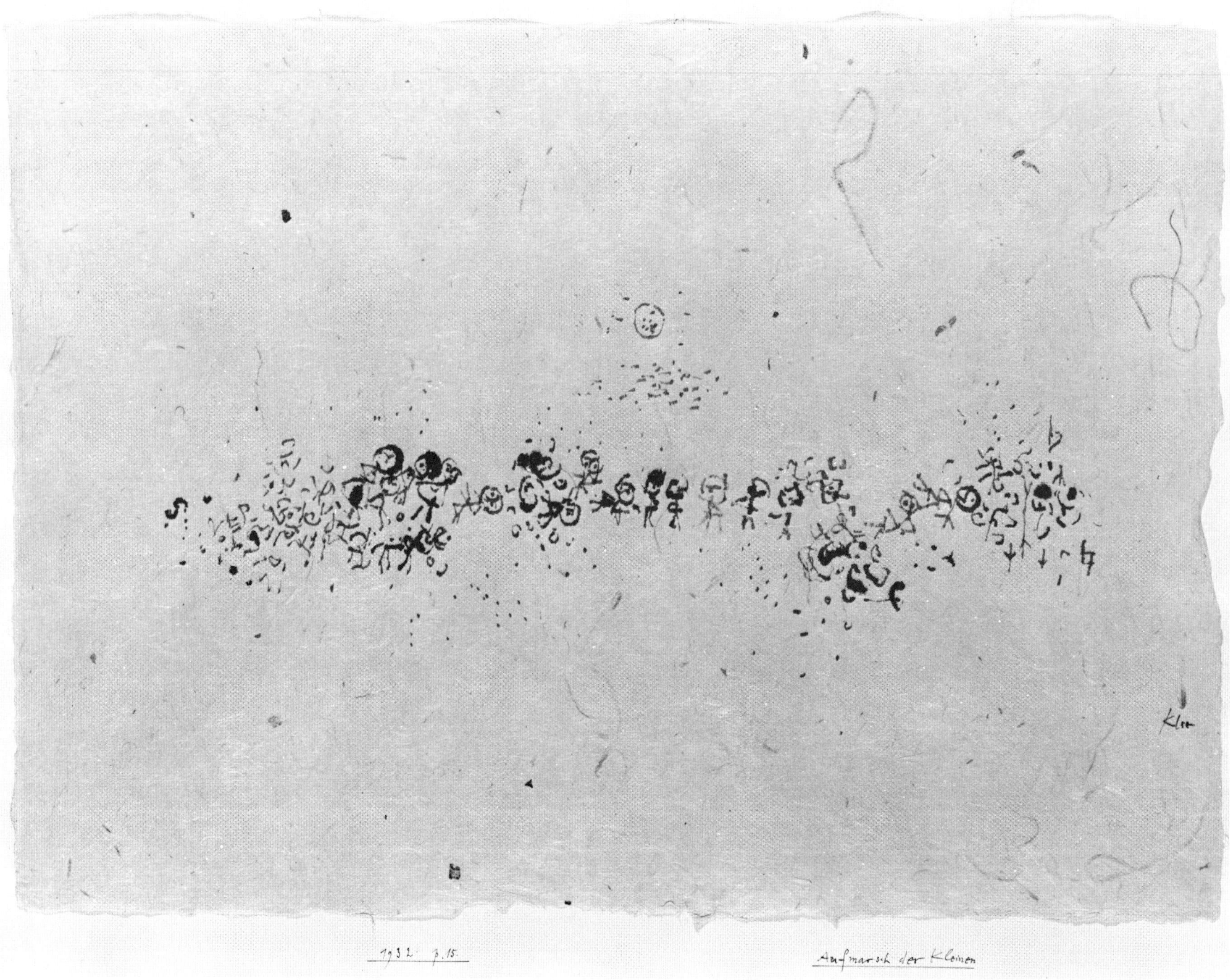

49

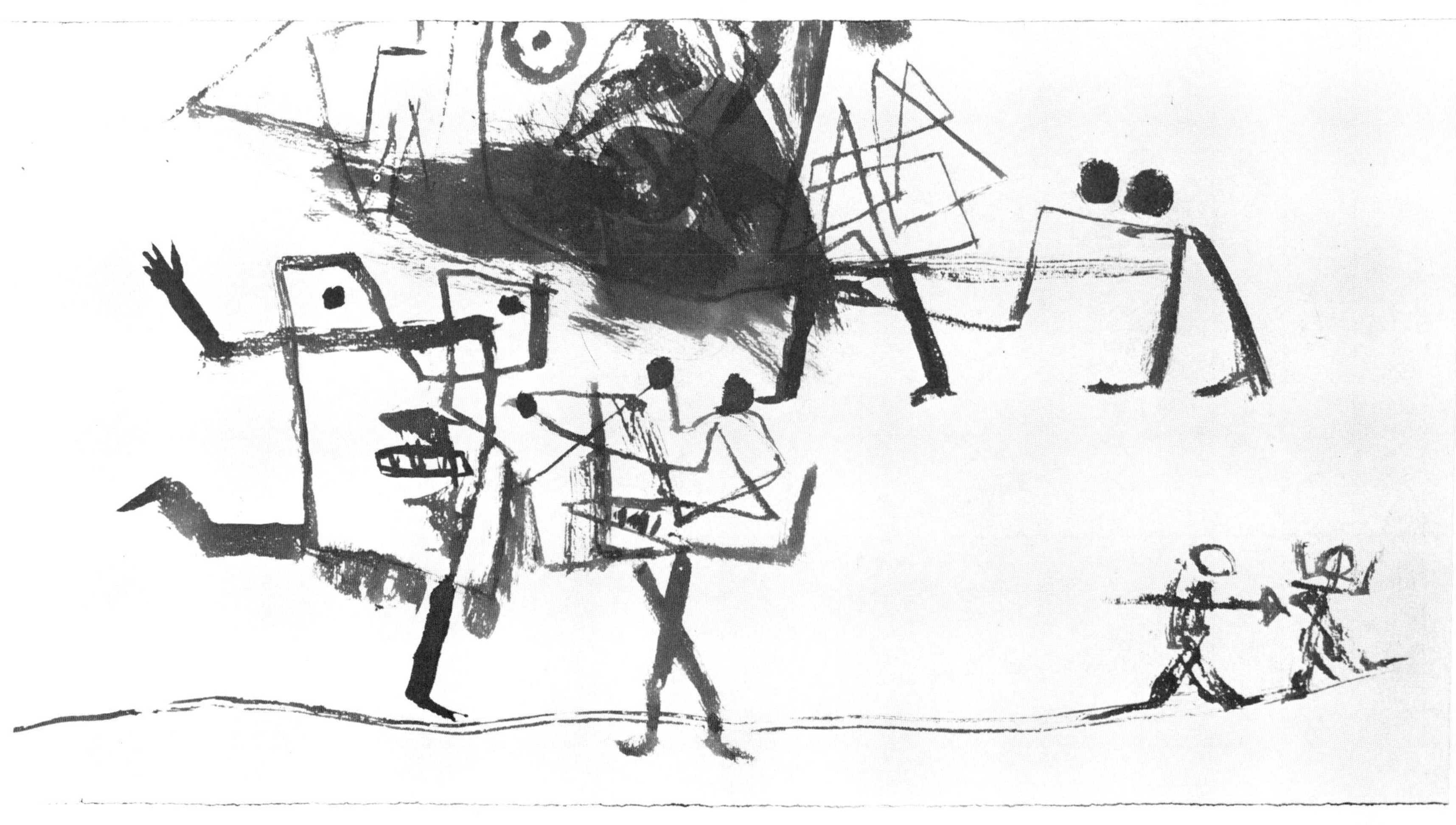

933 N2 Zweikämpfe

50

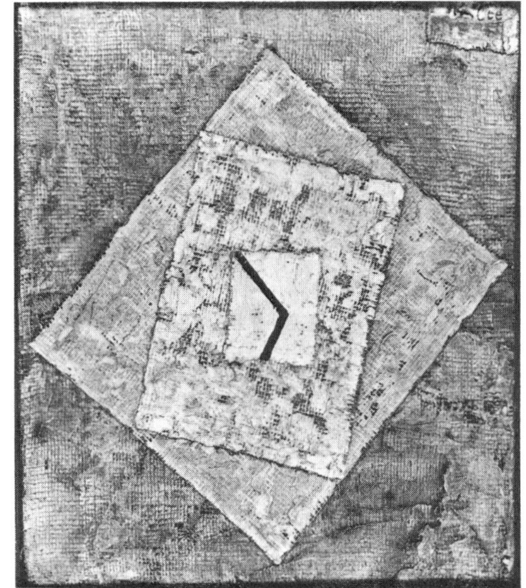

51

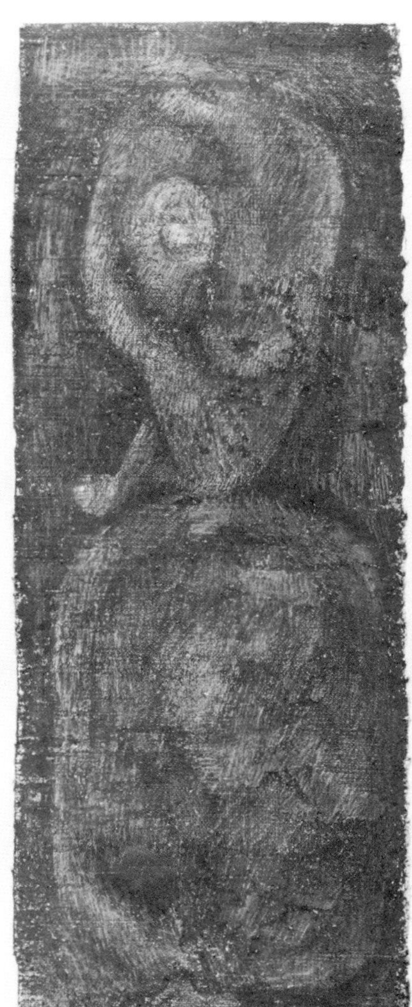

52

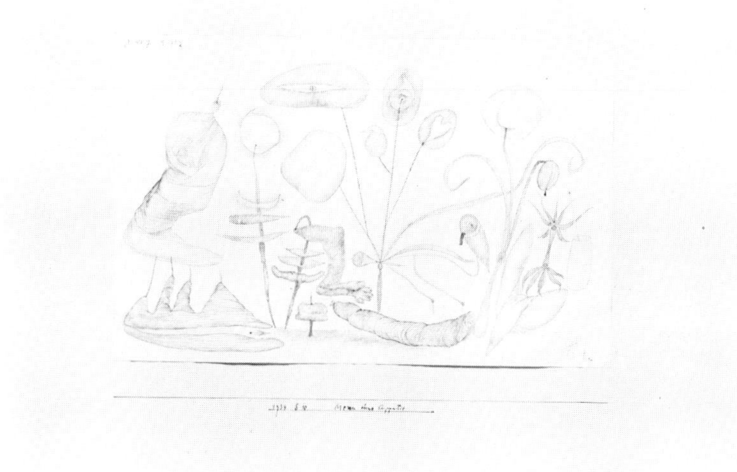

53

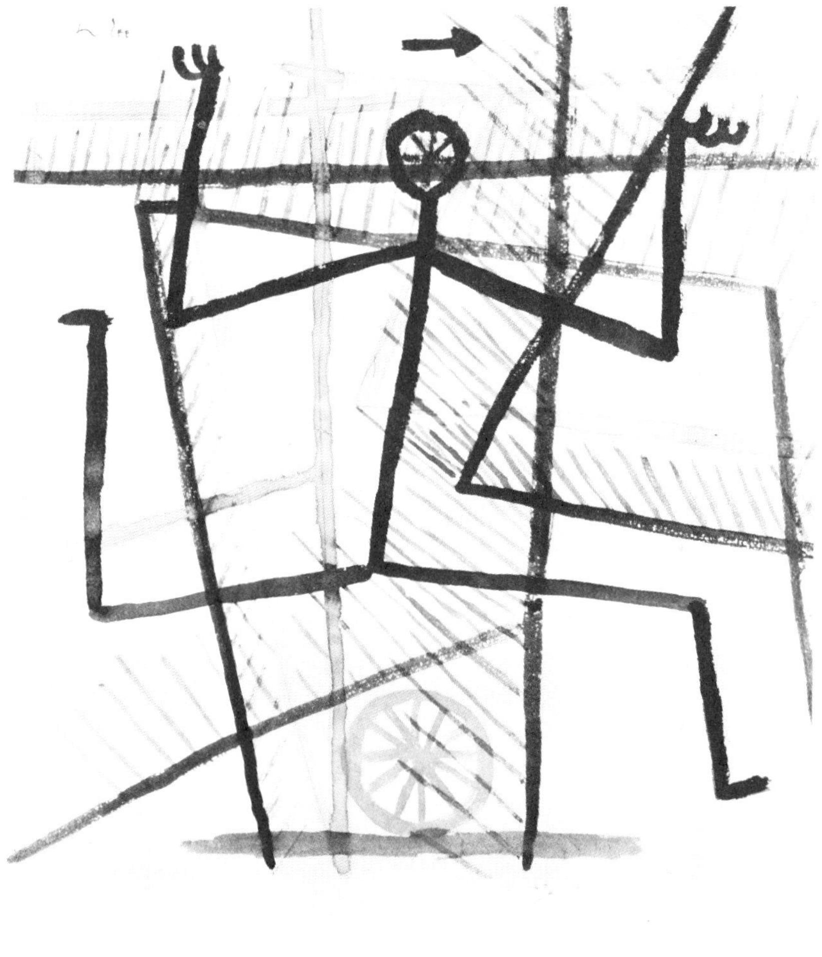

54

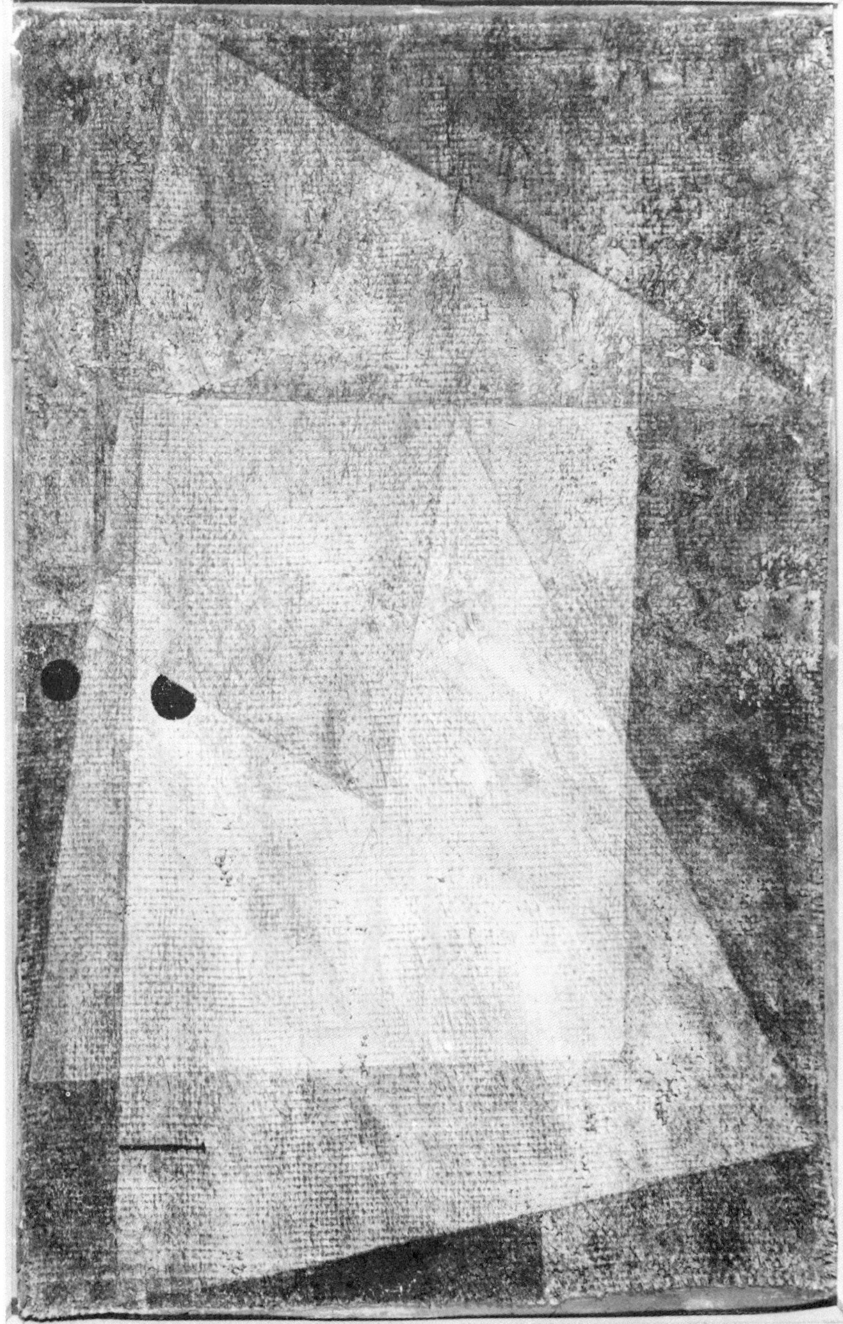

55

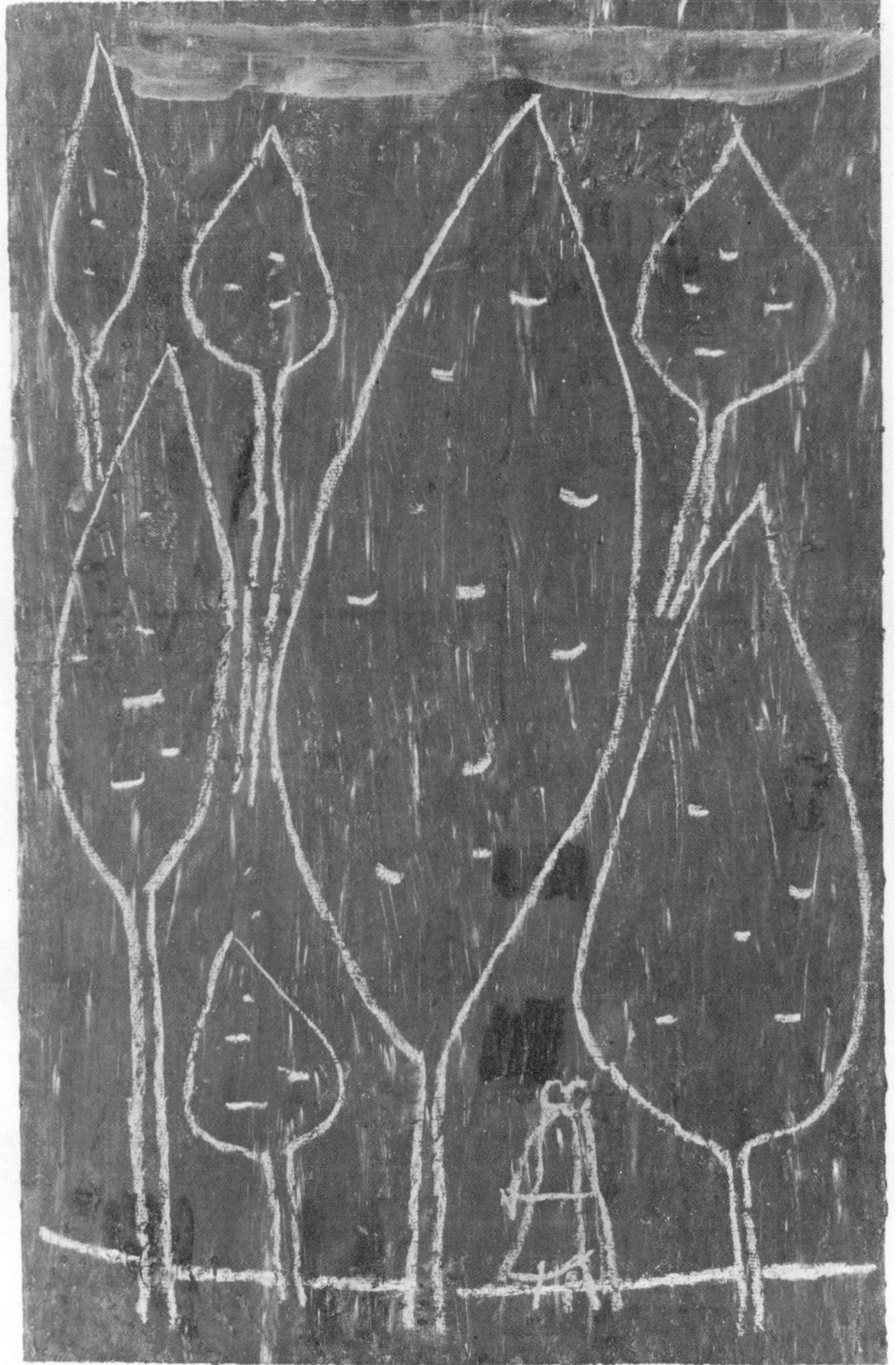

56

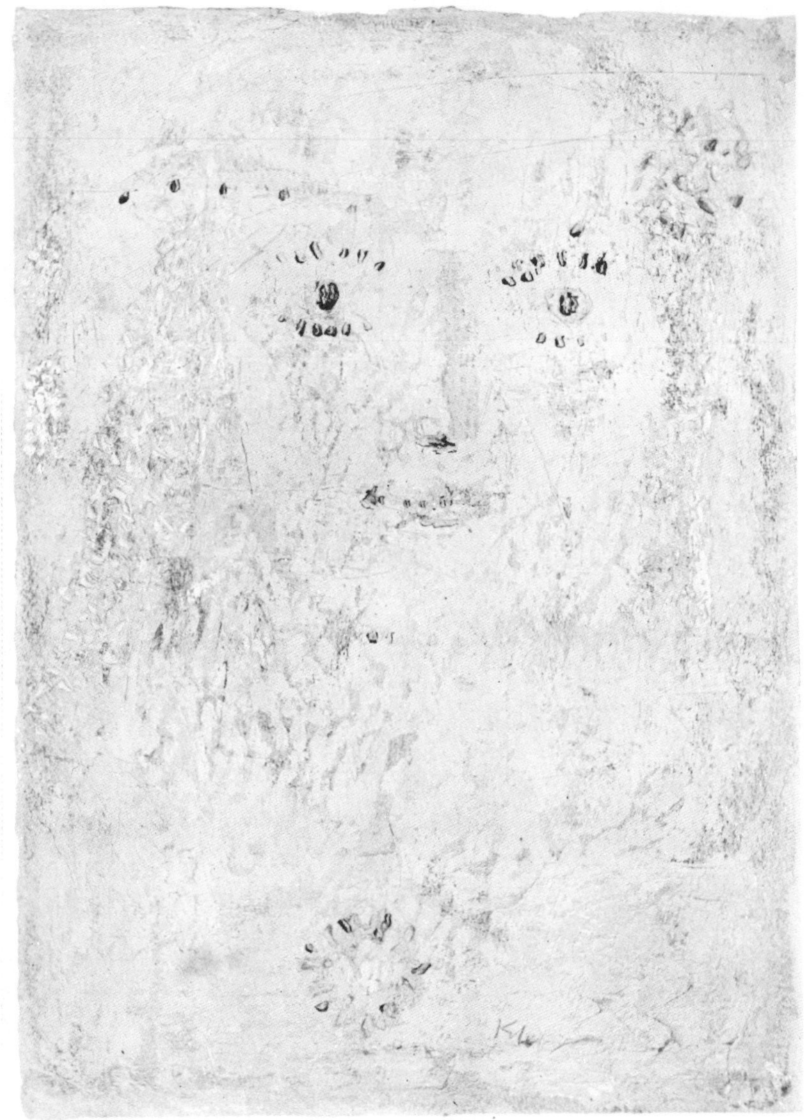

57

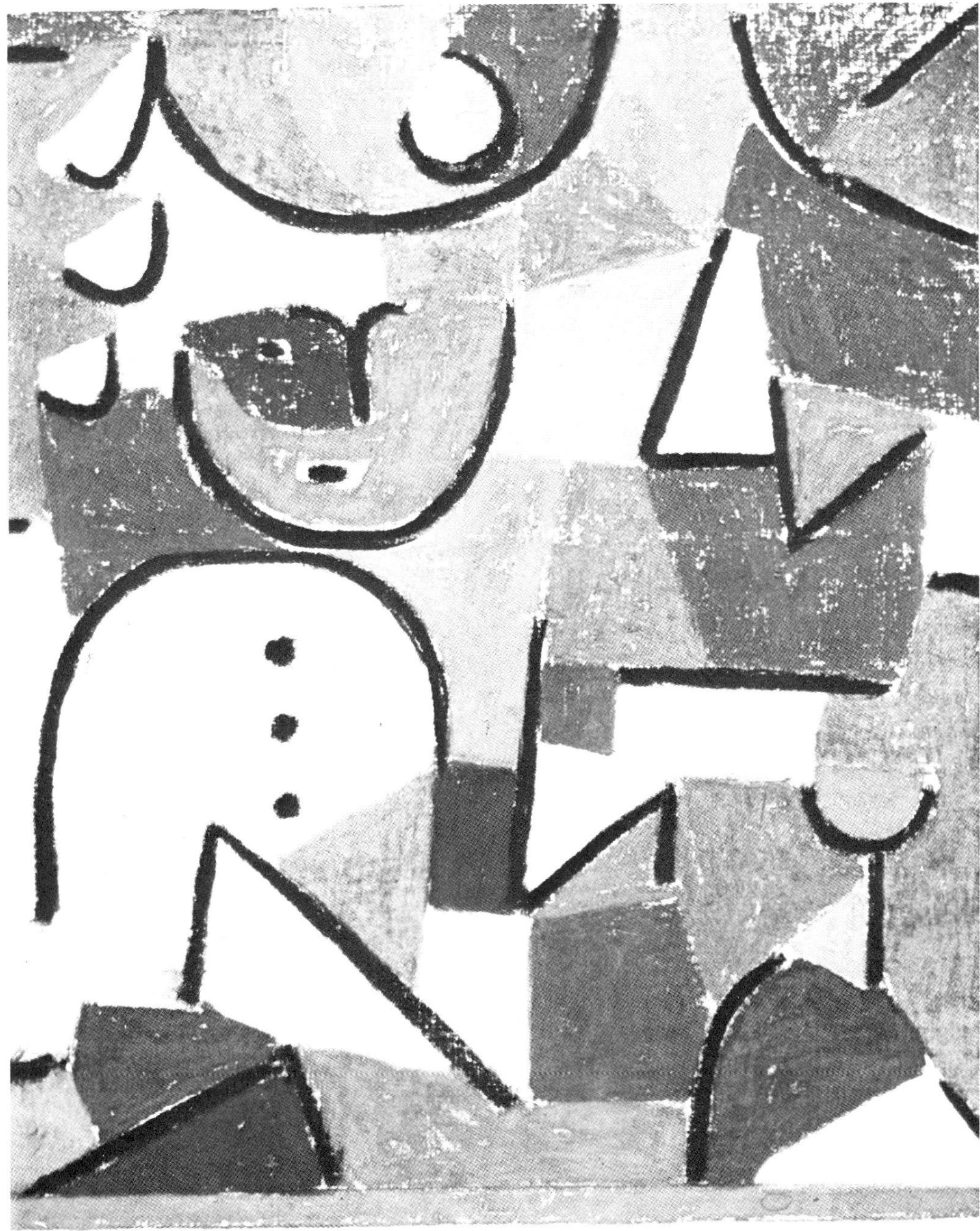

58

59

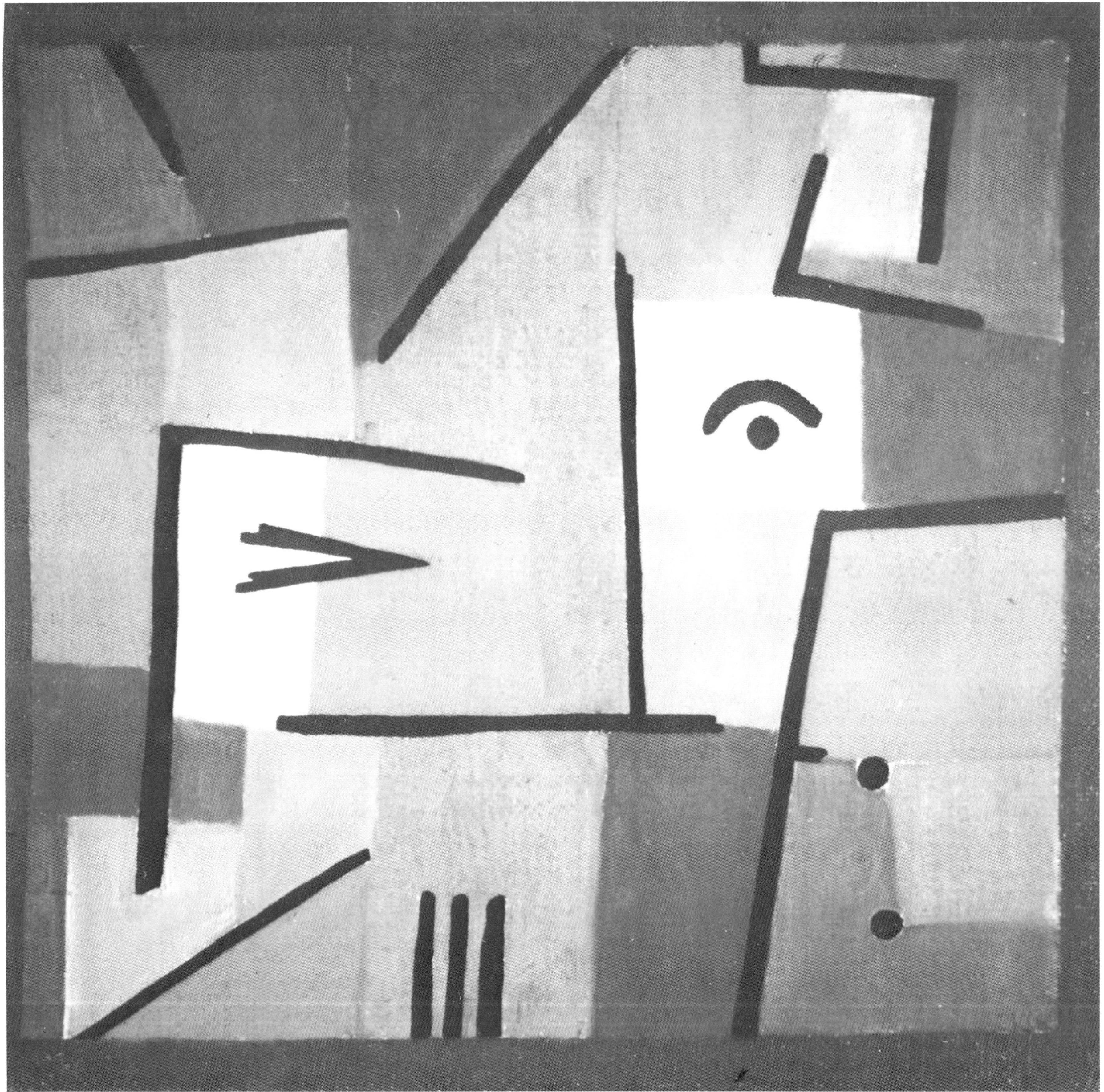

60

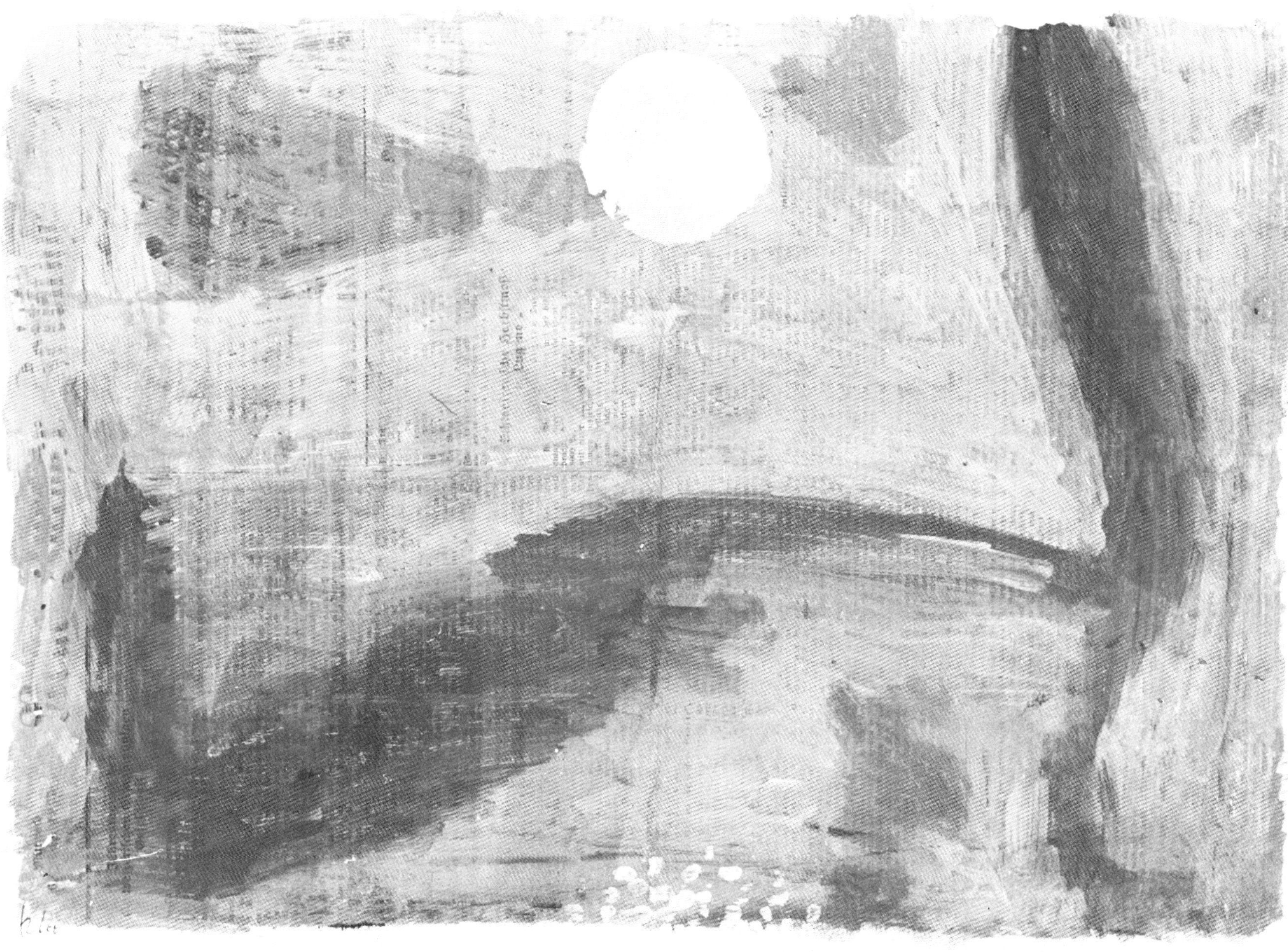

61

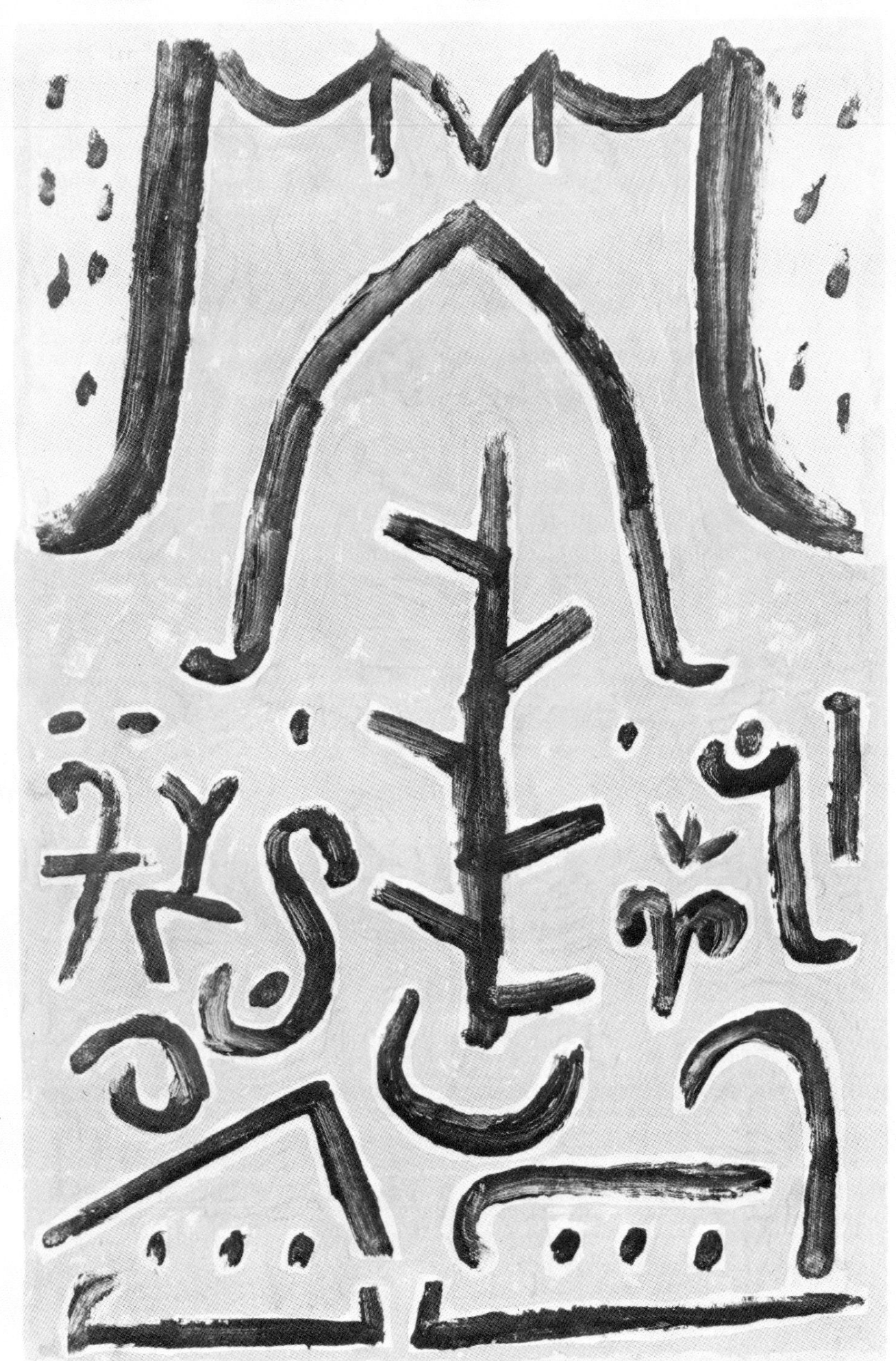

62

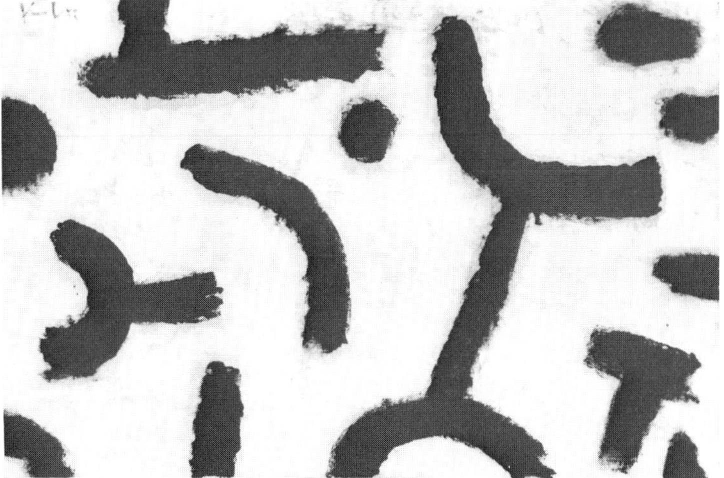

63

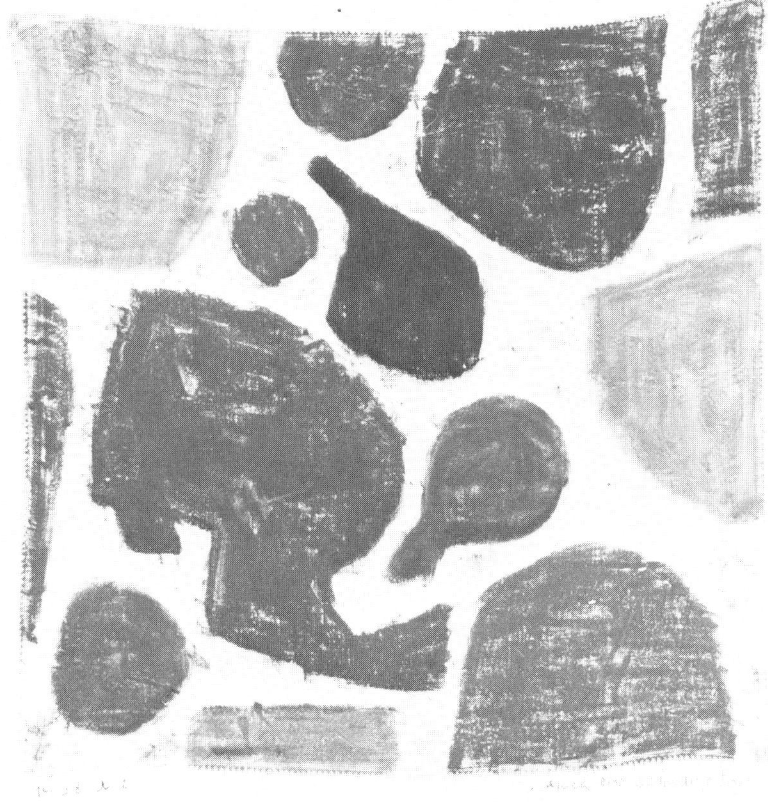

64

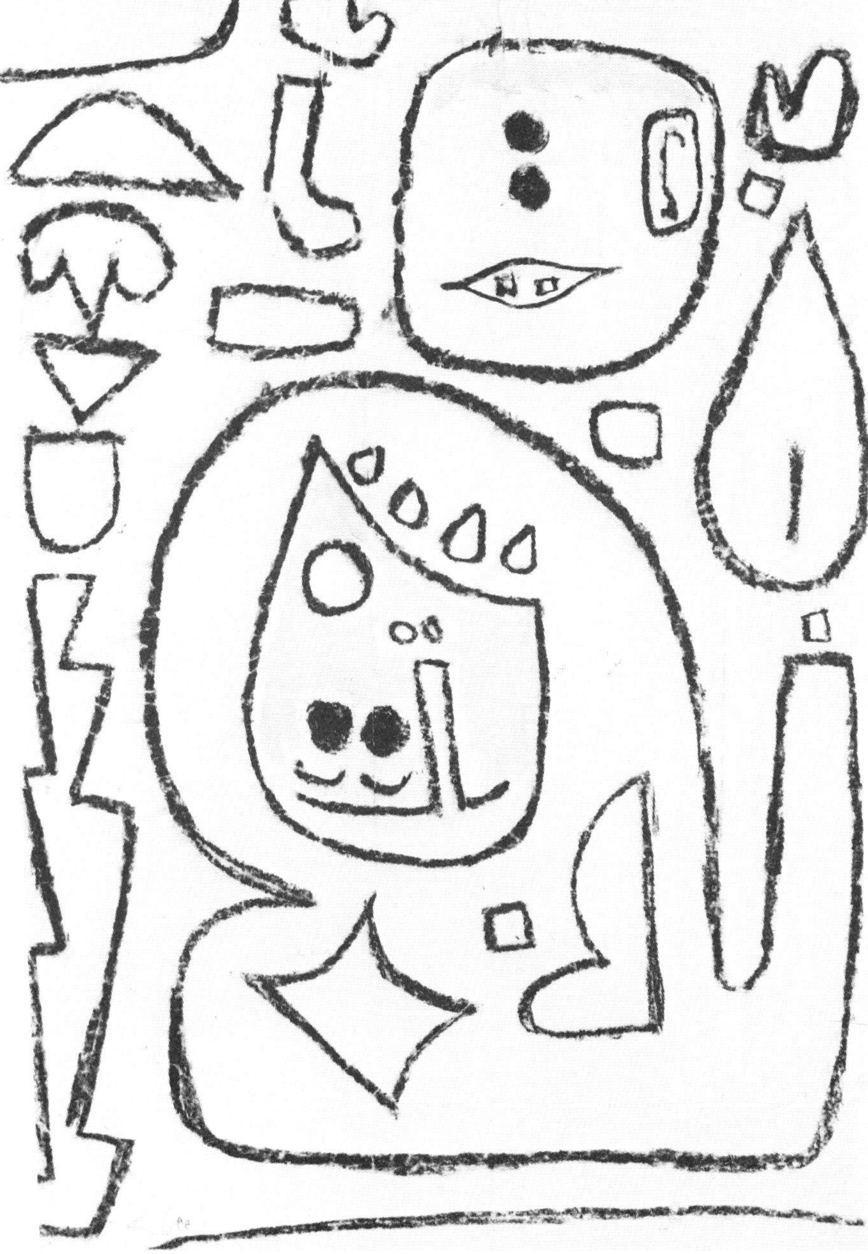

65

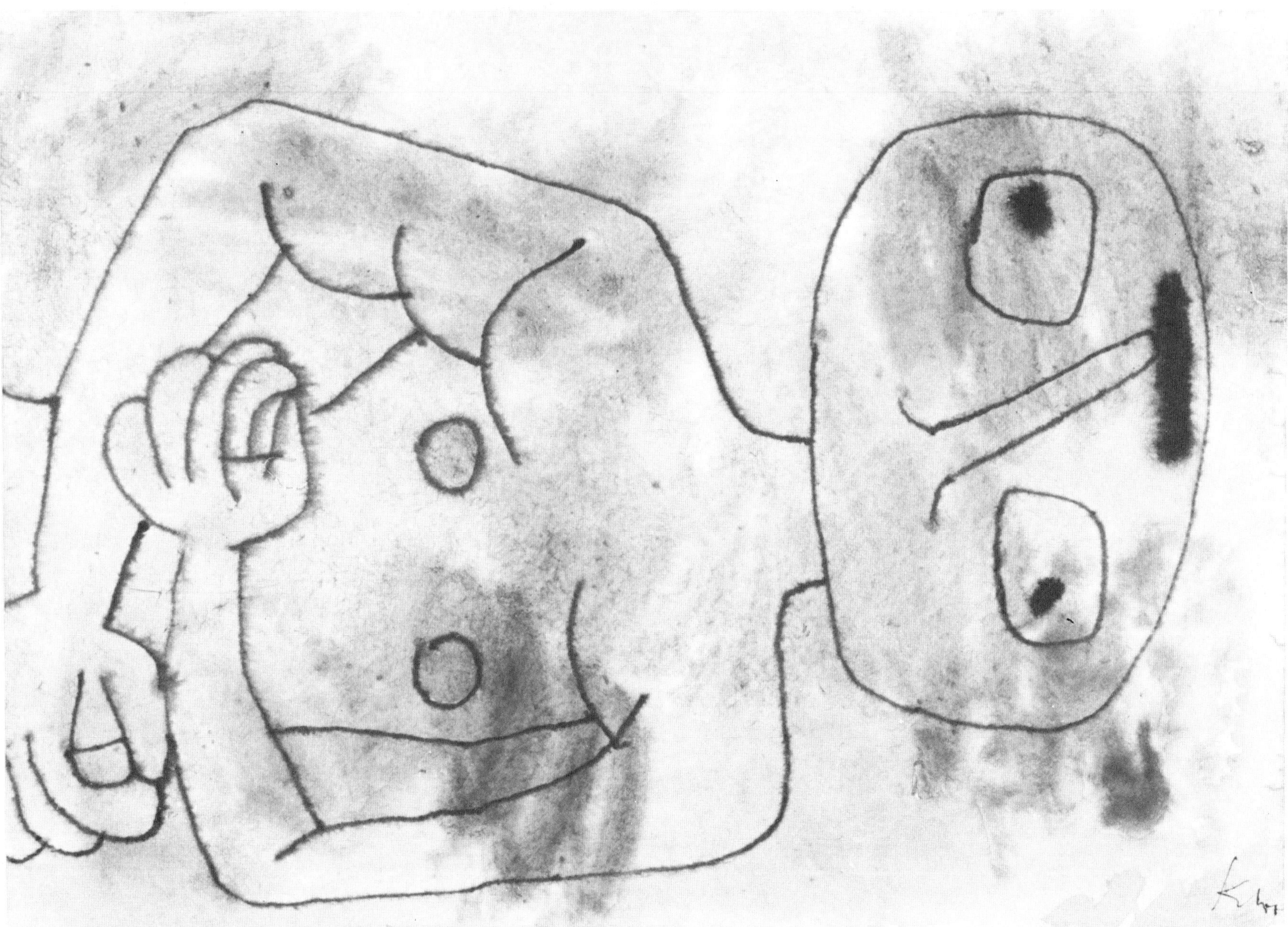

66

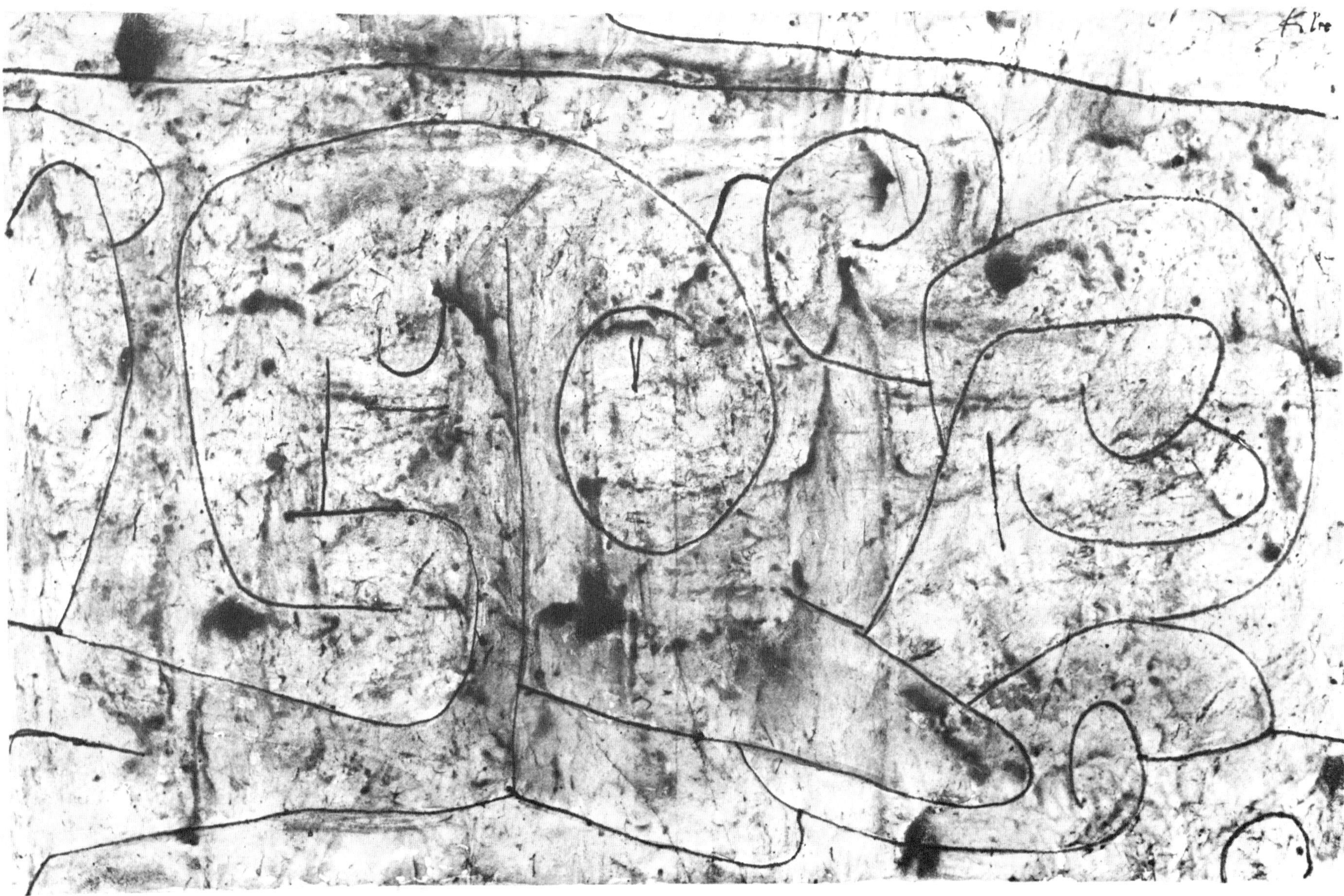

67

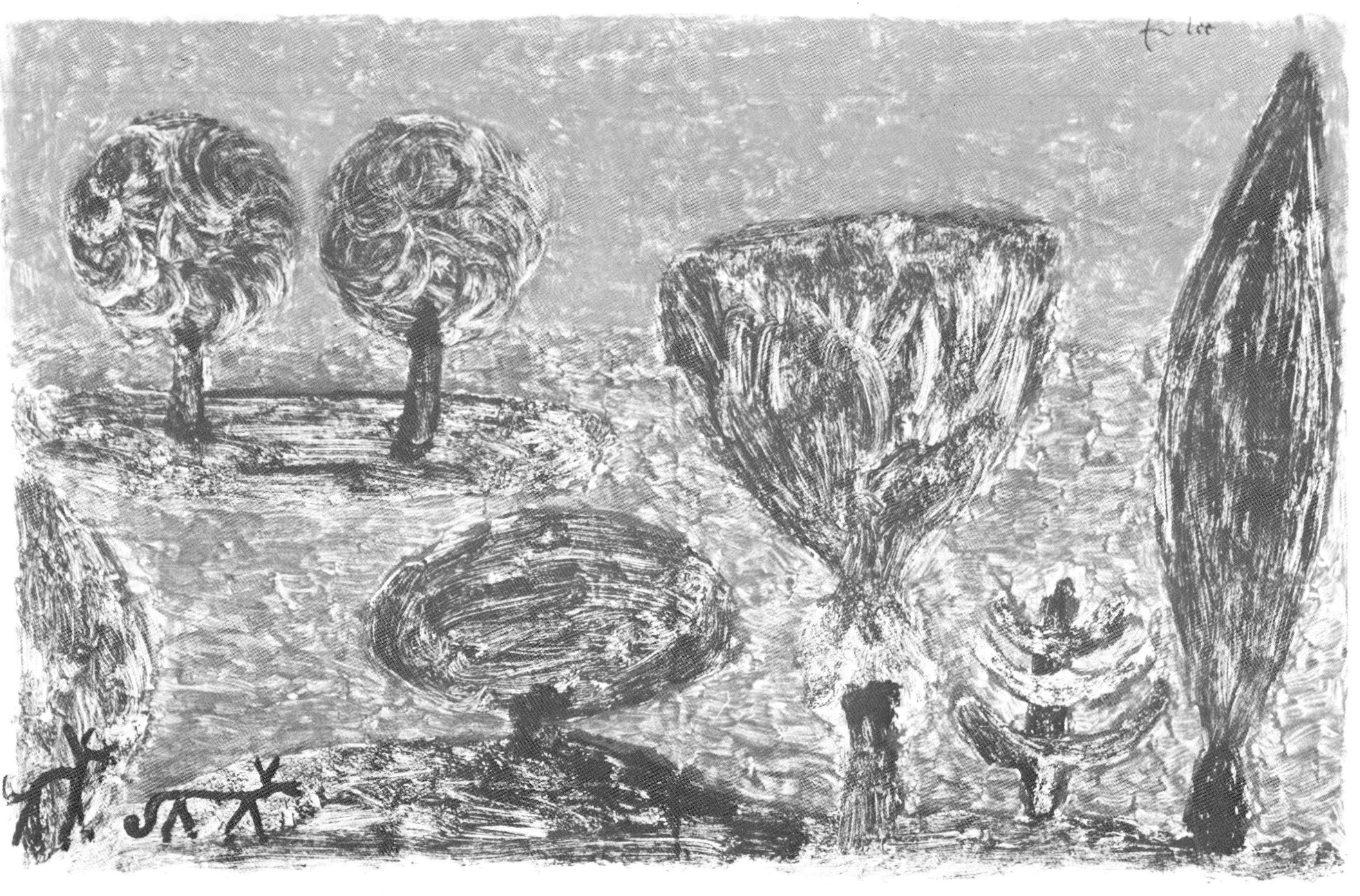

68

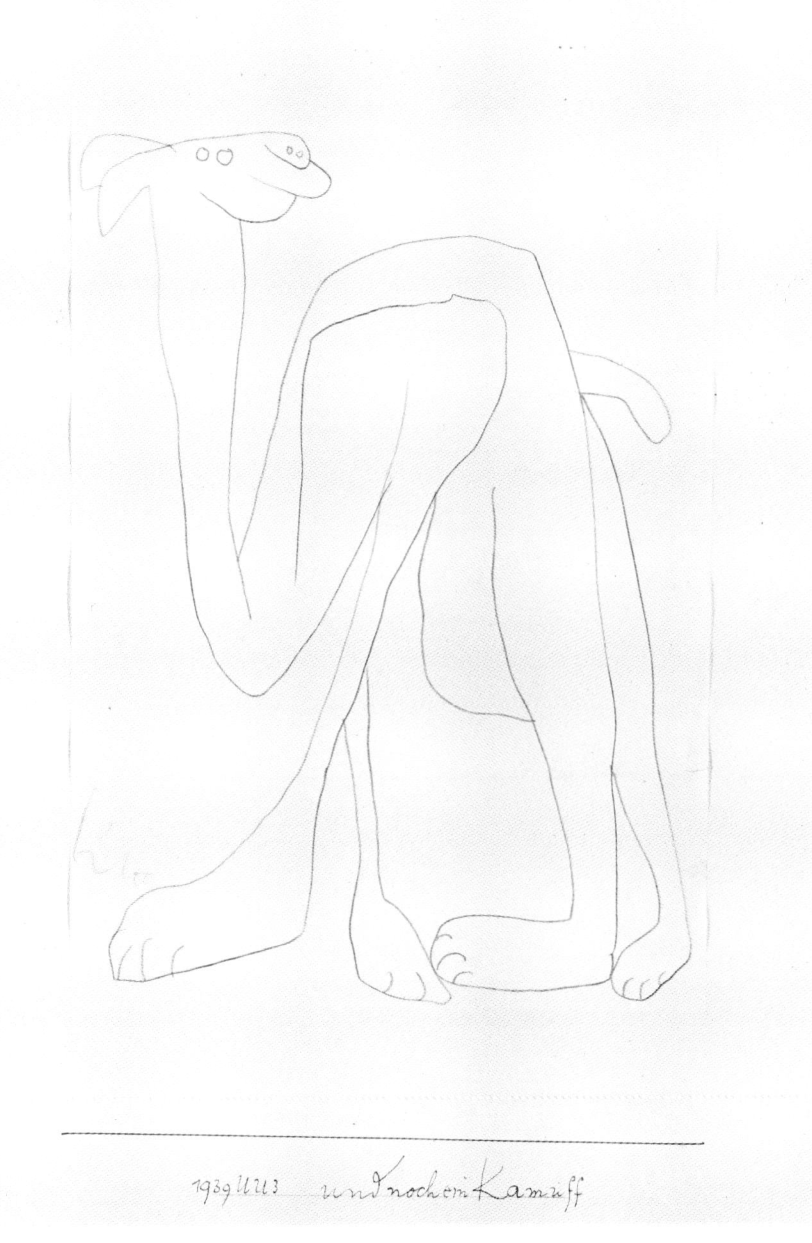

69

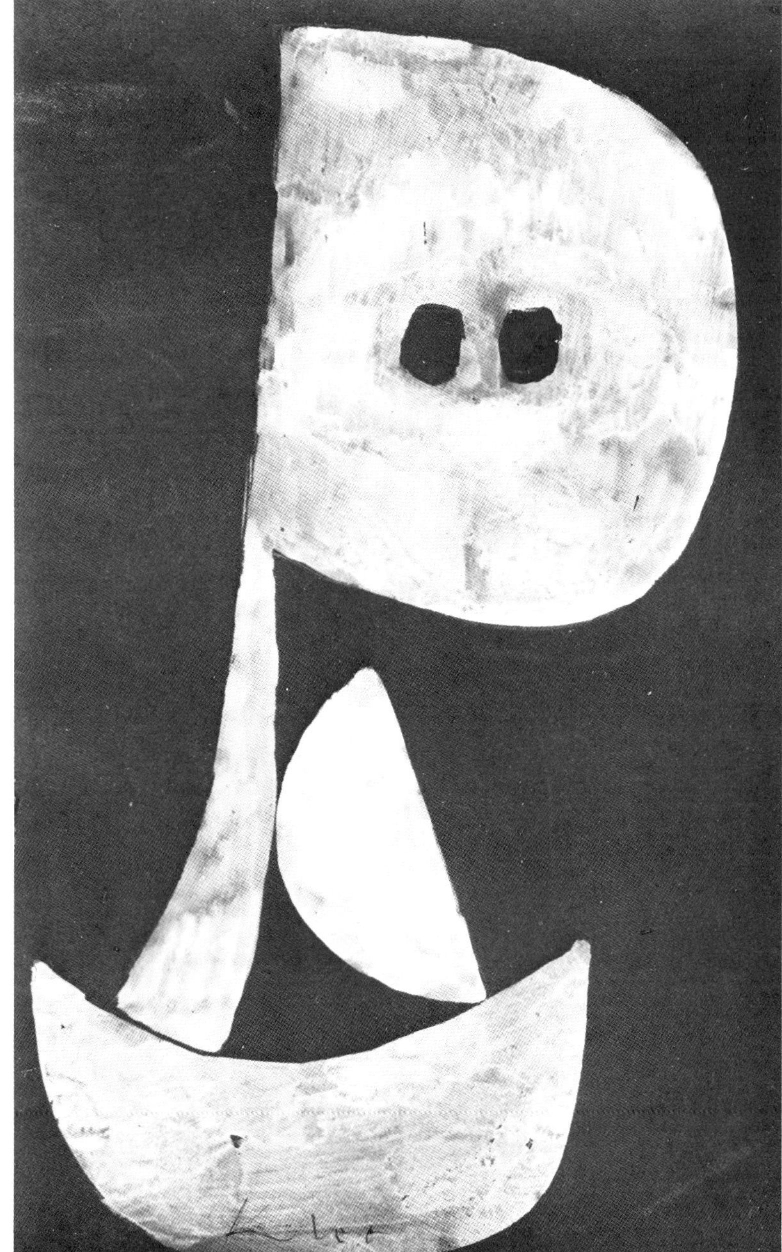

70

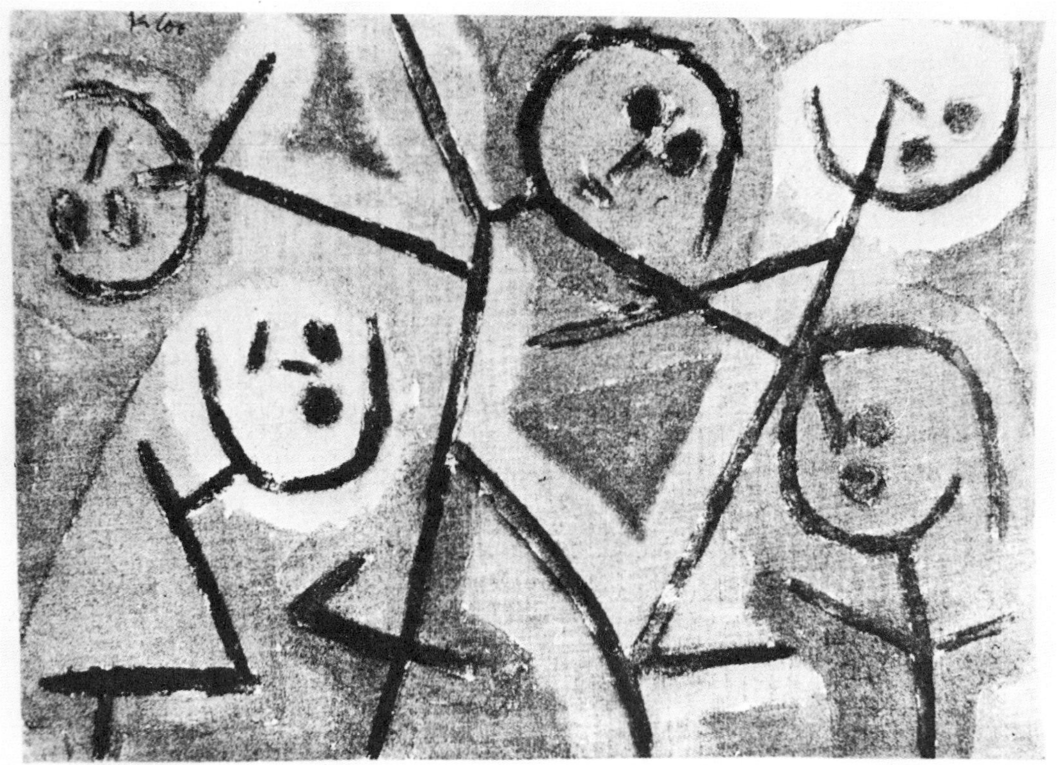

71

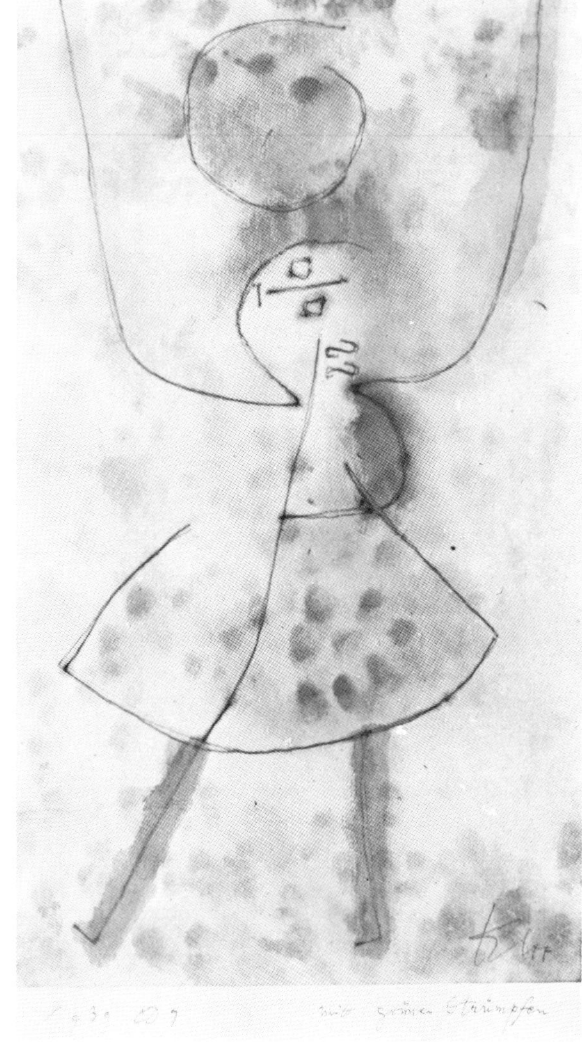

72

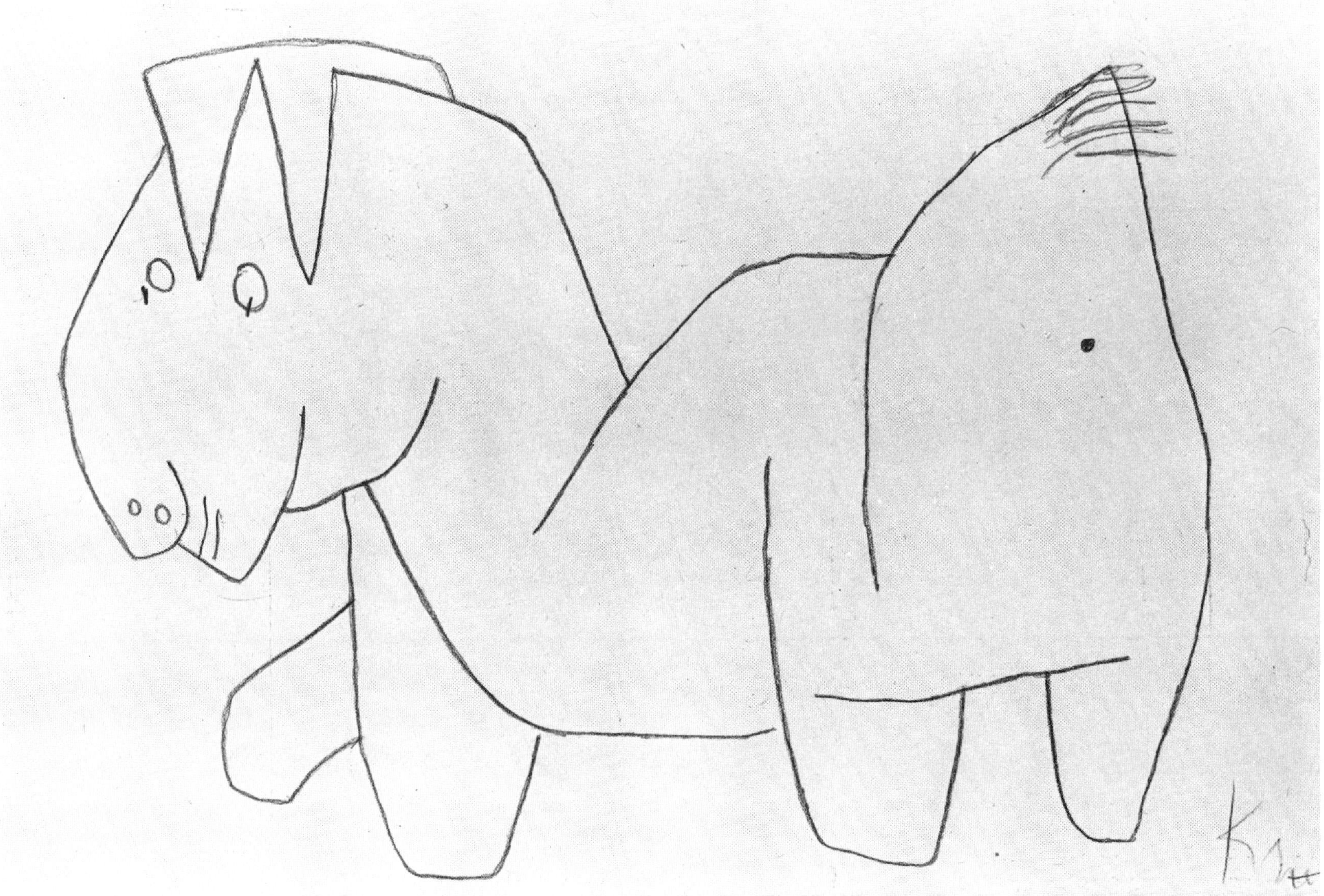

73

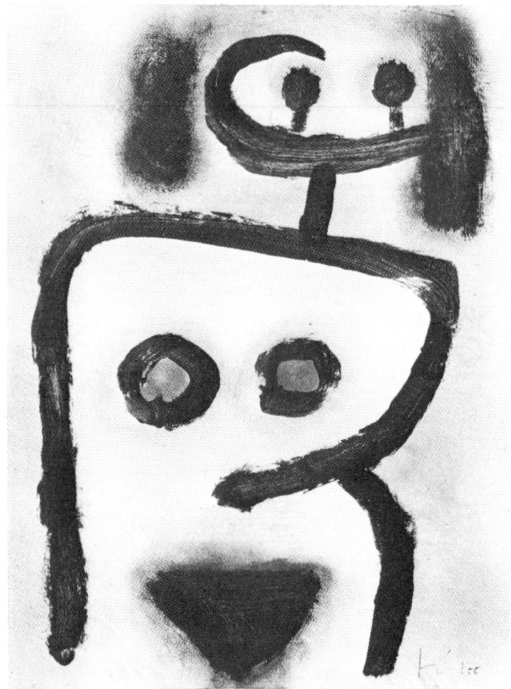

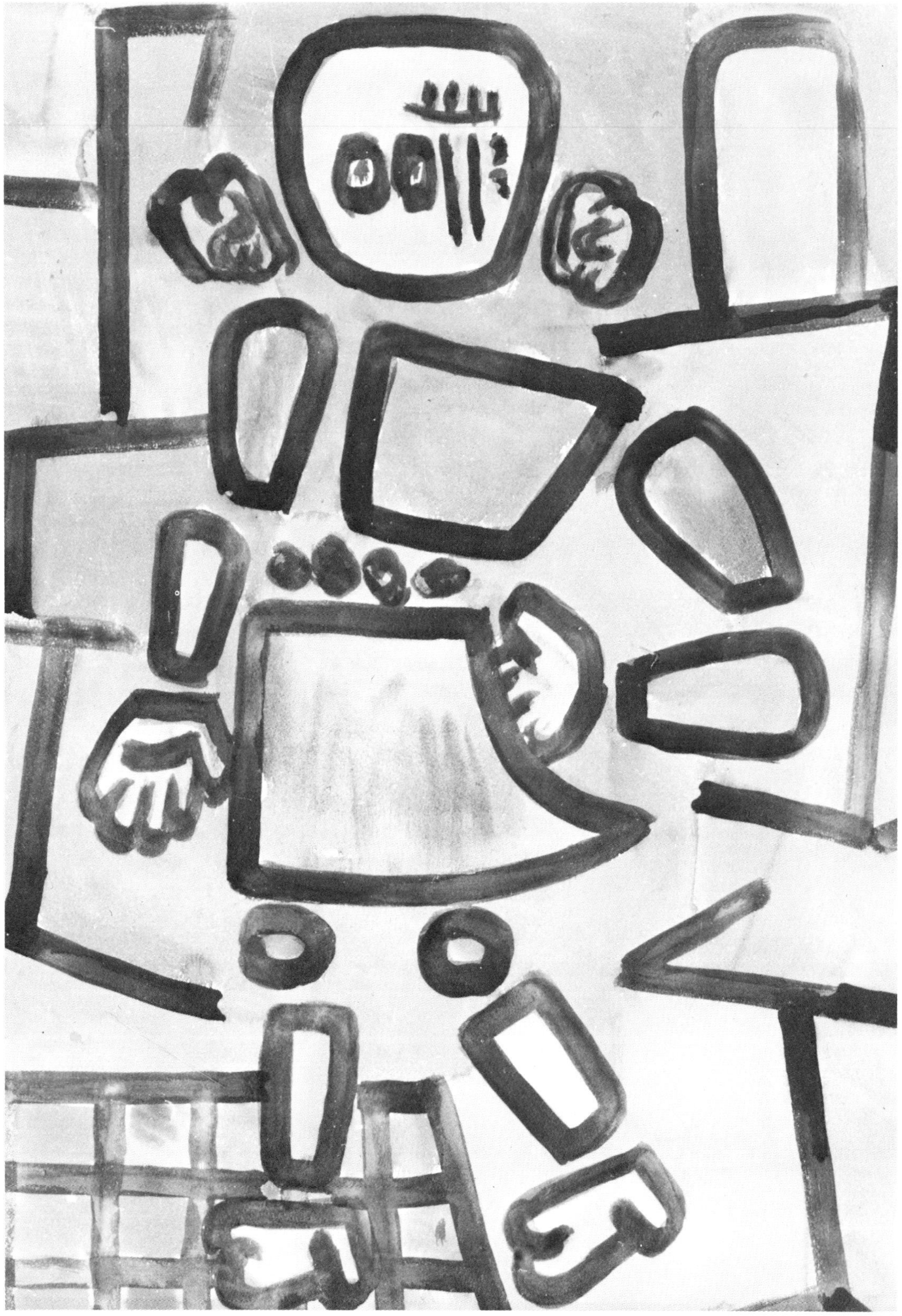

75

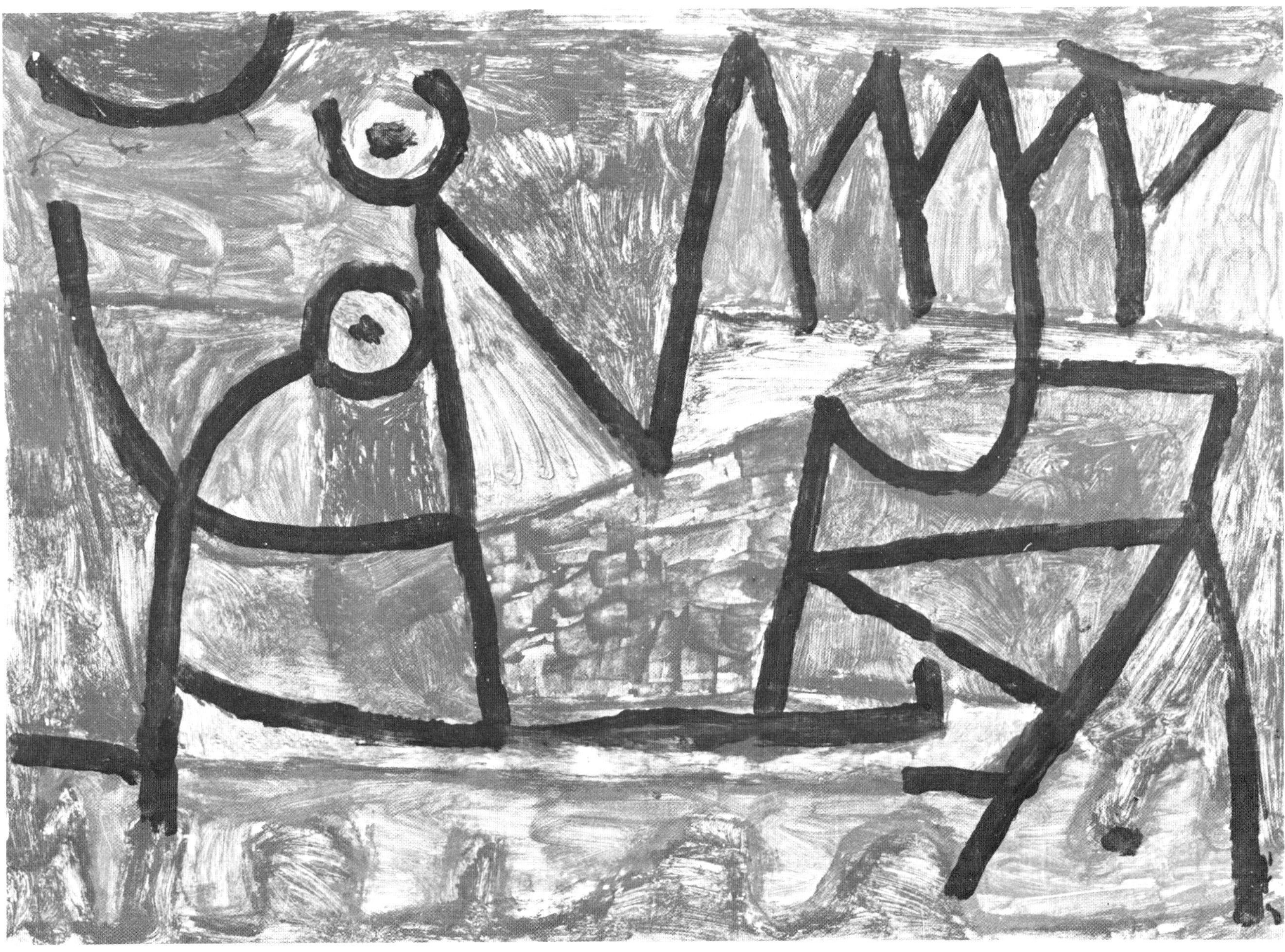

76

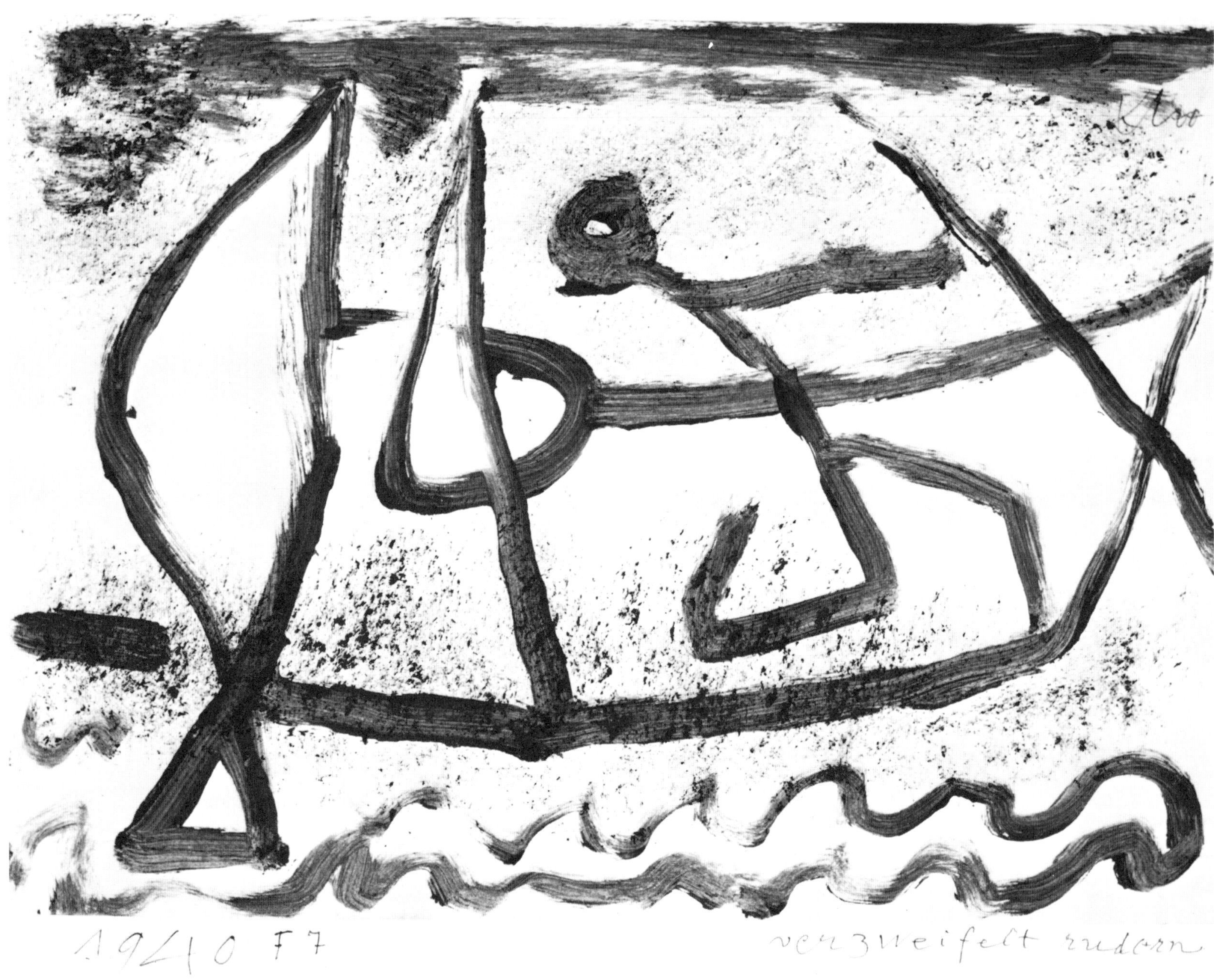

77

Catalogue of the Exhibition

Catalogue de l'exposition

Notes

The term œuvre catalogue refers to a record that Paul Klee kept of his works. In February 1911 Klee began to compile his œuvre catalogue which he kept scrupulously for the rest of his life. This manuscript, part of Felix Klee's collection of his father's literary works but preserved by the Klee Foundation at the Kunstmuseum in Bern, lists some nine thousand items and records almost all of the works which Klee wished to see preserved.

For each work, Klee made an entry comprising the date, catalogue number, title (or sometimes, as in the case of preparatory drawings, a cross-reference to another entry), and a description of the technique he used. He also marked the catalogue number, along with the date, on the mount, the stretcher, or the face of a picture, depending on the type of support.

Up to 1925 Klee used simply a number in his œuvre catalogue, with the sequence beginning at "1" for each year and running consecutively for each work that is recorded of that particular year. In 1925 Klee initiated a double coding system for each entry by adding a new element, usually a letter, to a number (e.g., K 19). This code he also indicated on his works.

It seems to have been Klee's practice to write up the catalogue entries only at the end of each year and also to group works together according to a particular technique or style, thereby disregarding the precise chronology of works within a particular year.

The technical description for a number of works in the exhibition includes a reference to a plaster ground. This term, drawn from Klee's own description, refers to a support, such as canvas, linen, or jute, over which a textured plaster surface, or ground, has been built up.

The majority of the catalogue entries are discussed in greater detail in *The In-between World.*

Measurements of drawings and graphic works are those of the sheet. Height precedes width.

Notes

L'expression «catalogue de l'œuvre» fait allusion au registre que Paul Klee conservait de son œuvre. En février de 1911, Klee commence la rédaction de ce catalogue qu'il tiendra minutieusement à jour au cours de sa vie. Ce manuscrit fait partie de l'héritage littéraire laissé par son père à Felix Klee, mais conservé par la Fondation Paul Klee au Kunstmuseum à Berne; il décrit quelque neuf mille articles et énumère presque toutes les œuvres que Klee voulait conserver.

Pour chaque œuvre, Klee inscrivait la date, le numéro de catalogue, le titre (ou, s'il s'agissait d'esquisses provisoires, un renvoi à une autre entrée) et une description de sa technique. Il indiquait également le numéro de catalogue et la date sur le passe-partout, le châssis ou l'image elle-même, selon le type de subjectile utilisé.

Jusqu'en 1925, Klee n'utilisait qu'un numéro dans son catalogue de l'œuvre; le numéro «1» marquait le début de la série, la suite étant donnée par ordre chronologique des œuvres inscrites au cours de l'année. En 1925, il inaugure un double système de codage, en ajoutant un élément, habituellement un caractère alphabétique, au numéro (par exemple: K 19). Il inscrit également ce code sur ses œuvres.

Klee semble avoir choisi de rédiger son catalogue seulement à la fin de chaque année et, par ailleurs, de regrouper certaines œuvres selon le style ou la technique, dérogeant ainsi à la stricte chronologie des œuvres d'une même année.

La description technique d'un certain nombre d'œuvres exposées fait allusion au fond à la craie. Cette expression utilisée par Klee lui-même, décrit un subjectile tel que la toile, le lin ou le jute sur lequel on a appliqué une couche de craie.

Le chapitre *L' «entremonde»*, contient une présentation plus détaillée de la plupart des notices du catalogue.

Les mesures données pour les dessins et les œuvres graphiques sont celles de la feuille de dessin et la hauteur précède la largeur.

Catalogue

1
Virgin in a Tree 1903
Etching on zinc, 23.6 x 29.8 cm
Inscription: Signed and dated, l.c. *Bern, Juli 1903/P.K.*; l.c. *Jungfrau (träumend).*
Œuvre catalogue: *2 Jungfrau im Baum, Radierung (geätzt) auf Zink A.*
Bibliography: Kornfeld 1963, no. 4.

Virgin in a Tree is the second in the series of satirical etchings (see also cat. no. 2). Klee described this work as a "Critique of bourgeois society" (*Diaries* 514). Glaesemer suggests that the two birds refer to Klee and Lily, who were at that time engaged, and that the "Virgin" represents Klee's sister Mathilde (1976, p. 14). Glaesemer also identifies Klee's entry 487 in the diaries as a mocking literary portrait of Mathilde under the name Adele: "In general, Adele is a very peculiar animal. She has, when she is not imitating temperamental animals, a phlegmatic disposition which one might take for the exhaustion that follows outburts of passion. But Adele knows no outbursts of passion . . . " (trans.). The name Adele is an ironic reference to *Adel* meaning the aristocracy or noble-mindedness.

It has often been pointed out that *Virgin in a Tree* seems to refer to a painting *The Bad Mothers* (1894) by the Italian artist Giovanni Segantini (1858–1899). Klee's composition in turn influenced a drawing *Virgin in a Tree* by his friend Louis Moillet, done in September 1903.

Klee Foundation, Bern

2
Threatening Head 1905
Etching on zinc, 19.7 x 14.5 cm
Inscription: inscribed on plate, l. *Drohendes Haupt*; r. *PK März 05 Bern* and *7/10 Pl. zerstört Klee 1905 37.*
Œuvre catalogue: *37 Drohendes Haupt, Radierung auf Zink, geätzt A.*
Bibliography: Kornfeld 1963, no. 18

Kornfeld records an edition of only ten prints after some three proofs. This etching was the last of the series of fifteen prints which Klee began in July 1903 (see also cat. no. 1). He described it as "the end is gloomy enough. Some destructive thought or other, a sharply negative little demon above a hopelessly resigned face" (*Diaries* 603).

Klee Foundation, Bern

3
Interlaken from Above 1909
Pen and ink, 8.9 x 25.9 cm
Inscription: signed partly on mount, partly on drawn sheet, l.r. *Klee*; on mount, l.l. *Interlaken von oben*, and l.r. *Klee 1909 18.*
Œuvre catalogue: *18 Interlaken von oben, Feder auf Beilpapier B.*

Between June and October 1909 Klee was in Bern. Twice during that time he went to Beatenberg, just northwest of Interlaken, and this drawing was probably made on one of those visits. He had sketched the area often as a boy and included views of the area in the series of sketchbooks made during the 1890s (Glaesemer, *Handzeichnungen* [1973], pp. 26–72).

The style of this drawing, done directly from nature, is very similar in treatment not only to other landscape drawings of about 1909 but also to figure studies as well (see,

Catalogue

1
Vierge dans l'arbre 1903
Eau-forte sur zinc, 23,6 x 29,8 cm
Inscription: Lieu, date et signature, b.c.: *Bern, Juli 1903/P.K;* b.c.: *Jungfrau (träumend).*
Catalogue de l'œuvre: *2 Jungfrau im Baum, Radierung (geätzt) auf Zink A.*
Bibliographie: Kornfeld 1963, n° 4.

Cette œuvre est la deuxième dans la série de gravures satiriques (voir aussi n° 2). Klee la décrit comme une «critique de la société bourgeoise» (*Journal*, p. 149). Glaesemer suggère que les deux oiseaux sont en réalité Klee et Lily, qui étaient fiancés à l'époque, et que la «Vierge» n'est autre que Mathilde, la sœur de Klee (1976, p. 14). En outre, Glaesemer, dans le même ouvrage, voit dans la description d'Adèle, écrite par Klee (*Journal*, p. 142–143), un portrait littéraire ironique de Mathilde. «Adèle est à tout prendre une fille bien curieuse. D'ordinaire, quand il ne lui arrive pas d'imiter des animaux pleins de tempérament, elle est d'un flegme que l'on pourrait prendre pour un épuisement consécutif aux explosions de la passion. Mais Adèle ne connaît pas ce genre d'explosions.» Le nom d'Adèle est une allusion ironique au mot *Adel* signifiant l'aristocratie ou la noblesse d'esprit.

On a souvent remarquer que *Vierge dans l'arbre* semble rappeler une peinture de l'italien Giovanni Segantini (1858–1899), *Les mauvaises mères* de 1894. À son tour, la composition de Klee a inspiré un dessin fait par son ami Louis Moilliet en septembre 1903 et également intitulé *Vierge dans l'arbre.*

Fondation Paul Klee, Berne

2
Tête menaçante 1905
Eau-forte sur zinc, 19,7 x 14,5 cm
Inscriptions: Sur la planche, g.: *Drohendes Haupt*; d.: *PK März 05 Bern* et *7/10 Pl. zerstört Klee 1905 37.*
Catalogue de l'œuvre: *37 Drohendes Haupt, Radierung auf Zink, geätzt A.*
Bibliographie: Kornfeld 1963, n° 18.

Kornfeld note un tirage à dix exemplaires seulement à la suite de trois épreuves. *La Tête menaçante* est la dernière dans la série de quinze gravures que l'artiste entreprit en juillet 1903 (voir aussi n° 1). Klee décrit cette œuvre comme étant «en définitive assez sinistre. Quelque pensée anéantissante, un petit démon rigoureusement négateur sur une face désespérément résignée» (*Journal*, p. 17).

Fondation Paul Klee, Berne

3
Interlaken, Vu d'en haut 1909
Plume et encre, 8,9 x 25,9 cm
Inscription: Signature en partie sur le passe-partout et en partie sur la feuille de dessin, b.d.: *Klee*; sur le passe-partout, b.g.: *Interlaken von oben*; b.d.: *Klee 1909 18.*
Catalogue de l'œuvre: *18 Interlaken von oben, Feder auf Beilpapier B.*

Entre juin et octobre 1909 Klee était à Berne et durant cette période il alla deux fois à Beatenberg, au-dessus d'Interlaken. Cette œuvre a dû être probablement dessiner au cours d'un de ces voyages. Dans sa jeunesse il avait fait des esquisses de cette région et avait inclus des vues de cet endroit dans une série de carnets d'esquisses datant des années 1890 (Glaesemer 1973, p. 26–72).

Le style de ce dessin, fait d'après nature, est très identique pour le traitement non seulement à d'autres dessins de paysage de la

for example, *The Portrait Sketch of My Father [Portraitskizze nach meinem Vater]*; Glaesemer, 1973, no. 369).

Private Collection, Canada

4
Quarry at Ostermundigen 1909
Pen and ink, 13.9 x 20.9 cm
Inscription: inscribed on mount, l. *Ostermundigen-Steinbruch* and r. *1909 21.*
Exhibitions: 1954, London, Arts Council, no. 2; 1951, New York, Buchholz Gallery, no. 2.
Œuvre catalogue: *21 blick in dem nördl Teil des Ostermundigen Steinbruchs.*
Bibliography: Kornfeld 1973, pp. 36–37, ill.

The quarries in Ostermundigen, in the eastern outskirts of Bern, have provided stone for the city houses since the Middle Ages. Klee made a watercolour-over-charcoal painting of a quarry in 1907, *In the Quarry at Ostermundigen, Two Cranes* (*Im Ostermundigen Steinbruch, zwei Kräne*; Klee Foundation) and in his diary entry 795 for August and September 1907, he referred to his having "rediscovered the beautiful quarry in Ostermundig." He had included a drawing of the Ostermundigenberg in his sketchbook no. VIII of 1896 (Glaesemer 1973, no. 145). This and other drawings of the quarry (see Glaesemer 1973, no. 371 and Grohmann 1960, p. 59) were made between June and October 1909 when Klee was staying in Bern (*Diaries* 858).

It is possible that *Quarry at Ostermundigen* was included in Klee's first one-man exhibition that opened in Bern in August 1910 (see no. 13 in Klee's exhibition list, *Diaries* 880).

Private Collection Canada

5
Hannah I 1910
Pen and ink, brush and black tempera, wet in wet; 18.1 x 11.1 cm
Inscription: signed u.l. *Klee*, l.c. *Klee*; on mount, 1. *Hannah I*, and r. *66 1910.*
Exhibition: 1967, Pasadena, no. 8 ill.
Œuvre catalogue: *66 Hannah Profil I lang empunden, etwas locker B Fed. Pins. nass in nass Leinen.*
Bibliography: Grohmann 1954, p. 387, ill.; San Lazzaro 1964, p. 11, ill.

In 1909 Klee made some drawings from nature of Bern as well as a number of imaginary figure drawings which combined sharp contours and loose areas of wash. He developed these interests in 1910 with a group of drawings of heads, including *Hannah I*, combining pen outlines and black tempera applied wet in wet. The model in this drawing is Hannah Egger, a painter, and a drawing of Egger in the same technique is in the Klee Foundation (Glaesemer 1973, no. 394).

In July 1910 Klee sent eight drawings, including *Hannah I*, to a publisher for possible inclusion in a book to be entitled "Light and Shadow." However, as Klee wrote, "after three quarters of a year, the decision was negative" (*Diaries* 887).

Private Collection, Canada

6
Galloping Horse 1911
Pen and ink on linen-finished paper, 12.7 x 22.2 cm
Inscription: signed u.c. *Klee*; on mount, l. *Galoppier. Pferd*, and *14 1911.*
Œuvre catalogue: *14 Galoppierendes Pferd u. Reiter, ein Zuschauer Feder, Leinenp. B.*
Bibliography: Huggler 1965, n.p., ill.

Galloping Horse may have been one of the works Klee showed at the first exhibition of *Sema* (as no. 34) which was held at the Thannhauser Gallery in Munich in 1912. (Klee had joined *Sema* as a founding member in 1911.)

Klee had worked on his œuvre catalogue from February 1911 and by April it was up to date (see *Diaries* 890 and 895). The œuvre catalogue number (14) was added to the drawing at a different time from the remainder of the inscription, making it probable that the drawing was done sometime between January and March.

Private Collection, Canada

7
Two Ladies 1911
Pen and brush, ink and black tempera, wet in wet; 12.7 x 10.2 cm
Inscription: signed u.l. *Klee*; on mount, l. *2 Damen*, and r., *1911 38.*
Exhibitions: 1967, Pasadena, no. 10 ill.; 1941, New York, no. 3.
Œuvre catalogue: *38 Zwei Damen (wie 1911 12) Fed. u. Pins. n.i. nass Zeichenpaper* [Kissling].
Bibliography: Jordan 1974, p. 216 and pl. 82; Grohmann 1954, p. 130, ill.

Two Ladies is a continuation of the experiments combining line and tone that Klee had been working on for two years. The use of the wet in wet technique that he had begun the previous year (see cat. no. 4) is continued here. Jordan discussed this work in terms of his definition of "proto-Cubism" in Klee's work in 1910–1912, that is, "parallels to Cubism developed autonomously by Klee out of his Impressionist style."

The marking in a square bracket in the œuvre catalogue of "Kissling" is Klee's indication of the work having been sold to a collector of that name.

Private Collection, Canada

8
Street Lamps 1912
Pen, brush, ink, and watercolour, wet in wet, 12.1 x 23.5 cm
Inscription: signed l.l. *Klee*, on mount, l. *Lanternen*, and r. *1912 59.*
Exhibition: 1967, Pasadena, no. 11 ill.
Œuvre catalogue: *59 Laterne B Feder u. Pins. nass i. nass aquarelliert Miller 1913.*

Although the number of coloured works in Klee's œuvre was still small at this stage (in 1912 there were thirty-two out of a final total of one hundred and seventy three), Klee did more over the next few years and by 1914 coloured works became the dominant element in his work. They remain the largest proportion of his œuvre until 1926;

même époque, mais aussi à des études de figures (voir par exemple, *Portrait de mon père, esquisse* (*Portraitskizze nach meinem Vater*; Glaesemer 1973, n° 369).

Collection particulière, Canada

4
Carrière d'Ostermundigen 1909
Plume et encre, 13,9 x 20,9 cm
Inscriptions: Sur le passe-partout, g.: *Ostermundigen-Steinbruch*; et d.: *1909 21.*
Expositions: 1954, Londres, Arts Council, n° 2; 1951, New York, Buchholz, n° 2.
Catalogue de l'œuvre: *21 blick in dem nördl Teil des Ostermundigen Steinbruchs.*
Bibliographie: Kornfeld 1973, p. 36–37, ill.

Ostermundigen se trouve aux abords de Berne à l'est. Depuis le Moyen Âge, ses carrières fournissent la pierre nécessaire à la construction des maisons de la ville. Klee avait fait une aquarelle sur fusain de la carrière, en 1907, intitulée *Dans la carrière d'Ostermundigen, deux grues* (*Im Ostermundigen Steinbruch, zwei Kräne*, Fondation Paul Klee) et notait dans son *Journal* d'août et septembre 1907 (p. 214): «je renouvelais ma vision de la belle carrière d'Ostermundigen». Il avait inclus un dessin de l'Ostermundigenberg dans son carnet d'esquisses n° VIII de 1896 (Glaesemer 1973, n° 145). Ce dessin et les autres de la carrière (voir Glaesemer 1973, n° 371 et Grohmann 1960, p. 59) ont été exécutés entre juin et octobre 1909, au moment où Klee séjournait à Berne (*Journal*, p. 234).

Il est possible que cette œuvre ait fait partie de sa première rétrospective qui s'ouvrit à Berne en août 1910 (voir n° 13 dans la liste d'exposition établie par Klee dans son *Journal*, p. 242).

Collection particulière, Canada

5
Hannah I 1910
Plume et encre, pinceau et détrempe noire, humide dans l'humide, 18,1 x 11,1 cm
Inscriptions: Signatures, h.g. et b.c.: *Klee*; sur le passe-partout, g.: *Hannah I*, et d.: *66 1910.*
Exposition: 1967, Pasadena, n° 8, ill.
Catalogue de l'œuvre: *66 Hannah Profil I lang empunden, etwas locker B Fed. Pins. nass in nass Leinen.*
Bibliographie: Grohmann 1954, p. 387, ill.; San Lazzaro 1964, p. 11, ill.

En 1909, Klee fit des dessins de Berne d'après nature ainsi qu'un certain nombre de dessins de figures imaginaires, où s'alliaient des contours précis et des zones floues de lavis. Il développa ces intérêts, exécutant, en 1910, un groupe de dessins de têtes, au nombre desquels se trouvait *Hannah I*, où il utilisait aussi bien les tracés à la plume que la détrempe noire appliquée selon la technique de l'humide dans l'humide. Le sujet de cette œuvre est le peintre Hannah Egger. Un dessin de la même personne, fait selon la même technique, se trouve à la Fondation Paul Klee (Glaesemer 1973, n° 394).

En juillet 1910, Klee envoya à un éditeur huit dessins, dont *Hannah I*, dans l'espoir de les faire inclure dans un ouvrage sur «La lumière et l'ombre». Mais, «au bout de neuf mois, la décision fut négative» (*Diaries* 887).

Collection particulière, Canada

6
Cheval au galop 1911
Plume et encre sur papier toilé, 12,7 x 22,2 cm
Inscriptions: Signature, h.c.: *Klee*; sur le passe-partout, g.: *Galoppier. Pferd*, et *14 1911.*
Catalogue de l'œuvre: *14 Galoppierendes Pferd u. Reiter, ein Zuschauer Feder, Leinenp. B.*
Bibliographie: Huggler 1965, n.p., ill.

Ce dessin était peut-être au nombre des œuvres que Klee présenta lors de la première exposition de *Sema* (sous le n° 34) à la galerie Thannhauser, à Munich, en 1912. Klee avait participé en 1911 à la fondation de cette association d'artistes.

Le catalogue de son œuvre, que Klee avait entrepris en février 1911, était à jour en avril (voir son *Journal*, p. 247). Aussi le fait que le numéro de catalogue (14) ait été ajouté au dessin après l'inscription originale semble indiquer que le dessin fut exécuté entre janvier et mars.

Collection particulière, Canada

7
Deux dames 1911
Plume et pinceau, encre et détrempe noire, humide dans l'humide, 12,7 x 10,2 cm
Inscriptions: Signature, h.g.: *Klee*; sur le passe-partout, g.: *2 Damen*, et d.: *1911 38.*
Expositions: 1967, Pasadena, n° 10, ill.; 1941, New York, n° 3.
Catalogue de l'œuvre: *38 Zwei Damen (wie 1911 12) Fed. u. Pins. n.i. nass Zeichenpapier* [*Kissling*].
Bibliographie: Jordan 1974, p. 216 et pl. 82; Grohmann 1954, p. 130, ill.

Dans cette œuvre, Klee allie ligne et ton, poursuivant les expériences qui l'occupaient depuis deux ans. Il continue également à se servir de la technique de l'humide dans l'humide adoptée l'année précédente (voir n° 4). Jordan étudie ce dessin en fonction de sa définition du «proto-cubisme» dans l'œuvre de Klee entre 1910 et 1912, c'est-à-dire des «parallèles avec le cubisme que Klee établit de façon autonome à partir de son style impressionniste».

En inscrivant le nom de *Kissling* entre crochets dans son catalogue, l'artiste indique que le dessin a été vendu à un collectionneur de ce nom.

Collection particulière, Canada

8
Réverbères 1912
Plume, pinceau, encre et aquarelle, humide dans l'humide, 12,1 x 23,5 cm
Inscriptions: Signature, b.g.: *Klee*; sur le passe-partout, g.: *Lanternen*, et d.: *1912 59.*
Exposition: 1967, Pasadena, n° 11, ill.
Catalogue de l'œuvre: *59 Laterne B Feder u. Pins. nass i. nass aquarelliert Miller 1913.*

Bien que, à cette époque, les œuvres en couleur soient encore peu nombreuses (en 1912, trente-deux compositions sur un total de cent soixante-treize étaient en couleur), leur nombre augmente au cours des années qui suivent, si bien qu'en 1914 elles constituent la majeure partie de son œuvre. Cette tendance se poursuit jusqu'en 1926, date à laquelle leur proportion par rapport aux dessins commence à changer fréquemment.

Avec *Réverbères*, Klee continue dans la di-

after that year, the proportion between them and drawings changes frequently.

Street Lamps is an extension of the line and tone drawings which he had been working on for the previous three years. The colour is introduced simply, even tentatively, with the three primaries of yellow, red, and blue, and sufficient areas of black to control the chromatic values and to limit the range of colour mixtures.

Klee saw the work of Robert Delaunay for the first time at the *Blauer Reiter* exhibition in December 1911 and met him in April 1912 in Paris. Although there is a similarity with some tone drawings he made of Parisian scenes, *Street Lamps* is well separated from these in Klee's œuvre catalogue list.

Private Collection, Canada

9
Grazing Horses 1912
Pen and brush, black ink and tempera (grainy wash), 15.0 x 26.0 cm
Inscription: signed l.r. *Klee*; on mount, l. *Weidende Pferde 1912 109.*
Œuvre catalogue: *Weidende Pferde Schwarze Tempera u. Feder (Körnig getuscht) Ingres Papier Miller.*
Bibliography: Grohmann 1960, p. 64, ill.

In some respects the technique recalls figure drawings Klee made in 1909 (see Glaesemer 1973, nos. 364–367). But, in contrast to their more detailed contour lines, he is using here the more powerful abstractions that characterize the *Candide* drawings of 1911–1912 and the strap-work style of figures of the same period (see Glaesemer 1973, nos. 451–453). *Grazing Horses* is related to a number of other animal drawings of 1912 (Glaesemer 1973, nos. 463, 465, 475).

Klee sold a number of drawings at this time to a collector called Miller who came from Biberist, near Solothurn in Switzerland (see *Diaries* 917 of early 1913). *Grazing Horses* was amongst these, as Klee noted in the œuvre catalogue.

Private Collection, Canada

10
Suburb (Milbertshofen) 1913
Watercolour on engraving paper, 10 x 22.5 cm
Inscription: signed l.r. *Klee*; on mount, l. *Vorstadt 1913 44.*
Exhibitions: 1978, Paris, Galerie suisse; 1971, Winterthur, no. 71; 1971, London, no. 7; 1969, Kamakura, no. 59; 1967, Bremen, no. 48.
Œuvre catalogue: *44 Vorstadt (Milbertshofen) Aquarell mit Kupferdruck papier (Naturskizze) B.*
Bibliography: Laxner 1967, p. 133; Jordan 1974, p. 312, note 4.

In 1913 Klee wrote in his diary, "The small-scale contrasts together compositionally, but also large-scale contrasts; for instance: confront chaos with order, so that both groups, which are separately coherent, become related when they are placed next to *or above* [my italics] each other, they enter into the relation of contrast, whereby the character of both sides are mutually heightened" (921).

Jordan proposes that *Suburb (Milbertshofen)* belongs to early 1913.

Felix Klee Collection, Bern

11
Garden of Passion 1913
Etching on zinc, 9.7 x 14.6 cm
Œuvre catalogue: *155 Der Garten der Leidenschaft Zink geätzt A.*
Bibliography: Kornfeld 1963, no. 56; Jordan 1974, pp. 260ff.

Kornfeld records that approximately one hundred and five copies of *Garden of Passion* were made. Some forty examples are from 1913, made for a collection of work from *the Moderner Bund* in *Schweizer Gruppe/Moderner Bund/1913.* A further fifty examples were published by Herwarth Walden in 1918 in *Expressionismus/Die Kunstwende.* The remainder were single examples made at various times between 1913 and 1918.

Jordan has suggested that the etching was made as a contribution to a *Blauer Reiter* project for Bible illustrations planned early in 1913 but never completed; he was not, however, able to assign it a specific theme. It seems curious that the etching should have been almost immediately published in another group venture, that of the *Moderner Bund*, if it were intended for a *Blauer Reiter* publication.

The style of the etching points to the emergence of Klee's interest in Cubism: the combination of abstract forms, figures, and landscape elements appear in a number of his works done at about this time.

Private Collection, Canada

12
Tunisian Sketch 1914
Watercolour on handmade paper, 18.0 x 12.5 cm
Inscription: signed u.l. *Klee*; inscribed l. *1914/212*, and r. *Tunesische Scizze*; in pencil, l. *S C1.*
Exhibitions: 1971, Winterthur, no. 77; 1970–1971, Munich, no. 20; 1969, Kamakura, no. 62; 1967, Marseilles, no. 12; 1964, Baden-Baden, no. 206; 1963, Amsterdam; 1962, Munich, Stangl, no. 44; 1961, Winterthur; 1960, Edinburgh.
Œuvre catalogue: *212 Tunesische Scizze (Strassenkaffe) Aquarell deutsches Bütten (Fichtner).*
Bibliography: Laxner 1967, p. 133; Jordan 1974, pp. 171, 308, 311–312, pl. 153.

Jordan proposes that *Tunisian Sketch* was probably painted during Klee's first stay in Tunis, where he began to work in watercolour on 8 April 1914. Jordan accepts Laxner's argument that this watercolour is very similar to pre-Tunisian work, particularly that of *Suburb* (cat. no. 9). On 8 April 1914, Klee wrote in his diary, "My head is full of the impressions of last night's walk. Art – nature – Self. Went to work at once and painted in watercolour in the Arab quarter. Began the synthesis of urban architecture and pictorial architecture" (926f).

rection prise trois ans plus tôt dans les dessins de ligne et de ton. La couleur y est introduite avec simplicité, voire avec hésitation, en commençant par les trois couleurs fondamentales – jaune, rouge et bleu – et assez de zones noires pour atténuer les valeurs chromatiques et la gamme des mélanges.

Klee voit l'œuvre de Robert Delaunay pour la première fois en décembre 1911, lors de la première exposition du Cavalier bleu et le rencontre à Paris en avril 1912. Bien qu'il y ait une similitude entre certains de ses dessins en valeur tonale représentant des scènes parisiennes et *Réverbères*, Klee les sépare nettement de cette composition dans son catalogue.

Collection particulière, Canada

9
Chevaux paissant 1912
Plume et pinceau, encre et détrempe noires (lavis granuleux), 15 x 26 cm
Inscriptions: Signature, b.d.: *Klee*; sur le passe-partout, g.: *Weidende Pferde 1912 109.*
Catalogue de l'œuvre: *Weidende Pferde Schwarze Tempera u. Feder (Körnig getuscht) Ingres Papier Miller.*
Bibliographie: Grohmann 1960, p. 64, ill.

La technique rappelle, à certains points de vue, les dessins de figures faits par Klee en 1909 (voir Glaesemer 1973, n°s 364–367). Mais elle s'éloigne de leur contour linéaire bien net, car il se sert ici des puissantes abstractions qui caractérisent les dessins pour *Candide* de 1911–1912 et les figures composées de lignes sinueuses de la même période (voir Glaesemer 1973, n°s 451–453). *Chevaux paissant* se rapproche de plusieurs autres dessins d'animaux de 1912 (voir Glaesemer 1973, n°s 463, 465, 475).

À cette époque, Klee vendit un certain nombre de dessins à un collectionneur du nom de Miller, originaire de Biberist, près de Soleure en Suisse (voir *Journal*, début 1913, p. 264). *Chevaux paissant* était de ce nombre, comme l'indique Klee dans son catalogue.

Collection particulière, Canada

10
Faubourg (Milbertshofen) 1913
Aquarelle sur papier d'impression, 10 x 22,5 cm
Inscriptions: Signature, b.d.: *Klee*; sur le passe-partout, g.: *Vorstadt 1913 44.*
Expositions: 1978, Paris, Galerie suisse; 1971, Winterthur, nº 71; 1971, Londres, nº 7; 1969, Kamakura, nº 59; 1967, Brême, nº 48.
Catalogue de l'œuvre: *44 Vorstadt (Milbertshofen) Aquarell mit Kupferdruck papier (Naturskizze) B.*
Bibliographie: Laxner 1967, p. 133; Jordan 1974, p. 312, note 4.

En 1913, Klee notait dans son *Journal*: «Rattacher par la composition les contrastes sur une petite échelle, mais aussi les contrastes sur une grande échelle; par exemple, opposer le chaos à l'ordre, de sorte que les deux groupes, qui ont chacun leur propre cohérence, se trouvent liés lorsque l'un est placé à côté ou *au-dessus* de l'autre [italique de l'auteur]; ils entrent dans un rapport de contrastes, qui fait que le caractère de chacun s'en trouve rehaussé» (*Diaries* 921).

Jordan émet l'hypothèse que *Faubourg (Milbertshofen)* date du début de 1913.

Collection Felix Klee, Berne

11
Jardin de la passion 1913
Eau-forte sur zinc, 9,7 x 14,6 cm
Catalogue de l'œuvre: *155 Der Garten der Leidenschaft, Zink geätzt A.*
Bibliographie: Kornfeld 1963, nº 56; Jordan 1974, p. 260*sqq.*

Kornfeld note que cette gravure a été reproduite à environ cent cinq exemplaires. Un premier tirage de quarante a été fait en 1913 pour une collection d'œuvres du *Moderne Bund* dans *Schweizer Gruppe/Moderner Bund/1913.* Il a été suivi d'un autre de cinquante destiné à *Expressionismus/Die Kunstwende*, publié en 1918 par Herewarth Walden. Les autres ont été tirés isolément entre 1913 et 1918.

Selon Jordan, la gravure aurait été exécutée à titre de contribution à un projet d'illustrations de la Bible conçu par le Cavalier bleu au début de 1913, qui n'a jamais été réalisé; il n'a pu, toutefois, lui attribuer un thème précis. Si cette œuvre était effectivement destinée à ce projet, il semble étrange qu'elle ait été presque aussitôt publiée dans le cadre d'une autre entreprise de groupe, celle du *Moderne Bund.*

Son style fait ressortir l'intérêt que Klee manifeste alors pour le cubisme: la combinaison de formes, de figures et d'éléments de paysage abstraits apparaît à l'époque dans plusieurs de ses œuvres.

Collection particulière, Canada

12
Esquisse tunisienne 1914
Aquarelle sur papier à la cuve, 18 x 12,5 cm
Inscriptions: Signature, h.g.: *Klee*; g.: *1914/212*; d.: *Tunesische Scizze*; au crayon, g.: *S C1.*
Expositions: 1971, Winterthur, nº 77; 1970–1971, Munich, nº 20; 1969, Kamakura, nº 62; 1967, Marseille, nº 12; 1964, Baden-Baden, nº 206; 1963, Amsterdam; 1962, Munich, Stangl, nº 44; 1961, Winterthur; 1960, Édimbourg.
Catalogue de l'œuvre: *212 Tunesische Scizze (Strassenkaffe) Aquarell deutsches Bütten (Fichtner).*
Bibliographie: Laxner 1967, p. 133; Jordan 1974, p. 171, 308, 311–312, pl. 153.

D'après Jordan, *Esquisse tunisienne* aurait sans doute été peinte par Klee pendant son premier séjour à Tunis, où il se mit à faire de l'aquarelle le 8 avril 1914. Il accepte néanmoins la thèse de Laxner selon laquelle il y aurait une ressemblance marquée avec les œuvres de l'époque pré-tunisienne, notamment avec *Faubourg* (nº 10). Le 8 avril 1914, Klee écrivait: «La tête pleine des impressions nocturnes de la veille. Art – nature – moi. Tout de suite à l'œuvre, j'ai peint à l'aquarelle dans le quartier arabe. Me suis attaqué à la synthèse de l'architecture de la cité et de l'architecture du tableau . . . » (*Journal*, p. 270).

Cette aquarelle montre bien que Klee s'intéressait d'abord à relier structuration picturale et architecturale, et qu'il ajoutait les éléments figuratifs presque après coup.

Collection Felix Klee, Berne

13
Portrait d'une poupée 1915
Pinceau et aquarelle noire, 26,4 x 19 cm
Inscriptions: Signature, b.d.: *Klee*; sur le passe-partout, g.: *1915 237.*

Tunisian Sketch shows well how Klee was concentrating on relating pictorial and architectural structure, adding the figures almost as an afterthought.

Felix Klee Collection, Bern

13
Portrait of a Doll 1915
Brush and black watercolour, 26.4 x 19.0 cm
Inscription: signed l.r. *Klee*; on mount, l. *1915 237.*
Exhibitions: 1945, London, no. 26.
Œuvre catalogue: *237 Bildnis einer Puppe Tonbildchen schwarz Aquar. Ingres.*
Bibliography: Huggler 1965, n.p., ill; Cooper 1949, pl. 2.

This work is a major statement of Klee's structure of tonal patterns. It is related in technique and form to a smaller work, *Sitting Woman (Sitzende Frau*; 1915; Glaesemer 1976, no. 56); but whereas that is a Cubist presentation in an almost Léger-like sense, *Portrait of a Doll* shows a more complex interaction of planes and tones to describe both volumes and textures. The painterly quality of this watercolour relates it to the watercolours of 1913 and 1914, but unlike those that develop from an abstract grid structure, here Klee uses, with great subtlety, the structure of the doll itself – its additive structure of formal parts – to stand between abstraction and representation.

Private Collection, Canada

14
V 1918
Pen and ink with gold-painted collage, 12.1 x 10.2 cm
Inscription: signed u.r., *Kl*; on mount, l. *1918 15.*
Exhibition: 1964, New York.
Œuvre catalogue: *15 V Fed. Zeichenpapier goldgelegt.*
Bibliography: Glaesemer 1976, p. 49, ill.

Klee began to use letters or numerals in his pictures about 1914, although there are earlier examples which have more the character of a cartoon inscription. Between 1914 and 1918 Klee developed the use of letters in two ways, both of which are present in this work. First, the use of scattered, disjointed letters makes its first major appearance in the painting *Carpet of Memory (Teppich der Erinnerung*; 1914; Glaesemer 1976, no. 47). Secondly, in paintings like *Once Emerged from the Gray of Night . . . (Einst dem Grau der Nacht enttaucht . . .*; 1918; Glaesemer 1976, no. 64), the picture is structured by the forms of the letters themselves.

The cosmic metaphor of this work reappears in a drawing of the following year, *Inscription in the Clouds (Inschrift in Wolken*; Glaesemer 1973, no. 653), and the theme of the "V" is taken up ten years later in *Image of the Initial V* (*Initialbild "V,"* 1928; collection unknown; see *Nature of Nature*, p. 252).

Private Collection, Canada

15
Bird Comedy 1918
(*Vogelkomödie*)
Lithograph, 42.5 x 21.5 cm
Inscription: signed l.r. *Klee*; on mount, c. *1918, Vogelkomödie.*
Bibliography: Kornfeld 1963, no. 69.

Bird Comedy was published in 1919 in a portfolio of fifty copies in *25 Originallithographien der Münchener Neuen Secession*, along with works by various artists including Alfred Kubin (1877–1959) and Max Pechstein (1881–1955). A further fifty copies of the lithograph were made as well as at least two proofs. This work is not listed in Klee's own catalogue.

Private Collection, Canada

16
Lost in Thought (Self-Portrait) 1919
Lithograph with watercolour. Proof. 23.6 x 16.0 cm
Inscription: inscribed on sheet, l.l. *1919 113.*
Exhibitions: 1977, Saint-Paul, no. 24; 1974 – 1975, Duisberg, no. 74b; 1971, Winterthur, no. 89; 1970, Buenos Aires, pl. 27; 1967, Marseilles, no. 24; 1970, Rome, no. 41; 1966, Tel Aviv; 1962, London, Marlborough; 1961, Stockholm and Helsinki.
Œuvre catalogue: *113 nach der Zeichnung Versunkenheit 19/75 Litho f. die Münchnerblätter Litho.*
Bibliography: Osterwold 1975, p. 21, ill.; Kornfeld 1963, no. 73 1b; Roethel 1971, pl. p. 123; Roters 1969, p. 98, ill.

Lost in Thought was developed from a pencil drawing (now in Pasadena Art Museum). In 1919 Klee made five lithographs, including the composition *Lost in Thought*, which appeared through the year in issues of *Munchner Blätter für Dichtung und Graphik* published by Georg Müller in Munich.

Kornfeld records three proofs, two on handmade paper and the third, *Lost in Thought*, on vellum which was subsequently painted over in watercolour. The composition and subject matter of this lithograph are part of an important series of self-portraits that Klee made in 1918 and 1919 (see Burnett, 1977).

Felix Klee Collection, Bern

17
With the Marionette 1919
Oil on gypsum-ground canvas, mounted on cardboard; 37.5 x 32.5 cm
Inscription: signed l.l. *Klee*; on mount, l. *1919 159.*
Exhibitions: 1977, Saint-Paul, no. 23; 1974, London, no. 94; 1970–1971, Munich, no. 33; 1970, Rome, no. 43; 1969, Kamakura, no. 17; 1967, Pasadena, no. 28; 1920, Munich, no. 9.
Œuvre catalogue: *159 mit der Marionette Öl Pappendeckel (leinwand überzogen gipsgrd).*
Bibliography: Osterwold 1975, p. 123, ill.

1919 marked the beginning of Klee's full range of mature work. Having made very few oil paintings before – and none since 1916 – he completed some forty-eight such pictures in 1919, including this one. With these he developed his interest in complex techniques, producing unusual effects and surfaces. Here the gypsum preparation laid

Exposition: 1945, Londres, n° 26.
Catalogue de l'œuvre: *237 Bildnis einer Puppe Tonbildchen schwarz Aquar. Ingres.*
Bibliographie: Huggler 1965, n.p., ill.; Cooper 1949, pl. 2.

Cette composition constitue une affirmation fondamentale sur la structuration de l'image au moyen de valeurs tonales. Elle s'apparente par la technique et par la forme à une plus petite œuvre *Femme assise* (*Sitzende Frau*) de 1915 (Glaesemer 1976, n° 56), mais alors que celle-ci est une interprétation cubiste presque dans la veine de Léger, *Portrait de poupée* démontre une interaction plus complexe de plans et de tons pour décrire à la fois volumes et textures. Par sa qualité artistique, elle se rapproche des aquarelles de 1913 et de 1914, mais elle s'éloigne de celles qui sont issues d'un quadrillé abstrait, car Klee utilise ici, avec beaucoup de subtilité, la structure de la poupée elle-même – la structure formée par les parties conventionnelles de la poupée – de façon à se placer entre l'abstraction et la représentation.

Collection particulière, Canada

14
V 1918
Plume et encre rehaussée de collage peint en or, 12,1 x 10,2 cm
Inscriptions: Signature, h.d.: *K1*; sur le passe-partout, g.: *1918 15.*
Exposition: 1964, New York
Catalogue de l'œuvre: *15 V Fed. Zeichenpapier goldgelegt.*
Bibliographie: Glaesemer 1976, ill. p. 49.

Vers 1914, Klee commença à se servir de lettres ou de chiffres dans ses compositions – il en avait employé précédemment, mais plutôt comme notations caricaturales. Entre 1914 et 1918, l'emploi qu'il fait des lettres évolue dans deux directions différentes, que l'on retrouve toutes deux dans *V*. Il y a d'abord les lettres éparses et désarticulées qui apparaissent en force pour la première fois dans le *Tapis du souvenir* (*Teppich der Erinnerung*) de 1914 (Glaesemer 1976, n° 47). Puis il y a celles qui, par leur forme, structurent l'image, comme c'est le cas de peintures telle que *Lors surgi de la nuit grise . . .* (*Einst dem Grau der Nacht enttaucht . . .*) de 1918. (Glaesemer 1976, n° 64).

La métaphore cosmique de *V* réapparaît dans un dessin de l'année suivante, *Inscription dans les nuages* (*Inschrift in Wolken*; Glaesemer 1973, n° 653) et le thème du «V» est repris dix ans plus tard dans *Image de la lettre V* (*Initialbid «V»*) de 1928 (œuvre non localisée; voir *Histoire naturelle infinie*, p. 252).

Collection particulière, Canada

15
Comédie d'oiseau 1918
(*Vogelkomödie*)
Lithographie, 42,5 x 21,5 cm
Inscriptions: Signature, b.d.: *Klee*; sur le passe-partout, c.: *1918 Vogelkmödie.*
Bibliographie: Kornfeld 1963, n° 69.

Comédie d'oiseau faisait partie d'un carton de cinquante exemplaires destiné à *25 Originallithographien der Münchener Neuen Secession*, publié en 1919 et où figuraient des œuvres de divers artistes comme Alfred Kubin et Max Pechstein. Cinquante autres exemplaires et au moins deux épreuves en ont également été tirés. Cette œuvre n'est pas inscrite dans son catalogue.

Collection particulière, Canada

16
Plongé dans ses pensées (autoportrait) 1919
Lithographie aquarellée; épreuve, 23,6 x 16 cm
Inscription: Sur la feuille, b.g.: *1919 113.*
Expositions: 1977, Saint-Paul, n° 24; 1974–1975, Duisbourg, n° 74b; 1971, Winterthur, n° 89; 1970, Buenos Aires, pl. 27; 1967, Marseille, n° 24; 1970, Rome, n° 41; 1966, Tel-Aviv; 1962, Londres, Malborough; 1961, Stockholm et Helsinki.
Catalogue de l'œuvre: *113 nach der Zeichnung Versunkenheit 19/75 Litho f. die Münchnerblätter Litho.*
Bibliographie: Osterwold 1975, p. 21, ill.; Kornfeld 1963, n° 73 lb; Roethel 1971, pl. p. 123; Roters 1969, p. 98, ill.

Cet autoportrait est une reprise d'un dessin au crayon (maintenant au Pasadena Art Museum, Californie). En 1919, Klee a fait cinq lithographies, y compris *Plongé dans ses pensées* qui a paru au cours de l'année dans divers numéros du *Munchner Blätter für Dichtung und Graphik*, publié à Munich par Georg Müller.

Kornfeld note l'existence de trois épreuves, dont deux sur papier à la cuve et la troisième, *Plongé dans ses pensées*, sur vélin, qui a ensuite été aquarellée. La composition et le sujet de cette lithographie s'inscrivent dans une importante série d'autoportraits datant de 1918 et 1919 (voir Burnett 1977).

Collection Felix Klee, Berne

17
Avec la marionnette 1919
Huile sur toile enduite de plâtre et collée sur carton, 37,5 x 32,5 cm
Inscriptions: Signature, b.g.: *Klee*; sur le passe-partout, g.: *1919 159.*
Expositions: 1977, Saint-Paul, n° 23; 1974, Londres, n° 94; 1970–1971, Munich, n° 33; 1970, Rome, n° 43; 1969, Kamakura, n°17; 1967, Pasadena, n° 28; 1920, Munich, n° 9.
Catalogue de l'œuvre: *159 mit der Marionette Öl Pappendeckel (leinwand überzogen Gipsgrd).*
Bibliographie: Osterwold 1975, p. 123, ill.

Pour Klee, l'année 1919 marqua le début de la période où son œuvre devait atteindre sa pleine maturité. Alors qu'il avait fait très peu de peinture à l'huile avant cette date – pas une seule depuis 1916 – il en exécuta quelque quarante-huit en 1919, notamment celle-ci. Avec ces tableaux, il s'intéressa aux techniques complexes, produisant des effets et des surfaces peu ordinaires. Ici, le fond de plâtre qui recouvre la toile a été appliqué grossièrement de façon à donner une surface sillonnée et trouée sous laquelle apparaît, par endroits, la toile. La peinture, posée en plaques, accentue l'impression de décompositions, directement liée au thème du tableau. Dans le coin en bas à droite, Klee se représente lui-même, vêtu du casque et du manteau militaires (voir la photographie de Klee prise en 1916 à Landshut et reproduite dans *Diaries*, entre les pages 42 et 43), le regard tourné vers le personnage gigantesque mais meurtri qui se dresse derrière lui au centre, également casqué. Klee avait été

over the canvas has been applied roughly to leave a ridged and pitted surface, and in some places it has broken through to the canvas. The paint, applied patchily, emphasizes the sense of decay. And that is directly related to the subject matter. In the lower right Klee depicts himself dressed in military helmet and greatcoat (see a 1916 photograph of Klee at Landshut, *Diaries*, between pp. 42–43) showing him looking back toward the gigantic but battered figure in the centre, also topped with a helmet. Early in 1919 Klee had received his discharge from the military, following the collapse of the German armies. Klee emphasizes his point by extending the spike on his helmet into an exclamation mark. *With the Marionette* makes a rather different point vis-à-vis the military than does the drawing *German in a Brawl* (*Der Deutsche im Geräuf*) made in 1914 at the beginning of hostilities (Glaesemer 1973, no. 530).

Felix Klee Collection, Bern

18
With the Setting Sun 1919
Watercolour on chalk-ground paper, mounted on cardboard; 20.3 x 26.2 cm
Inscription: signed u.r. *Klee*; on mount, c. *1919 247 mit der sinkenden Sonne.*
Exhibitions: 1971, Winterthur, no. 91; 1971, London, no. 16; 1970, Rome, no. 42; 1969, Kamakura, no. 71; 1970, Buenos Aires, no. 28; 1945, London, no. 39; 1941, Basel, no. 147.
Œuvre catalogue: *247 Landschaft mit sinkenden Sonne Aquarell Ingres Kreidegrundiert.*

With the Setting Sun is an early example, in a coloured work, of integrating representations of a landscape and a human head into a single form. It is a type of image which Klee repeats many times. The idea was previously suggested in a drawing *Child* (*Kind*; 1918 Glaesemer 1973, no. 616). It is interesting in this regard to compare a 1909 portrait of his sister with a tone drawing of a garden scene from the same year (Glaesemer 1973, nos 372, 373). In a certain technical respect, what could be described as the "linear-positive" approach of the portrait and the "tone-negative" of the landscape are merely aspects of the same pictorial structure for which the particular subjects are the occasion but not the purpose. Experiments such as these later allowed Klee to develop the complex images found in pictures like this one, which draw their poetic strength from being built up from an abstract structure, not from an expressionist distortion of nature.

Felix Klee Collection, Bern

19
Sol 1920
Pen and purple ink, 18.6 x 28.3 cm
Inscription: signed l.r. *Klee*; on mount, l. *1920 106.*
Œuvre catalogue: *106 "Sol" (mit dem Eisenbahnzügle) Federzeichnung Briefpapier.*
Bibliography: Popham and Fenwick 1965, no. 195, p. 136.

National Gallery of Canada, Ottawa

20
Drawing for Bird Island 1921
Pen and ink, 23.0 x 29.0 cm
Inscription: signed l.r. *Klee*; on mount, c. *1921/35 Zeichnung zu den Vogelinseln (1921/20).*
Œuvre catalogue: *35 Zeichnung zu den Vogelinseln 1921/20 Feder Briefpapier.*
Bibliography: Glaesemer 1976, p. 142, ill., and p. 188, ill.; Grohmann 1934, pl. 1.

Given Klee's very large œuvre it is surprising that the normal relationship of preparatory drawing to final painting is found only in a relatively small number of pictures. This is one such example (see also cat. nos 72, 74). Although the inscription makes it clear that this was a drawing for and not after the painting *Bird Island* (*Vogelinseln*; 1921; Glaesemer 1976, no. 79), it bears a later number in the œuvre catalogue. Apart from the change in technique, the elements of the drawing are taken over virtually unaltered in the painting with the exception that the "N" is omitted.

Private Collection, Canada

21
Perspective of an Industrial Plant 1921
Pen and ink, 21.8 x 28.1 cm
Inscription: signed l.r.*Klee*; on mount l. *1921/61 Perspective einer industriellen Anlage.*
Œuvre catalogue: *61 Perspective einer industriellen Anlage Bleistiftzeichnung Briefpapier.*

In January 1921 Klee took up his appointment at the Bauhaus and began to develop his courses. Studies of perspective were included in his teaching, as can be seen from the discussion in his notes for 28 November 1921 (see *The Thinking Eye*, pp. 133 ff). His interest in perspective problems – that is, beyond the traditional approaches that he had used in his earlier naturalistic work – developed during the First World War. His concern with perspectival construction became one means by which he could show the laws of art in unity with the specific viewpoint of the artist. He wrote in 1921 in *The Thinking Eye*, "The value of the whole process lies solely in the possibility of checking; there is no merit to drawing in proper perspective, anyone can do it." It becomes, therefore, a matter of creative construction in view of the rules rather than the rules determining creation.

Perspective of an Industrial Plant appears to have had a complex development with the perspectival system becoming increasingly rigorous as the drawing progressed. The word *Anlage* in the title, meaning a plant or works, may also mean the planning in a design.

Klee Foundation, Bern

22
Comedy 1921
Pen and ink, 22.3 x 15.8 cm (left) and

démobilisé au début de 1919, peu après la défaite des armées allemandes. Pour accentuer l'effet, Klee fait que la pointe de son casque se prolonge en point d'exclamation. En fait de commentaire sur les militaires, cette œuvre se situe à un tout autre niveau que le dessin *Allemand dans un bagarre* (*Der Deutsche im Geräuf*) datant de 1914 (Glaesemer, 1963, n° 530), au début des hostilités.

Collection Felix Klee, Berne

18
Avec le soleil couchant 1919
Aquarelle sur papier recouvert d'un fond de craie et collé sur carton, 20,3 x 26,2 cm
Inscriptions: Signature, h.d.: *Klee*; sur le passe-partout, c.: *1919 247 mit der sinkenden Sonne.*
Expositions: 1971, Winterthur, n° 91; 1971, Londres, n° 16; 1970, Rome, n° 42; 1969, Kamakura, n° 71; 1970, Buenos Aires, n° 28; 1945, Londres, n° 39; 1941, Bâle, n° 147.
Catalogue de l'œuvre: *247 Landschaft mit sinkenden Sonne Aquarell Ingres Kreidegrundiert.*

Avec le soleil couchant est un des premiers exemples parmi les œuvres en couleur, de la fusion d'une tête d'homme et d'un paysage en une seule forme. Ce genre d'image est fréquemment repris par la suite. L'idée en avait d'abord été évoquée dans le dessin *Enfant* (*Kind*) de 1918 (Glaesemer, 1973, n° 616). Sur ce point, il est intéressant de faire la comparaison entre un portrait de la sœur de l'artiste, de 1909, et le dessin tonal d'une scène de jardin exécuté la même année (Glaesemer 1973, n°s 372, 373). Sur un plan technique, ce que l'on pourrait décrire comme la méthode «linéaire-positive» du portrait et le procédé «tonal-négatif» du paysage ne sont, en réalité, que des aspects de la même conception picturale, de sorte que le sujet choisi par Klee n'est pas une fin en soi, mais l'occasion d'illustrer cette notion. C'est grâce aux expériences faites en ce sens qu'il put développer plus tard les images complexes que l'on trouve dans des œuvres comme celle-ci, dont la force poétique tient au fait qu'elles ont été bâties à partir d'une structure abstraite plutôt que d'une déformation expressionniste de la nature.

Collection Felix Klee, Berne

19
Sol 1920
Plume et encre pourpre, 18,6 x 28,3 cm
Inscriptions: Signature, b.d.: *Klee*; sur le passe-partout, g.: *1920 106.*
Catalogue de l'œuvre: *106 «Sol» (mit dem Eisenbahnzügle) Federzeichnung Briefpapier.*
Bibliographie: Popham et Fenwick 1965, n° 195, p. 136.

Galerie nationale du Canada, Ottawa

20
Dessin pour Île-Oiseaux 1921
Plume et encre, 23 x 29 cm
Inscriptions: Signature, b.d.: *Klee*; sur le passe-partout, c.: *1921/35 Zeichnung zu den Vogelinseln (1921/20).*
Catalogue de l'œuvre: *35 Zeichnung zu den Vogelinseln 1921/20 Feder Briefpapier.*
Bibliographie: Glaesemer 1976, p. 142, ill. et p. 188, ill.; Grohmann 1934, pl. 1.

Étant donné la multiplicité des œuvres de Klee, il est surprenant que relativement très peu d'entre elles illustrent le lien qui existe normalement entre le dessin préparatoire et la peinture définitive. Le dessin que nous avons ici est donc une exception (voir aussi les n°s 72, 74). Bien que l'inscription qui figure sur le dessin indique clairement qu'il a été fait en vue de la peinture *Île-Oiseaux* (*Vogelinseln*) de 1921 (Glaesemer 1976, n° 79), et non à partir de celle-ci, Klee lui attribue un numéro supérieur dans son catalogue. Outre le changement de procédé, les éléments du dessin sont repris presque intégralement dans la peinture à l'exception du «N» qui est omis.

Collection particulière, Canada

21
Perspective d'une zone industrielle 1921
Plume et encre, 21,8 x 28,1 cm
Inscriptions: Signature, b.d.: *Klee*; sur le passe-partout, g.: *1921/61 Perspective einer industriellen Anlage.*
Catalogue de l'œuvre: *61 Perspective einer industriellen Anlage Bleistiftzeichnung Brief papier.*

En janvier 1921, Klee assume ses nouvelles fonctions au Bauhaus et commence sa contribution à l'enseignement artistique. Les études de la perspective font partie de son enseignement et sont exposées dans ses notes du 28 novembre 1921 (voir *La pensée créatrice*, p. 133*sqq.*) Son intérêt pour les problèmes de perspective – qui est au-delà de l'approche traditionnelle dont il se servit dans ses premières œuvres naturalistes – s'est développé pendant la première guerre mondiale. Sa préoccupation de la construction en perspective devint un moyen par lequel il pouvait montrer l'unité dans les lois de l'art avec le point de vue spécifique de l'artiste. Il a écrit en 1921: «La valeur de ce procédé réside uniquement dans la possibilité d'opérer un contrôle. C'est pourquoi exécuter un dessin exact du point de vue de la perspective n'a pas de valeur en soi: tout le monde est capable d'en faire autant» (*La pensée créatrice*, p. 149). Cela devint alors une question de création constructive par rapport aux lois plutôt que les lois déterminant la création.

Perspective d'une zone industrielle semble avoir eu un développement compliqué avec un système de perspective qui devient de plus en plus rigoureux au fur et à mesure que le dessin évolue. Le mot *Anlage* dans le titre signifie «usine» ou «travaux» et peu aussi vouloir dire la fabrication dans un design.

Fondation Paul Klee, Berne

22
Comédie 1921
Plume et encre, 22,3 x 15,8 cm (gauche) et 13 cm (droite)
Inscriptions: Signature, feuille g.; h.g.: *Klee*; sur le passe-partout, g.: *1921 109*; d.: *Komödie.*
Catalogue de l'œuvre: *109 Zeichnung zu 21/108 Federzeignung Briefpapier.*
Bibliographie: Grohmann 1960, p. 85, ill.; Novalis, *Novices of Sais* (C. Valentin, New York, 1949), p. 100, ill.

Comme l'indique le catalogue de l'œuvre, ce dessin a été exécuté en vue d'une autre œuvre – une feuille colorée – également intitulée

13.0 cm (right)
Inscription: signed left sheet, u.l. *Klee*; on mount, l. *1921 109*, and r. *Komödie.*
Œuvre catalogue: *109 Zeichnung zu 21/108 Federzeichnung Briefpapier.*
Bibliography: Grohmann 1960, p. 85, ill; Novalis, *Novices of Sais* (New York: C. Valentin, 1949), p. 100, ill.

As the œuvre catalogue entry indicates, this drawing was done for another work – a coloured sheet – also entitled *Comedy* and designated 1921/108. *Comedy* was originally made from a single sheet and then cut into two sections; in mounting the two parts Klee put the left part to the right and vice-versa.

Comedy is closely related to an inventive form frequently used at this time of developing vertical forms from an undulating horizontal line. The invented forms are often humorous confusions between figures, plants, and animals; compare for instance, *Comedy* with *Plants in the Field II* (*Pflanzer auf dem Acker II*; 1921.166; in Klee, *Nature of Nature*, p. 52) or the well-known *Twittering Machine* (*Die Zwitschermaschine*; 1922; Museum of Modern Art, New York).

Private Collection, Canada

23
Exotics on the Stage 1922
Pen and ink, 17.7 x 20.3 cm
Inscription: signed u.l. *Klee* (*'lee'* in pencil), and, in pencil, *1922 9/12*; on mount, l. *1922/118*, and r. *Exoten auf der Bühne.*
Œuvre catalogue: *118 Exoten auf der Bühne Federzeichnung deutsches Ingres.*

This is a working drawing subsequently presented as an independent object, as was another sketch, *Drawing for Roomperspective with Inhabitants* (*Zeichnung zur Zimmerspective mit Einwohnen*; Glaesemer 1976, no. 80a). *Exotics on the Stage* is closely related to a pen drawing in the Klee Foundation, *Theatre of the Exotics* (*Theatre der Exoten*; 1922), the two drawings having a number of figures in common. This work comprises two sheets, abutted and mounted. The execution of the right side is somewhat looser than the left. It would seem that the drawing was begun, on the left, as an abstract development of lines from which the figures were developed, a method similar to that of *Comedy* (cat. no. 22). As the drawing developed and the figures took form, Klee seems to have changed his mind and either cut out a strip from the centre of the sheet and abutted the remaining sections, or cut off the right edge and joined another piece of paper to continue the drawing to the right. Subsequently he made efforts to unify the two parts by extending the arm of the Polyphemus-like figure across into the left. In the *Theatre of the Exotics* the confusion in the centre of the drawing is clarified, and the figures are set more firmly onto the horizontal grid lines.

Another sketch is visible on the recto of the left-hand side of *Exotics on the Stage*. Some of the figures seem to have been further developed in a major painting in 1923, *Magic Theatre* (*Zaubertheater*; Klee Foundation).

Private Collection, Canada

24
Musical Animals 1922
Pen and ink, 28.9 x 22.3 cm
Inscription: signed u.r. *Klee*, and dated l.r. *1922/8/12*; on mount, c. *1922 237 musikalische Tiere.*
Exhibitions: 1967, Darmstadt, no. 40; 1964, Lucerne, no. 17.
Œuvre catalogue: *237 musikalische Tiere Federzeichnung (Tinte) Briefpapier.*

In drawings like *Comedy* (cat. no. 22) and *Exotics of the Stage* (cat. no. 23), the structural and compositional principals depend on a contrast between the vertical and horizontal. *Musical Animals*, with its scattered individual figures and contrasting diagonals, can not be resolved in those terms. The clue to the unity of the drawing lies in the two arrows with their contrasting directions, suggesting oscillation, as in a metronome. The "imbalance" of the diagonals and the scattered "musical animals" are brought into harmony dynamically, similar to the way that the unity of a piece of music lies in its structuring of time.

Private Collection, Canada

25
For the Night Flutterers Dance 1922
Pen and ink, 30.9 x 21.8 cm
Inscription: signed l.r. *Klee*; on mount, c. *1922 254 zum Nachtfaltertanz.*
Œuvre catalogue: *254 Zeichnung zum Nachtfaltertanz Federzchg deutsches Ingrespapier.*

This drawing became the basis for a watercolour and oil, *The Nightflutters Dance* (*Nachtfaltertanz*, 1923; see Giedion-Welcker 1952, p. 53, and Grohmann 1954, p. 395). With its purely linear concerns, it seems a pictorial metaphor for a point Klee made in his essay "Ways of Nature Study" published in 1923 in which he discussed the relationship of the static to the dynamic. "We are led to the upper ways by yearning to free ourselves from earthly bonds; by swimming and flying, we free ourselves from constraint in pure mobility" (Klee, *The Thinking Eye*, p. 67). Klee uses arrows to symbolize the force of gravity which acts against the upward yearning of the figure, whose fate is sealed by one arrow piercing the heart. He places the whole image in an ironic setting by appearing to suggest that the figure is an actor or opera singer, turning romantic yearnings into mere histrionics.

Klee Foundation, Bern

26
Dwarf Camelstallion 1922
Pen and ink, lightly toned on handmade paper; 15.5 x 24.0 cm
Inscription: signed u.l. *Klee*; on mount, *1922 255 Zwerg Kamelhengst* and u.l., *22.*
Œuvre catalogue: *255 Zwerg Kamelhengst Federzchg durch Bürsten leicht getönt glattes holländ. Bütten.*
Bibliography: Grohmann 1934, pl. 11.

Comédie et désignée comme 1921/108. *Comédie* avait été fait, à l'origine, sur une seule feuille, qui fut ensuite coupée en deux; lorsqu'il monta les deux parties, Klee mit celle de gauche à droite et vice-versa.

Il existe un lien étroit entre ce dessin et une forme d'invention courante à cette époque, qui consistait à faire naître des formes verticales à partir d'une ligne horizontale ondulée. Les formes ainsi obtenues sont souvent un amalgame humoristique de personnages, de plantes et d'animaux. Comparons ce dessin avec *Plantes dans le champ II* (*Pflanzer auf dem Acker II* 1921.166, dans *Histoire naturelle infinie*, p. 52) ou encore la célèbre *Machine à gazouiller* (*Die Zwitschermaschine* 1922.151; Museum of Modern Art, New York).

Collection particulière, Canada

23
Exotiques sur scène 1922
Plume et encre, 17,7 x 20,3 cm
Inscriptions: Signature, h.g.: *Klee* («*lee*» au crayon), *1922 9/12* (au crayon); sur le passe-partout, g.: *1922/118*; d.: *Exoten auf der Bühne.*
Catalogue de l'œuvre: *118 Exoten auf der Bühne Federzeichnung deutsches Ingres.*

Ce dessin est une étude qui fut par la suite présentée comme une œuvre indépendante, à l'instar de *Dessin pour chambre, vue en perspective, avec habitants* (*Zeichnung zur Zimmerperspektive mit Einwohnern*; Glaesemer 1976, nº 80a). Il se rapproche beaucoup d'un dessin à la plume appartenant à la Fondation Paul Klee, le *Théâtre des exotiques* (*Theater der Exoten*; 1922.120), avec lequel il a bon nombre de figures en commun. Cette œuvre est faite de deux feuilles montées l'une à côté de l'autre. La *facture* du côté droit n'est pas aussi rigoureuse que celle du côté gauche. Il semble que le dessin ait été commencé à gauche comme un ensemble abstrait de lignes d'où sont issues les figures – méthode analogue à celle de *Comédie* (nº 22). À mesure que le dessin se développait et que les figures se formaient, Klee semble avoir changé d'idée et décidé soit d'enlever une bande du milieu de la feuille pour réunir les deux morceaux qui restaient, soit d'enlever le bord droit et d'ajouter un autre morceau de papier pour continuer son dessin à droite. Il a tenté, par la suite, d'unifier les deux parties en prolongeant le bras du personnage «polyphémesque» jusque sur la feuille de gauche. Dans *Théâtre des exotiques*, la confusion au centre du dessin disparaît et les personnages sont campés avec plus de fermeté sur la grille de lignes horizontales.

On aperçoit une autre esquisse au recto et à gauche de la présente œuvre. Et quelques-uns des personnages du dessin semblent avoir été développés davantage dans une grande peinture de 1923, *Théâtre magique* (*Zauber Theater*; Fondation Paul Klee).

Collection particulière, Canada

24
Animaux musicaux 1922
Plume et encre, 28,9 x 22,3 cm
Inscriptions: Signature, h.d.: *Klee*; date, b.d.: *1922/8/12*; sur le passe-partout, c.: *1922 237 musikalische Tiere.*
Expositions: 1967, Darmstadt, nº 40; 1964, Lucerne, nº 17.
Catalogue de l'œuvre: *237 musikalische Tiere Federzeichnung (Tinte) Briefpapier.*

Dans des dessins comme *Comédie* (nº 22) et *Exotiques sur scène* (nº 23), la structuration et la composition obéissent à des principes basés sur un contraste entre le vertical et l'horizontal. Mais il est impossible de déchiffrer les figures éparses et les diagonales contrastantes de cette œuvre en ces termes. Pour découvrir ce qui fait l'unité de ce dessin, il faut plutôt s'arrêter aux deux flèches allant dans des directions opposées comme pour évoquer l'oscillation du métronome. Celles-ci créent une certaine harmonie dynamique entre les diagonales «déséquilibrées» et les «animaux musicaux» éparpillés tout comme la structuration du temps fait l'unité d'une composition musicale.

Collection particulière, Canada

25
À la danse de la fête de nuit 1922
Plume et encre, 30,9 x 21,8 cm
Inscriptions: Signature, b.d.: *Klee*; sur le passe-partout, c.: *1922 254 zum Nachtfestertanz.*
Catalogue de l'œuvre: *254 Zeichnung zum Nachtfatertanz Federzchg deutsches Ingrespapier.*

C'est à partir de ce dessin que Klee a exécuté *Danse de phalène* (*Nachtfaltertanz*), tableau à l'aquarelle et à l'huile de 1923 (voir Giedion-Welcker 1952, p. 53 et Grohmann 1954, p. 395). Avec ses préoccupations purement linéaires, cette œuvre semble être une métaphore picturale sur une question que Klee avait traitée dans son article *Voies de l'étude de la nature*, publié en 1923, où il dissertait sur le rapport entre le statique et le dynamique: «Le désir de se libérer des entraves terrestres pour atteindre la liberté de l'essor et de la mobilité par delà la nage et le vol conduit aux voies supérieures» (Klee, *La pensée créatrice*, p. 67). Cette idée est exprimée symboliquement par le jeu des flèches indiquant la force de gravité luttant contre le vif désir d'ascension du personnage, dont le sort est fixé par la flèche qui lui transperce le cœur. Klee plonge l'image dans une atmosphère d'ironie en laissant entendre, apparemment, que le personnage est un acteur ou un chanteur d'opéra, de sorte que les passions romantiques sont ramenées à de simples effusions théâtrales.

Fondation Paul Klee, Berne

26
Chameau-Cheval nain 1922
Plume et encre, légèrement teinté sur papier à la cuve, 15,5 x 24 cm
Inscriptions: Signature, h.g.: *Klee*; sur le passe-partout: *1922 255 Zwerg Kamelhengst*; g.: *22.*
Catalogue de l'œuvre: *255 Zwerg Kamelhengst Federzchg durch Bürsten leicht getönt glattes holländ. Bütten.*
Bibliographie: Grohmann 1934, pl. 11.

Alors que la dynamique du dessin *Animaux-musicaux* (nº 24) repose sur un sentiment d'oscillation, le *Chameau-Cheval nain* est fondé sur la tension entre la gauche et la droite. Ici, c'est la direction qui suit l'œil en lisant de droite à gauche qui l'emporte. Comme

If *Musical Animals* (cat. no. 24) is dynamically based on a sense of oscillation, *Dwarf Camelstallion* is built on the tension between left and right. One direction, in this case the reading from right to left, attains supremacy. As with many works of this period, a formal pictorial proposition is presented in terms of humour – in this case an invented animal that does not know its head from its tail, which sex it is, or in which direction it is travelling. To add insult to injury, the word *"Kamel"* in the title is slang for blockhead, and *"hengst,"* for jackass.

Private Collection, Canada

27
Once Again Animal Training 1923
Pen and ink, 22.4 x 28.8 cm
Inscription: inscribed l.r. and *Wieder eine Tierdressur/1923/11 3/12*; with signature superscribed, *Klee*; on mount, l.l. *1923 195.*
Exhibitions: 1971, Saint-Gall, no. 26; 1964, Lucerne, no. 21.
Œuvre catalogue: *195 Wieder eine Tierdressur Federzeichnung Briefpapier.*
Bibliography: Huggler 1965, n.p., ill.

Once Again Animal Training is very similar in form and dimensions to a drawing entitled *Trained Wild Horses (Dressierte Wildpferde*; 1923.194). The *"Wieder"* in this title may well refer to the fact that the drawing was done directly after *Trained Wild Horses*; this is a reference consistent with Klee's practice of titling his pictures some time after making them.

Private Collection, Canada

28
Pipe Bowl and Overturned Antique: Sketch for a Still-Life 1924
Pen and ink, 18.3 x 22.5 cm
Inscription: signed c. *Klee*; on mount, c. *1924.32 Pfeifenkopf und umgestürzte Antike. Skizze zu einen Stillleben/Klee 1924 3/12.*
Exhibitions: 1956, Bern, no. 296; 1967, Marseilles, no. 122.
Œuvre catalogue: *32 Pfeifen Kopf und umgestürzte Antike Federzchng (viol. Tinte) Briefpapier.*

This sketch is very likely a self-portrait; Klee, as a pipe-smoker, identifies his head, *Kopf*, with the pipe bowl, *Pfeifenkopf*. He also hides his signature, as it were, in his beard (he cut off his beard on 1 April 1925). The "overturned" antique may refer, in the first instance, to his having begun the drawing with the long side of the sheet set vertically, subsequently overturning it to continue the drawing. He shows himself smoking a pipe in a self-portrait, *Artist at Work (Formender Künstler*, 1919; (Felix Klee Collection); and the combination of a self-portrait with sexual fantasy occurs in *The Idea of the Towers (Die Idee der Türme*; 1918; Zachs Collection, Tel Aviv).

Klee Foundation, Bern

29
Blossom Time 1924
Pen and ink, 22.5 x 28.4 cm
Inscription: signed and dated l.r. *1924 3/12 Klee*; on mount, c. *1924.56 Baumblüte.*
Œuvre catalogue: *56 Baumblüte, Federzeichnung (schwarzblaue Tinte) Briefpapier.*
Bibliography: San Lazzaro 1964, p. 58.

Klee Foundation, Bern

30
Landscape for Lovers 1924
Oil on paper, mounted on cardboard; 36.3 x 26.0 cm
Inscription: signed l.l. *Klee*; on mount, c. *1924.76 Landschaft für Verliebte*, and below, *'V.'*
Exhibitions: 1970, Bern, no. 96; 1967, Marseilles, no. 35; 1963–1964, Frankfurt, no. 22; 1961, Tokyo, no. 34; 1961, Helsinki and Stockholm, no. 49; 1959, Copenhagen, no. 85; 1958, Bergen and Oslo, no. 84; 1956, Bern, no. 55; 1948, Zurich, no. 99; 1948, Basel, no. 196; 1947–1948, Bern, no. 84; 1925, Munich, no. 29.
Œuvre catalogue: *76 Landschaft für Verliebte Ölfarben Papier aufgeklebt (G).*
Bibliography: Glaesemer 1976, no. 101; Huggler 1948, pp. 11–15; Hofmann 1964, p. 5, ill. p. 7.

This oil is somewhat unusual in the context of Klee's work of the mid-1920s, with its strong but strange colour and the scattered, nature of the forms. It is, in some ways, reminiscent of Kandinsky's work done just before the war, for instance, *Improvisation Klamm* (*Improvisation [Ravine]*) of 1914.

Klee Foundation, Bern

31
Village Clown 1925
Brush and ink, 26.0 x 10.5 cm
Inscription: signed l.c. *Klee*; on mount, c. *1925 n. 7. ländlicher Hanswurst.*
Exhibition: 1974, Duisberg, no. 109 b.
Œuvre catalogue: *47 n 7 ländlicher Hanswurst Zeichnung m. breitem Pinsel Briefpapier.*
Bibliography: Grohmann 1960, p. 100, ill.

Similar to *Once Again Animal Training* (cat. no. 27) and *Trained Wild Horses*, *Village Clown* and *Grotesques* (cat. no. 32) are directly related to each other in terms of their technique and, in being part of the same creative moment, in their subject matter.

Village Clown became the basis for an etching on copper made in 1931, *Stachel the Clown* (*Stachel der Clown*; Kornfeld 108).

Private Collection, Canada

32
Grotesques 1925
Brush and ink, 27.3 x 13.3 cm
Inscription: signed u.c. *Klee*; in pencil, l.c. *253/2*; on mount c. *1925 n.8 grotesken aus d. Cirus V* (the *V* added later).
Exhibition: 1969, McNay Art Institute, San Antonio, Texas.
Œuvre catalogue: *48 n 8 Grotesken aus dem Cirus V Zeichnung m. breitem Pinsel Briefpapier.*

dans beaucoup d'autres œuvres de cette période, Klee présente une proposition formelle picturale en termes humoristiques – l'animal fictif ne sait pas distinguer sa tête de sa queue, ne sait pas non plus à quel sexe il appartient ni dans quelle direction il se déplace. Et, pour comble de malheur, le *Kamel* du titre, dans le langage familier, veut dire «sot» et le *hengst*, «bourrique».

Collection particulière, Canada

27
Encore une séance de dressage 1923
Plume et encre, 22,4 x 28,8 cm
Inscriptions: b.d.: *Wieder eine Tierdressur/1923/11/ 3/12* avec signature sur l'inscription: *Klee*; sur le passe-partout, b.g.: *1923 195.*
Expositions: 1971, Saint-Gall, n° 26; 1964, Lucerne, n° 21.
Catalogue de l'œuvre: *195 Wieder eine Tierdressur Federzeichnung Briefpapier.*
Bibliographie: Huggler 1965, n.p., ill.

Encore une séance de dressage se rapproche beaucoup, par la forme et les dimensions, d'un autre dessin intitulé *Chevaux sauvages dressés* (*Dressierte Wildpferde*; 1923.194). Et il se pourrait bien que le mot *Wieder* (encore, de nouveau) du titre soit une allusion au fait que ce dessin fait directement suite à cet autre dessin; *Chevaux sauvages dressés*. Cette allusion est tout à fait compatible avec l'habitude qu'avait Klee de donner des titres à ses tableaux quelque temps après les avoir faits.

Collection particulière, Canada

28
Tête de pipe et antiquité renversée: esquisse pour une nature morte 1924
Plume et encre, 18,3 x 22,5 cm
Inscriptions: Signature, c.: *Klee*; sur le passe-partout, c.: *1924 32 Pfeifenkopf und umgestürzte Antike. Skizze zu einen Stilleben/ Klee 1924 3/12.*
Expositions: 1956, Berne, n° 296; 1967, Marseille, n° 122.
Catalogue de l'œuvre: *32 Pfeifen Kopfund umgestürzte Antike Federzchng (viol. Tinte) Briefpapier.*

Il s'agit, en toute probabilité, d'un autoportrait – Klee, le fumeur de pipe faisant le rapprochement entre *Kopf*, sa tête, et *Pfeifenkopf*, le fourneau de la pipe. Sa signature est, pour ainsi dire, cachée dans sa barbe (il a coupé sa barbe le 1er avril 1925). L'antiquité «renversée» serait peut-être une allusion au fait qu'il aurait commencé le dessin en plaçant la feuille dans le sens de la hauteur et qu'il l'aurait par la suite «renversée» pour poursuivre son dessin. Par ailleurs, dans son autoportrait *L'artiste au travail* (*Formender Künstler*) de 1919 (Collection Felix Klee) il se représente fumant la pipe, et l'idée de combiner autoportrait et fantaisie sexuelle apparaît dans *L'idée des tours* (*Die Idee der Türme*) de 1918 (collection Zachs, Tel-Aviv).

Fondation Paul Klee, Berne

29
Floraison 1924
Plume et encre, 22,5 x 28,4 cm
Inscriptions: Date et signature, b.d.: *1924 3/12 Klee*; sur le passe-partout, c.: *1924.56 Baumblüte.*
Catalogue de l'œuvre: *56 Baumblüte, Federzeichnung (schwarzblaue Tinte) Briefpapier.*
Bibliographie: San Lazzaro 1964, p. 58.

Fondation Paul Klee, Berne

30
Paysage pour amoureux 1924
Huile sur papier collée sur carton, 36,3 x 26 cm
Inscriptions: Signature, b.g.: *Klee*; sur le passe-partout, c.: *1924.76 Landschaft für Verliebte*; et, plus bas, «*V*».
Expositions: 1970, Berne, n° 96; 1967, Marseille, n° 35; 1963–1964, Francfort, n° 22; 1961, Tokyo, n° 34; 1961, Helsinki et Stockholm, n° 49; 1959, Copenhague, n° 85; 1958, Bergen et Oslo, n° 84; 1956, Berne, n° 55; 1948, Zurich, n° 99; 1948, Bâle, n° 196; 1947–1948, Berne, n° 84; 1925, Munich, n° 29.
Catalogue de l'œuvre: *76 Landschaft für Verliebte Ölfarben Papier aufgeklebt (G).*
Bibliographie: Glaesemer 1976, n° 101; Huggler 1948, p. 11–15; Hofmann 1964, p. 5, ill. p. 7.

Par sa couleur intense mais étrange et ses formes éparses et disparates, cette peinture à l'huile est quelque peu insolite dans le contexte des œuvres de Klee du milieu des années 1920. Cela rappelle, à certains points de vue, les œuvres que faisait Kandinsky juste avant la guerre et se rapproche notamment de son *Improvisation Klamm* (*Improvisation [Ravine]*) de 1914.

Fondation Paul Klee, Berne

31
Bouffon du village 1925
Pinceau et encre, 26 x 10,5 cm
Inscriptions: Signature, b.c.: *Klee*; sur le passe-partout, c.: *1925 n. 7. ländlicher Hanswurst.*
Exposition: 1974, Duisbourg, n° 109b.
Catalogue de l'œuvre: *47 n 7 ländlicher Hanswurst Zeichnung m. breitem Pinsel Briefpapier.*
Bibliographie: Grohmann 1960, p. 100, ill.

Bouffon du village et *Personnages grotesques* (n° 32), *Encore une séance de dressage* (n° 27) et *Chevaux sauvages dressés* (*Dressierte Wildpferde*) sont directement liés l'un à l'autre par leur technique et leurs sujets respectifs, qui procèdent d'un même mouvement créateur.

C'est à partir de *Bouffon du village* que Klee a réalisé, en 1931, une eau-forte sur cuivre intitulée *Stachel le clown* (*Stachel der Clown*; Kornfeld 108).

Collection particulière, Canada

32
Personnages grotesques 1925
Pinceau et encre, 27,3 x 13,3 cm
Inscriptions: Signature, h.c.: *Klee*; au crayon, b.c.: *253/2*; sur le passe-partout, c.: *1925 n.8 grotesken aus d. Cirus V* (le *V* fut ajouté après).
Exposition: 1969, McNay Art Institute, San Antonio, Texas.
Catalogue de l'œuvre: *48 n 8 Grotesken aus dem Cirus V Zeichnung m. breitem Pinsel Briefpapier.*
Bibliographie: San Lazzaro 1964, p. 46, ill.; Huggler 1965, n.p., ill.

L'inscription qui figure sur le passe-partout et la notice du catalogue de Klee présentent un petit problème. Il est généralement admis que

Bibliography: San Lazzaro 1964, p. 46, ill.; Huggler 1965, n.p., ill.

The inscription on the mount of the drawing and the entry in the œuvre catalogue presents something of a problem. It is usually assumed that the title reads *Grotesken aus dem Circus*, meaning "Grotesques from the circus." However, as the inscription shows, Klee wrote "*Cirus*" not "Circus," and this form was repeated in the œuvre catalogue; in addition, the word for circus is more usually *Zirkus*. There could, however, be a confusion – perhaps deliberately encouraged by Klee – between "circus" and "cirrus," the cloud formation commonly known as mare's tale. That these "grotesques" should come from the clouds is not, for Klee, an unlikely idea. The change in gender from the masculine "Circus" to the feminine "cirrus cloud" is hidden in the inscription by abbreviating the definite article.

Private Collection, Canada

33
Pastor 1925
Pen, brush and ink on chalk-ground paper; 25.4 x 17.8 cm
Inscription: signed l.r. *Klee*; on mount, c. *1925 04 Pastor*.
Œuvre catalogue: *54 0 4 Pastor Pinsel – (Borstenp.) und Federzeichnung Kreidegrundiertes Papier.*

There is little in Klee's art or writing to indicate anything but indifference toward any form of established religion. This attitude even extended to unorthodox movements like Theosophy. Many artists, including Kandinsky, were impressed by Theosophy but Klee remained unconvinced, despite attempts by his wife in 1917 to interest him in Rudolf Steiner's writing (see *Diaries* 1088, and correspondence with Lily in October 1917; see also Glaesemer 1976, p. 40, note 125). Klee referred to the matter again in February 1918 writing, "I remain alone, a spiritual bachelor" (*Diaries* 1105).

Pastor is, without doubt, an unflattering portrait of orthodox religion. Klee returned to the theme again in 1932 with a painting *Pastor Kol* (Felix Klee Collection). Phonetically *Kol* is very closely to *Kohl* which means both cabbage and drivel.

Private Collection, Canada

34
Village Centre 1925
Watercolour, 19.6 x 29.7 cm
Inscription: signed l.r. *Klee*; on mount, c. *1925 "H sechs" Dorfmitte*, l.l., *III*. In the lower right-hand corner of the drawn sheet a collector's mark, *Schöller Whatman*.
Exhibition: 1973, Des Moines, no. 26 ill.
Œuvre catalogue: *176 H 6 Dorfmitte mittl. Aquarell (Hochrelief; gestrichelt*).

Village Centre is part of a series of works of about 1925 made from striations of colour. The technique can be traced back through works like *Place in Blue and Orange* (*Ort in Blau und Orange*; 1924; Glaesemer 1976, no. 102) to a very different range of imaginative subjects of 1923 and 1924, such as in *Magic Theatre* (*Zaubertheater*; 1923; Glaesemer 1976, no. 92).

The structure of *Village Centre*, though not its technique, is reminiscent of the early Cubist landscapes of Picasso, and in a different sense owes something to the painterly draughtsmanship of Cezanne. The striated technique was one that Klee developed in the early 1920s to describe "endotopic" and "exotopic" developments of form; that is, a means of illusionism that makes it ambiguous as to whether the structure arises from a description of forms or from the spaces which surround them (see Klee, *The Thinking Eye*, pp. 51f and pp. 219 – 131).

Private Collection, Canada

35
Wintery Mask 1925
Sprayed watercolour and stencils on engraving paper, 54.0 x 34.0 cm
Inscription: signed l.l. *Klee*; on mount, c. *VI 1925 'V3' winterliche Maske*.
Exhibitions: 1972, Zurich, no. 130.
Œuvre catalogue: *213 V 3 winterliche Maske gr Aquarell (Briefpapier Spritztechnik m. Schablonen) Kupferdrpap.*
Bibliography: *Burlington Magazine*, vol. 1 (July 1969), p. 451.

Wintery Mask is included in a small group of pictures of 1925 made by a spray technique over stencils, such as *Monsieur Pearlypig* (*Monsieur Perlenschwein*; Kunstsammlung Nordrhein-Westfalen, Dusseldorf), *The Mask with the Pennants* (*Maske mit Fähnchen*; Neue Staatsgalerie, Munich), and *Mountains in Winter* (*Gebirge im Winter*; Klee Foundation). The development of this technique is closely related to various other formal developments in the mid-1920s, like the endo-exotopic pictures such as *Village Centre* (cat. no. 34) and those like *Carnival in the Mountains* (*Karneval im Gebirge*; 1924; Glaesemer 1976, no. 106) made from short, coloured striations. Klee continued to use the spray technique through the later 1920s with some examples from 1934 and 1935. He occasionally used this technique before 1925, for instance in *North Sea Picture (from Baltrum) (Nordseebild [aus Baltrum]*; 1923; Glaesemer 1976, no. 100) and, in a finely appropriate way, for a painting of about 1916, *Christmas Work for the Men at the Front* (*Weihnachtsarbeiten für die Feldgrauen*; Glaesemer 1976, no. 40).

National Gallery of Canada, Ottawa

36
Storm Spirit 1925
Pen and ink, 28.6 x 22.7 cm
Inscription: signed and dated in pencil, u.r. *Klee*, and *27 12 25*; on mount, l. *1925 Y4*, and r. *Sturmgeist*.
Œuvre catalogue: *244 Y 4 Sturmgeist Federzeichnung deutsch Ingres leicht tonig.*
Bibliography: Grohmann 1954, p. 253, ill. and p. 260; Arland 1954, p. 35, ill.

Klee Foundation, Bern

le titre se lit *Grotesken aus dem Circus*, c'est-à-dire «Personnages grotesques du cirque». Mais c'est bien «Cirus» et non pas «Circus» que Klee a écrit aussi bien sur le passe-partout que dans son catalogue; en outre, le mot «cirque» s'écrit habituellement «Zirkus» en allemand. Il pourrait, cependant, y avoir une confusion, peut-être délibérément encouragée par Klee, entre «circus» et «cirrus», le mot qui désigne les nuages filamenteux semblables à des boucles de cheveux. La notion de «personnages grotesques» descendus des nuages n'a rien de surprenant dans une œuvre de Klee. Le passage du masculin «Circus» au féminin «Cirrus» se trouve dissimulé du fait que Klee a abrégé l'article défini dans l'inscription.

Collection particulière, Canada

33
Pasteur 1925
Plume, pinceau et encre sur papier recouvert d'un fond de craie, 25,4 x 17,8 cm
Inscriptions: Signature, b.d.: *Klee*; sur le passe-partout, c.: *1925 04 Pastor*.
Catalogue de l'œuvre: *54 04 Pastor Pinsel – (Borstenp.) und Federzeichnung Kreidegrundiertes Papier.*

Il n'y a pour ainsi dire rien dans les œuvres artistiques et les écrits de Klee qui permette de voir chez lui autre chose que de l'indifférence vis-à-vis de toute forme de religion établie. Cette attitude s'étendait même aux mouvements les moins orthodoxes, comme la théosophie. Cette doctrine avait fait de nombreux adeptes parmi les artistes, notamment Kandinsky, mais Klee ne se laissa pas convaincre malgré les efforts déployés par sa femme en 1917 pour l'intéresser aux écrits de Rudolf Steiner (voir *Diaries* n° 1088, et la correspondance avec Lily en octobre 1917; voir aussi Glaesemer 1976, p. 40, note 125). Klee fit de nouveau allusion à cette question en février 1918: «Je reste seul, célibataire spirituel» (*Diaries*, n° 1105).

Il n'y a aucun doute que *Pasteur* est un portrait peu flatteur de la religion conventionnelle. Klee devait reprendre le même thème en 1932 dans une peinture intitulée *Pasteur Kol* de la collection Felix Klee. Sur le plan phonétique, *Kol* est très près de *Kohl*, qui signifie à la fois chou et sottises.

Collection particulière, Canada

34
Centre de village 1925
Aquarelle, 19,6 x 29,7 cm
Inscriptions: Signature, b.d.: *Klee*; sur le passe-partout, c.: *1925 «H sechs» Dorfmitte*; b.g.: *III*. Dans le coin inférieur droit de la feuille dessinée, on voit la marque d'un collectionneur *Schöller Whatmañ*.
Exposition: 1973, Des Moines, n° 26, ill.
Catalogue de l'œuvre: *176 H 6 Dorfmitte mittl. Aquarell* (*Hochrelief; gestrichelt*).

Cette aquarelle s'inscrit dans une série d'œuvres de 1925, faites de stries de couleur. On peut suivre l'utilisation de cette technique grâce à des œuvres comme *Endroit en bleu et orange* (*Ort in Blau und Orange*) de 1924 (Glaesemer 1976, n° 102), jusqu'à une gamme très variée de sujets imaginatifs de 1923 et 1924, comme le *Théâtre magique* (*Zaubertheater*) de 1923 (Glaesemer 1976, n° 92).

La structure de *Centre de village*, mais non pas sa technique, évoque les premiers paysages cubistes et, dans un autre sens, atteste l'influence du talent de dessinateur de Cézanne. L'emploie de striures est une technique que Klee a développée au début des années 1920 afin de dépeindre l'évolution du traitement par l'espace intérieur et du traitement par l'espace extérieur de la forme, c'est-à-dire un moyen de créer une ambiguïté sur l'origine de la structure: naît-elle d'une description des formes ou de l'espace qui les entoure (voir Klee, *La pensée créatrice*, p. 51*sqq* et p. 219–131).

Collection particulière, Canada

35
Masque hivernal 1925
Aquarelle au pistolet et pochoirs sur papier d'impression, 54 x 34 cm
Inscriptions: Signature, b.g.: *Klee*; sur le passe-partout, c.: *VI 1925 «V3» winterliche Maske*.
Exposition: 1972, Zurich, n° 130.
Catalogue de l'œuvre: *213 V 3 winterliche Maske gr Aquarell (Briefpapier Spritztechnik m. Schablonen) Kupferdrpap.*
Bibliographie: *Burlington Magazine*, vol. 3, juillet 1969, p. 451.

Il existe un petit groupe de tableaux datant de 1925, dont *Masque hivernal*, qui ont été faits à la peinture au pistolet sur pochoirs; c'est le cas, par exemple, de *Monsieur Perlecochon* (*Monsieur Perlenschwein*; Kunstsammlung Nordrhein-Westfalen, Düsseldorf) *Les masques et les fanions* (*Maske mit Fähnchen*; Neue Staatsgalerie, Munich) et *Montagnes en hiver* (*Gebirge im Winter*; Fondation Paul Klee). Le développement de cette technique est étroitement lié à celui de diverses autres créations formelles du milieu des années 1920, comme les images au traitement par l'espace intérieur et par l'espace extérieur dont *Centre de village* (n° 34) fournit un exemple et les images faites de courtes stries de couleur, comme le *Carnaval en montagne* (*Karneval im Gebirge*) de 1924 (Glaesemer 1976, n° 106.) Klee continue à se servir de la technique du pistolet jusqu'à la fin des années 1920 et même à plusieurs reprises en 1934 et en 1935. D'ailleurs, il l'avait déjà employée à l'occasion avant 1925, dans *La mer du Nord (à Baltrum)* (*Nordseebild [aus Baltrum]*) de 1923, par exemple, (Glaesemer 1976, n° 100) et il en avait fait un usage très approprié pour un tableau réalisé vers 1916, *Ouvrage de Noël pour les soldats du front* (*Weihnachtsarbeiten für die Feldgrauen*; Glaesemer 1976, n° 40).

Galerie nationale du Canada, Ottawa

36
Esprit-Tempête 1925
Plume et encre, 28,6 x 22,7 cm
Inscriptions: Signature et date au crayon, h.d.: *Klee*; et *27 12 25*; sur le passe-partout, g.: *1925 Y4*; et d.: *Sturmgeist*.
Catalogue de l'œuvre: *244 Y 4 Sturmgeist Federzeichnung deutsch Ingres leicht tonig.*
Bibliographie: Grohmann 1954, p. 253, ill. et p. 260; Arland 1954, p. 35, ill.

Fondation Paul Klee, Berne

37
Demons in Front of the Entrance 1926
Pen and ink, 13.8 x 31.5 cm
Inscription: signed u.l. *Klee*, and inscribed u.l. *19.1.26*; on mount l. *1926 10*, and r. *Dämonen vor dem Eingang.*
Exhibition: 1949–1950, New York, no. 157.
Œuvre catalogue: *10 Dämonen vor dem Eingang Federzeichnung deutsch Ingres leicht tonig.*

In 1925 Klee began a series of drawings based on interlocking or interleaving parallel lines (see cat. no. 36). This style became the basis for many figure and animal pictures through the mid- and later 1920s and into the 1930s, such as *Fox* and *Three Witches* (see cat. nos 38, 40), and in plant and landscape forms. The finest of this latter group is probably *Garden for Orpheus* (*Garten für Orpheus*; 1926; Klee Foundation).

The character of the parallel lines is one particularly well suited to show that fundamental analogy that Klee made between art and nature: the notion of movement and growth. As is so often the case, however, the formal principle has overtones of humour that in this work are created by parallels between the animal and the figure, arising *literally* out of the style and content.

Klee Foundation, Bern

38
Fox 1926
Pen and ink on rose-coloured wash, 22.7 x 16.2 cm
Inscription: signed u.l. *Klee*; on mount, l. *1926 P7 L*, and r. *Fuchs.*
Exhibitions: 1969–1970, Paris, no. 38; 1969, Florence, no. 81; 1969, London, Colnaghi, no. 40; 1968, Toronto, no. 65.
Œuvre catalogue: *67 P 7 Fuchs Kl. Federzeichnung aquarelliert franz. Ingres JCA.*
Bibliography: *Art Quarterly*, vol. XIX (1956), p. 426; Popham and Fenwick, 1965, no. 196, p. 136; Walter Vitzthum, "Dessins d'Ottawa," *L'Œil* (November 1969), no. 179.

Fox is part of the series of pictures, both drawings and coloured works, made from bands or parallel lines (see also cat. no. 36). A drawing similar to *Fox* is *Large Animal* (*Grosses Tier*, 1928; Private Collection, California).

National Gallery of Canada, Ottawa

39
Head over Head 1926
Pen and ink, 28.6 x 13.6 cm
Inscription: signed l.r., K^e; on mount, l. *1926 Vnull*, on mount, r. *Kopf über Kopf.*
Œuvre catalogue: *210 Vnull Kopf über Kopf Federz (Tinte) Briefpapier.*
Bibliography: San Lazzaro 1964, p. 66, ill.

In 1925 and 1926 Klee made a group of drawings, including this one, built up from a number of abstract forms and an endo- and exotopic relief technique (see cat. no. 34) and *Knowledge of an Animal* (*Erkenntnis eines Tieres*; 1925; Busch-Reisinger Museum, Harvard University). The technique, related to his spray pictures like *Wintery Mask* (cat. no. 35) is, in certain respects a variation on the methods of synthetic Cubism; that is, he begins with a grouping of abstract forms and works around them toward a specific image.

Private Collection, Canada

40
Three Witches 1927
Pen and ink, 13.6 x 31.4 cm
Inscription: signed l.r. *Klee*, dated, in pencil, u.r. *27*; on mount, c. *1927 B1 Drei Hexen.*
Exhibition: 1955, New York, Curt Valentin, no. 32.
Œuvre catalogue: *111 B 1 drei Hexen Federzeichnung deutsch. Ingres.*

Private Collection, Canada

41
Woodland and Heath 1927
Brush and ink, 20.9 x 30.7 cm
Inscription: signed l.r. *Klee*; on mount, l. *1927 J5*, and r. *Wald und Heide.*
Œuvre catalogue: *185 J 5 Wald und Heide Pinselzeichnung deutsch Ingres weiss.*

This work refers directly to a watercolour painting of 1925 *Rhythm of a Planting* (*Rhythmen einer Pflanzung*; Nina Kandinsky Collection, Neuilly-sur-Seine) which itself is related to the "magic-square" compositions of the early 1920s. Apart from those oil paintings of pure colour abstractions, Klee also made watercolours in which the colour squares are interspersed here and there with plant forms, as, for instance, in *Dune Flora* (*Dünenflora*; 1923; Mr and Mrs Saidenberg Collection, New York).

Private Collection, Canada

42
Developing Landscape 1928
Watercolour over pen and ink, 30.1 x 46.8 cm
Inscription: signed l.l. *Klee*; on mount, c. *1928 E.8. werdende Landschaft*, and, in pencil, l.l. *'IV.'*
Exhibitions: 1971–1972, Humlebaek, no. 145; 1970, Bern, no. 118; 1963, Amsterdam, no. 35; 1962, Edinburgh, no. 46; 1961, Pully, no. 158; 1958, Moutier, no. 18; 1956, Bern, no. 75; 1955, Graz, no. 84; 1953–1954, São Paolo, no. 17; 1948, Zurich, no. 139; 1948, Basel, no. 83; 1947–1948, Bern, no. 100.
Œuvre catalogue: *148 E 8 werdende Landschaft Aquarell (u. Federzchng) deutsch Ingres weiss.*
Bibliography: Glaesemer 1976, no. 127; Huggler 1958 – 1961, p. 525.

In 1924 Klee went to Sicily and on his return he painted a number of Sicilian landscapes; for instance, *Near Taormina (Sirocco)* (*Bei Taormina [Scirocco]*; Glaesemer 1976, no. 110). Those works were built on colour patches and interlocking weaving lines. *Developing Landscape* is similar to these, except that the linear and colouristic elements are firmly bounded and there is no distinction between earth and sky. As with the Tunisian visit, so the Sicilian visit recurrs not as simple natural-

37
Démons devant une entrée 1926
Plume et encre, 13,8 x 31,5 cm
Inscriptions: Signature, h.g.: *Klee*, et *19.1.26*; sur le passe-partout, g.: *1926 10*, et d.: *Dämonen vor dem Eingang.*
Exposition: 1949-1950, New York, n° 157.
Catalogue de l'œuvre: *10 Dämonen vor dem Eingang Federzeichnung deutsch Ingres liecht tonig.*

Klee commence, en 1925, un série de dessins en utilisant l'entrecroisement et l'entrelacement de lignes parallèles (voir n° 36). Ce style deviendra, à partir du milieu des années 1920 jusque dans les années 1930, le point de départ de nombreuses œuvres d'animaux et de personnages tels que *Renard* (n° 38) et *Trois sorcières* (n° 40) et de plantes et de formes de paysages – dont la plus belle du groupe est probablement *Un jardin pour Orphée* (*Ein Garten für Orpheus*; 1926, Fondation Paul Klee).

Le choix des lignes parallèles montrent l'analogie fondamentale que Klee fait entre l'art et la nature: la notion de mouvement et de croissance. Comme, toutefois, c'est souvent le cas, le principe premier révèle un très haut niveau d'humour qui, ici, se dégage littéralement du style avec ces parallèles entre l'animal et le personnage, à propos du style et du contenu.

Fondation Paul Klee, Berne

38
Renard 1926
Plume et encre sur lavis rose, 22,7 x 16,2 cm
Inscriptions: Signature, h.g.: *Klee*; sur le passe-partout, g.: *1926 P7 l*; d.: *Fuchs.*
Expositions: 1969–1970, Paris, n° 38; 1969, Florence, n° 81; 1969, Londres, Colnaghi, n° 40; 1968, Toronto, n° 65.
Catalogue de l'œuvre: *67 P 7 Fuchs K1. Federzeichnung aquarelliert franz. Ingres JCA.*
Bibliographie: *Art Quarterly*, vol. XIX, 1956, p. 426; Popham-Fenwick, 1965, n° 196, p. 136; Walter Vitzhum, *Dessins d'Ottawa*, dans *L'Œil*, novembre 1969, n° 179.

Renard s'inscrit dans la série des images-dessins et œuvres en couleur – composées de bandes ou de lignes parallèles (voir aussi le n° 36). *Renard* se rapproche d'un autre dessin *Gros animal* (*Grosses Tier*) de 1928 (collection particulière, Californie).

Galerie nationale du Canada, Ottawa

39
Tête sur tête 1926
Plume et encre, 28,6 x 13,6 cm
Inscriptions: Signature, b.d.: K^e; sur le passe-partout, g.: *1926 Vnull*; d.: *Kopf über Kopf.*
Catalogue de l'œuvre: *210 Vnull Kopf Über Kopf Federz (Tinte) Briefpapier.*
Bibliographie: San Lazzaro 1964, p. 66, ill.

Au cours des années 1925 et 1926, Klee exécuta, en partant d'un ensemble de formes abstraites et de la technique du traitement par l'espace intérieur et par l'espace extérieur (voir aussi le n° 34), une série de dessins au nombre desquels se trouvaient celui-ci et *Connaissance d'un animal* (*Erkenntnis eines Tieres*) de 1925 (Busch-Reisinger Museum, Harvard University, Cambridge). La technique, qui se rattache, à certains points de vue, à celle de ses peintures au pistolet comme *Masque hivernal* (n° 35), est une variation sur les méthodes du cubisme synthétique; c'est-à-dire que Klee commence avec un groupe de formes abstraites à partir desquelles il bâtit une image spécifique.

Collection particulière, Canada

40
Trois sorcières 1927
Plume et encre, 31,4 x 13,6 cm
Inscriptions: Signature, b.d.: *Klee*; date au crayon, h.d.: *27*; sur le passe-partout, c.: *1927 B1 Drei Hexen.*
Exposition: 1955, New York, Curt Valentin, n° 32.
Catalogue de l'œuvre: *111 B 1 drei Hexen Federzeichnung deutsch. Ingres.*

Collection particulière, Canada

41
Forêt et bruyère 1927
Pinceau et encre, 20,9 x 30.7 cm
Inscriptions: Signature, b.d.: *Klee*; sur le passe-partout, g.: *1927 J5*; d.: *Wald und Heide.*
Catalogue de l'œuvre: *185 J 5 Wald und Heide Pinselzeichnung deutsch Ingres weiss.*

Ce dessin fait directement allusion à une aquarelle de 1925, *Rythmes d'une plantation* (*Rhythmen einer Pflanzung*, collection Nina Kandinsky, Neuilly-sur-Seine), qui a elle-même des liens avec les «carrés magiques» du début des années 1920. Outre ces peintures à l'huile faites de pures abstractions de couleur, Klee a également peint des aquarelles, comme *Flore des dunes* (*Dünenflora*) de 1923 (collection M. et Mme Saidenberg, New York), où les formes végétales viennent se mêler çà et là aux carrés de couleurs.

Collection particulière, Canada

42
Paysage en devenir 1928
Aquarelle sur dessin à la plume, 30,1 x 46,8 cm
Inscriptions: Signature, b.g.: *Klee*; sur le passe-partout, c.: *1928 E. 8. werdende Landschaft*; au crayon, b.g.: «*IV*».
Expositions: 1971–1972, Humlebaek, n° 145; 1970, Berne, n° 118; 1963, Amsterdam, n° 35; 1962, Édimbourg, n° 46; 1961, Pully, n° 158; 1958, Moutier, n° 18; 1956, Berne, n° 75; 1955, Graz, n° 84; 1953–1954, São Paulo, n° 17; 1948, Zurich, n° 139; 1948, Bâle, n° 83; 1947–1948, Berne, n° 100.
Catalogue de l'œuvre: *148 E 8 werdende Landschaft Aquarell* (*u. Federzchng*) *deutsch Ingres weiss.*
Bibliographie: Glaesemer 1976, n° 127; Huggler 1958–1961, p. 525.

En 1924, Klee se rendit en Sicile et à son retour il a peint un certain nombre de paysages siciliens tel que *Près de Taormina* (*Sirocco*) (*Bei Taormina* (*Scirocco*); Glaesemer, 1976, n° 110). Ces œuvres étaient bâties à partir de taches de couleur et de lignes ondulées qui s'entrelaçaient. Le *Paysage en devenir* leur ressemble, sauf que lignes et couleurs s'y inscrivent dans des limites bien définies et qu'il n'y a pas de distinction entre ciel et terre. Tout comme le séjour en Tunisie, le voyage en Sicile réapparaît non pas sous les traits d'un simple natura-

ism but as the experience absorbed deeply into his memory.

What Klee felt at the time seems more timely expressed by this watercolour than by the paintings he made on the spot. As he wrote to Lily in 1924, "I experience nothing, do not want to express anything, I carry within me the Sicilian mountains and that sun. Everything else is dull" (trans., Glaesemer 1976, p. 172).

Klee Foundation, Bern

43
Portrait Sketch of "The Wild One" 1929
Black grease crayon, 23.9 x 20.9 cm
Inscription: signed u.r. *Klee*; on mount, c. *1929 R.6. Bildnisse skizze "Verwildernder."*
Exhibition: 1950, New York, Buchholz Gallery, no. 51.
Œuvre catalogue: *86 R 6 bildnis skizze "Verwildernder" Fettstiftzeichnung Conceptpapier.*

The title of this drawing can have, as so often with Klee, a number of connotations that are all possible in relation to both the appearance and technique of the action of drawing. *Verwildernder*, for instance, may be a description of the appearance of the "wild one," or it may have a moral implication of degeneracy. The word also means, botanically, "running to seed."

Stylistically, the appearance of the drawing, in certain respects, seems to go back to many of the early scribble drawings Klee did before the First World War (see cat. nos. 4, 6). Nor was this an isolated work for this period, since he used a similar type of scrawling line in drawings like *Lonely Excited One* (*Einsamer Erregter*) and *Little Ensign at the Foot of the Mountain* (both 1929, Felix Klee Collection).

Private Collection, Canada

44
Desolate Village 1930
Watercolour on paste-ground paper, 30.0 x 46.4 cm
Inscription: signed l.r. *Klee*; on mount, l. *VI 1930. 4*, and r. *wuestere-Dorf.*
Exhibitions: 1973, Des Moines, no. 49; 1963, Zurich, Ziegler, no. 25; 1930, New York, no. 62.
Œuvre catalogue: *4 4 Wüsteredorf Aquarell deutsch Ingres Kleistergrundiert.*

Between 17 December 1928 and 17 January 1929 Klee visited Egypt. His response to the visit was immediate and formed the basis for many images in his work in the 1930s. The direct effects of the Egyptian landscape are to be found in two quite distinct picture types. Best known, perhaps, are the strata-pictures (those comprised of a series of horizontal coloured bands) like *Monument in Fertile Country* (*Monument im Fruchtland*; Glaesemer 1976, no. 130) and *Highway and Byways* (*Hauptweg und Nebenwege*; Wallraf-Richartz Museum, Cologne), both of 1929. But there is also a group, including *Desolate Village, Desert Mountain* (*Wüstengebirge*; 1929; Felix Klee Collection); and *Memory of Assuan* (*Erinnerung an Assuan*; 1930; Walter C. Goodman Collection, Belvedere, California) that shows a different reflection on the Egyptian landscape. *Memory of Assuan* is very close in technique and appearance to *Desolate Village* and the specific reference to Egypt in its title confirms the association of this work with the visit.

Klee must have painted this watercolour very early in 1930, as it was included in the Museum of Modern Art exhibition which opened on 13 March 1930. This was the second exhibition of Klee's work in North America.

Private Collection, Canada

45
Animal Sniffing 1930
Grey watercolour, pen and ink; 31.9 x 47.8 cm
Inscription: signed u.l. *Klee*; on mount, l. *1930 p4*, and r. *witterndes Tier*; in pencil l. corner, *S Cl/IX.*
Exhibitions: 1970, Bern, no. 134; 1967, Bremen, no. 145; 1964, Lucerne, no. 46; 1961, Tokyo, no. 58; 1956, Bern, no. 86; 1953 – 1954, São Paolo, no. 21; 1952, Winterthur, no. 65; 1949/50, New York, no. 56; 1948, Zurich, no. 169; 1948, Amsterdam, no. 116; 1947/48, Bern, no. 116; 1936, Lucerne, no. 155.
Œuvre catalogue: *64 p 4 witterndes Tier Feder und Aquarell ital. Ingres (aquarell).*
Bibliography: Glaesemer 1976, no. 142; Huggler and Takiguchi 1963, p. 70, ill. p. 71; Roethel 1955, pl. 36; Arland 1954, p. 7.

In 1909, Klee had written, "Nature can afford to be prodigal in everything, the artist must be frugal down to the smallest detail . . . If my works sometimes produce a primitive impression, this 'primitiveness' is explained by my discipline, which consists in reducing everything to a few steps. It is no more than economy; that is, the ultimate professional awareness. Which is to say, the opposite of real primitiveness" (*Diaries* 857).

Klee Foundation, Bern

46
Dreamlike 1930
Pen and ink on handmade engraving paper, 24.3 x 30.6 cm
Inscription: signed l.c. *Klee*; on mount c. *1930 Ri traumhaftes.*
Œuvre catalogue: *81 R 1 traumhaftes Federzeichnung Kupferdruck-Büttenpapier.*
Bibliography: Osterwold 1975, p. 50, ill.

There appears to be, from the end of the 1920s, a reassessment of the fundamental properties of the artist's means – line, tone, and colour. In many respects *Dreamlike* recalls the fine description at the beginning of the essay "Creative Credo" in which Klee "takes a line (movement) for a walk." "Let us," he writes, "draw up a topographical plan and take a little journey to the land of better understanding. The first act of movement (line) takes us far beyond the dead point." After he has described its adventures, Klee writes, "Soon we come to our original lodging. Before we fall asleep, a number of memories come back to us, for a short trip of this kind leaves us full of impressions" (*The Thinking Eye*, p. 76).

lisme, mais comme une expérience conservée dans les profondeurs de la mémoire.

Cette aquarelle semble mieux exprimer ce que l'artiste ressentit lors de son voyage que les peintures qu'il fit sur les lieux. Klee écrivait à Lily en 1924: «Je ne ressens rien, ne veux rien exprimer, je porte en moi les montagnes siciliennes et ce soleil. Tout le reste est terne» (Glaesemer 1976, p. 172).

Fondation Paul Klee, Berne

43
Esquisse de portrait «en le rendant plus sauvage» 1929
Pastel noir gras, 23,9 x 20,9 cm
Inscriptions: Signature, h.d.: *Klee*; sur le passe-partout, c.: *1929 R.6. Bildnisse skizze «Verwildernder».*
Exposition: 1950, New York, Buchholz Gallery, nº 51.
Catalogue de l'œuvre: *86 R 6 bildnis skizze «Verwildernder» Fettstiftzeichnung Conceptpapier.*

Le titre peut avoir, comme c'est si souvent le cas chez Klee, un certain nombre de connotations, qui sont toutes possibles d'après l'apparence et la technique du dessin. Le mot *Verwildernder* peut soit décrire l'apparence d'un «sauvage», soit avoir des connotations de dégénérescence morale, soit signifier, en botanique, «montant en graines».

L'apparence du dessin semble se rapprocher pour le style, à certains points de vue, de bon nombre des graffiti d'avant-guerre (voir nºs 4 et 6). L'œuvre ne se présente pas non plus comme un cas isolé pour cette époque, car Klee avait eu recours à une ligne griffonnée analogue dans des dessins comme *Excitation solitaire* (*Einsamer Erregter*) et *Petite enseigne au pied de la montagne* tous deux de 1929 et dans la collection Felix Klee.

Collection particulière, Canada

44
Village desert 1930
Aquarelle sur papier enduit de colle, 30 x 46,4 cm
Inscriptions: Signature, b.d.: *Klee*; sur le passe-partout, g.: *VI 1930. 4*; d.: *wuestere-Dorf.*
Expositions: 1973, Des Moines, nº 49; 1963, Zurich, Ziegler, nº25; 1930, New York, nº 62.
Catalogue de l'œuvre: *4 4 Wüsteredorf Aquarell deutsch Ingres Kleistergrundiert.*

Klee visita l'Égypte du 17 décembre 1928 au 17 janvier 1929. Ce voyage eut sur son œuvre des effets immédiats, qui inspirèrent bon nombre de ses images jusque dans les années 1930. L'influence directe du paysage égyptien apparaît dans deux catégories d'images bien distinctes. Les mieux connues sont peut-être les images faites d'une série de bandes horizontales colorées comme *Monument en pays fertile* (*Monument im Fruchtland*; Glaesemer 1976, nº 130) et *Chemin principal et chemins latéraux* (*Hauptweg und Nebenwege*; Wallraf-Richartz Museum, Cologne), qui datent toutes deux de 1929. Mais il y a aussi un autre groupe d'œuvres, notamment cette aquarelle, *Montagnes du désert* (*Wüstengebirge*) de 1929 (Collection Felix Klee) et *Souvenir d'Assouan* (*Erinnerung an Assuan*) de 1930 (collection Walter C. Goodman, Belvedere, Californie), qui témoignent d'un autre genre de réflexion sur le paysage égyptien. *Souvenir d'Assouan* se rapproche beaucoup, par la technique et par l'apparence, de *Village désert* et l'allusion précise à l'Égypte que renferme le titre atteste le lien entre cette œuvre et le voyage.

Klee a dû peindre cette aquarelle au tout début de 1930, car elle figurait dans la deuxième exposition en Amérique du Nord, inaugurée le 13 mars 1930, au Museum of Modern Art de New York.

Collection particulière, Canada

45
Animal flairant 1930
Aquarelle grise, plume et encre, 31,9 x 47,8 cm
Inscriptions: Signature, h.g.: *Klee*; sur le passe-partout, g.: *1930 p4*; d.: *witterndes Tier*; au crayon, coin g.: *S C1/IX.*
Expositions: 1970, Berne, nº 134; 1967, Brême, nº 145; 1964, Lucerne, nº 46; 1961, Tokyo, nº 58; 1956, Berne, nº 86; 1953-1954, São Paulo, nº 21; 1952, Winterthur, nº 65; 1949-1950, New York, nº 56; 1948, Zurich, nº 169; 1948, Amsterdam, nº 116; 1947–1948, Berne, nº 116; 1936, Lucerne, nº 155.
Catalogue de l'œuvre: *64 p 4 witterndes Tier Feder und Aquarell ital. Ingres (aquarell).*
Bibliographie: Glaesemer 1976, nº 142; Huggler et Takiguchi 1963, p. 70, ill. p. 71; Roethel 1955, pl. 36; Arland 1954, p. 7.

En 1909, Klee avait déclaré: «La nature peut se permettre du gaspillage en toutes choses, l'artiste doit être économe dans les moindres . . . Si mes travaux suscitent parfoir une impression de «primitivité», celle-ci est due à la discipline qui m'astreint à une gradation réduite. Elle n'est autre chose qu'une économie, donc le fait d'une suprême notion professionnelle, le contraire de la primitivité réelle» (*Journal*, p. 233–234).

Fondation Paul Klee, Berne

46
Chose de rêve 1930
Plume et encre sur papier d'impression à la cuve, 24,3 x 30,6 cm
Inscriptions: Signature, c.b.: *Klee*; sur le passe-partout, c.: *1930 Ri traumhaftes.*
Catalogue de l'œuvre: *81 R 1 traumhaftes Federzeichnung Kupferdruck-Büttenpapier.*
Bibliographie: Osterwold 1975, p. 50, ill.

À partir de la fin des années 1920, il semble, qu'il y ait eu une réévaluation de la ligne, valeur et couleur qui sont les éléments fondamentaux de l'œuvre de Klee. À bien des égards, *Chose de rêve* rappelle la belle description au début de son essai *Confession créatrice* dans lequel Klee «entreprend un court voyage à partir du point mort, projection du premier acte de mobilité (ligne)» et où, après avoir décrit ses aventures, il écrit «Bientôt nous atteignons notre premier refuge. Avant de nous endormir, de nombreux événements resurgissent dans notre mémoire car ce petit voyage est riche d'impressions» (*La pensée créatrice*, p. 77). Et plus tard, dans le même essai, il donne l'exemple d'une expérience totale dans laquelle l'artiste graphiste doit chercher la description: «Un homme en train de dormir, la circulation du sang, la respiration régulière des poumons, la délicate fonction des reins et, dans la tête, un monde de

Later, in the same essay, he gives an example of the totality of experience which the graphic artist may seek to describe: "A sleeping man, the circulation of his blood, the measured breathing of the lungs, the delicate function of the kidneys, in his head a world of dreams, related to the powers of fate. An interplay of functions, united in rest" (*The Thinking Eye*, p. 79).

Klee Foundation, Bern

47
The Fools Day Out 1930
Pen and ink, 23.4 x 31.2 cm
Inscription: signed u.r. *Klee*; on mount, c. *1930 R10 Ausgang der Narren.*
Œuvre catalogue: *90 R 10 Ausgang der Narren Federzeichnung italien. Ingres.*

The interlocked, geometric forms in *The Fools Day Out* can be traced back into a number of works of 1927, for instance *Sail Boats* (*Segelschiffe*; Glaesemer 1976, no. 121), two of the *Côte de Provence* series, numbers 1 and 7, and a figure painting *Argument* (*Disput*; 1929; Glaesemer 1976, no. 131). The particular form of this work was the source for at least two drawings of 1930 in the Klee Foundation, both with the title *Family Promenade* (*Familien spaziergang*). *The Fools Day Out* was drawn freehand whilst the two *Family Promenades* were made with ruler and compass. The family entourage in all three drawings are led by dogs and followed up by a figure who seems to be dressed in a nanny's outfit. In the *Family Promenade* drawings all of the figures, including the dogs, are interlocked except for the "nanny;" *Ausgang*, as well as meaning a day out may also mean a servant's day off.

Private Collection, Canada

48
Distant Landscape 1931
Oil on canvas, 40.0 x 45.0 cm
Inscription: signed u.r. *Klee.*
Exhibitions: 1977, Saint-Paul, no. 98; 1971, Winterthur, pl. 14; 1970 – 1971, Munich, no. 135; 1969 – 1970, Paris, no. 96.
Œuvre catalogue: *286 Y 6 entlegene Landschaft Oelfarben Leinwand auf Keilrahmen o.45 /0.4.*
Bibliography: Osterwold 1975, p. 132.

During the period at Düsseldorf between 1931 and 1933, Klee developed the "divisionist" pictures to which this oil belongs. The technique is for the whole surface to be covered with small blocks of colour, yielding complex effects through the juxtaposition of colours. Klee's technique seems closer to the successors of Georges Seurat (1859–1891), such as Henri Cross (1856–1910) and the pre-Fauvist Henri Matisse, than to Seurat himself. As in *Distant Landscape*, the colour blocks are often coursed through by lines, as if outlining the features of a landscape. Although the divisionist pictures are concentrated in the 1931–1933 period, the technique recurs occasionally during the years 1934–1936.

Felix Klee Collection, Bern

49
Parade of the Little Ones 1932
Reed pen and ink, 37.2 x 50.0 cm
Inscription: signed r. *Klee*; on mount, l. *1932 p 15*, and r. *Aufmarsch der Kleinen.*
Œuvre catalogue: *115 p 15 Aufmarsch der Kleinen Rohrfederzeichnung Japan.*

Parade of the Little Ones is part of a group of similar drawings all of 1932 and all with children as their subjects described in a rough pen technique. This group of at least seven drawings, including this one, is listed together in the œuvre catalogue with numbers running *105 p 5* to *108 p 8*; then *110 p 10, 114 p 14*; and *Parade of the Little Ones* is listed as *115 p 15*. What may be the earliest of the series *Children's Playground* (*Kinderspielplatz*; 1932; *97 N 17*) is extended, and the title repeated in a drawing of 1937, *Child-Play-Ground* (*Kinder-spiel-platz*; see San Lazzaro 1964, p. 162).

Private Collection, Canada

50
Duels 1933
Brush and ink, 26.7 x 50.2 cm
Inscription: on mount, l.l., *1933 M2*, and l.r., *Zweikämpfe.*
Exhibition: 1971, Saint-Gall, no. 73.
Œuvre catalogue: *42 M 2 zwei Kämpfe Pinselschng ital Ingres PMF.*

This somewhat confusing drawing is reminiscent in technique to a much earlier drawing, *Small Landscape* (*Two Stars*) (*Kleine Landschaft [zwei Gestirne]*; 1916; Glaesemer 1973, no. 587), with the loose patches of blue wash over the line drawing. *Duels* is difficult to read for two reasons: the upper edge may have been trimmed, and the forms developed in the upper part are quite different from either of the two lower groups of figures. Their only common element seems to be that of antagonism, both in style and subject.

Private Collection, Canada

51
Time 1933
Waxed watercolour on gypsum-ground gauze, mounted on plywood;
25.5 x 21.5 cm
Inscription: signed u.r. *Klee.*
Exhibitions: 1971, Winterthur, no. 36; 1969, Kamakura, no. 27.
Œuvre catalogue: *281 Z 1 die Zeit Wasserfarben (gewachst) Sperrholz mit Hilfe von Gaze gipsgrundiert 0.225 /0.215.*
Bibliography: Osterwold 1975, p. 144, ill.

This watercolour is a brilliant example of Klee's presentation of meaning by technique. The black lines, like the hands of a clock, echo the geometric regularity of the layers of gauze glued on top of each other, as if the picture itself, as an object, is built up toward the rational measurement of time. The gauze, however, is a poor support for the layers of gypsum to which the colour is applied, and this fragility is shown by the cracked and flaking surface. The contrast between the regularity of shape and the fragile surface is a fine symbol for

rêves en rapport avec les puissances du destin. Un ensemble de fonctions unies dans le repos» (*La pensée créatrice*, p. 79).

Fondation Paul Klee, Berne

47
Jour de sortie des bouffons 1930
Plume et encre, 23,4 x 31,2 cm
Inscriptions: Signature: h.d.: *Klee*; sur le passe-partout, c.: *1930 R10 Ausgang der Narren.*
Catalogue de l'œuvre: *90 R 10 Ausgang der Narren Federzeichnung italien, Ingres.*

On peut rattacher les formes géométriques entrelacées dans *Jour de sortie des bouffons* à un certain nombre d'œuvres de 1927, comme *Voiliers* (*Segelschiffe*; Glaesemer 1976, nº 121), *Côte de Provence*, nºs 1 et 7, et à une peinture de 1929, *Argument* (*Disput*; Glaesemer 1976, nº 131). La forme spécifique de la présente œuvre fut une source d'inspiration pour au moins deux dessins de 1930, l'un et l'autre intitulés *Promenade en famille* (*Familienspaziergang*) et appartenant à la Fondation Paul Klee. *Jour de sortie des bouffons* fut dessiné à main levée, tandis que les deux *Promenade en famille* furent exécutés à la règle et au compas. Dans les trois dessins, le groupe familial est précédé par des chiens et suivi d'une silhouette qui semble vêtue comme une bonne d'enfants. Dans les dessins *Promenade en famille*, toutes les figures, y compris les chiens, sont entrelacées, sauf la «bonne». Le mot allemand *Ausgang* peut aussi bien vouloir dire jour de sortie que jour de congé de la bonne.

Collection particulière, Canada

48
Paysage lointain 1931
Huile sur toile, 40 x 45 cm
Inscription: Signature, h.d.: *Klee.*
Expositions: 1977, Saint-Paul, nº 98; 1971, Winterthur, pl. 14; 1970–1971, Munich, nº 135; 1969–1970, Paris, nº 96.
Catalogue de l'œuvre: *286 Y 6 entlegene Landschaft Oelfarben Leinwand auf Keilrahmen o.45 /0.4.*
Bibliographie: Osterwold 1975, p. 132.

C'est pendant la période de Düsseldorf, entre 1931 et 1933, que Klee développa les tableaux «divisionnistes» dont celui-ci. La technique consiste à couvrir entièrement la surface de petits blocs de couleur, de façon à obtenir des effets complexes par la juxtaposition des couleurs. Cette technique semble rapprocher Klee des successeurs de Georges Seurat (1859–1891), tels que Henri Cross (1856–1910) et Henri Matisse avant sa période fauve, plutôt que de Seurat lui-même. Les blocs de couleur sont souvent entre-coupés de lignes, comme pour tracer les éléments d'un paysage, comme dans *Paysage lointain.* Bien que la plus grande partie des tableaux divisionnistes appartiennent à la période 1931–1933, la technique qui les caractérise est reprise à l'occasion au cours des années 1934–1936.

Collection Felix Klee, Berne

49
Défilé des petits 1932
Roseau et encre, 37,2 x 50 cm
Inscriptions: Signature, d.: *Klee*; sur le passe-partout, g.: *1932 p15*; d.: *Aufmarsch der Kleinen.*
Catalogue de l'œuvre: *115 p 15 Aufmarsch der Kleinen Rohrfederzeichnung Japan.*

Cette œuvre fait partie d'un groupe de dessins analogues, tous de 1932, où l'artiste emploie une technique à la plume grossière pour dépeindre des enfants. Ces dessins, au moins sept en tout, y compris celui-ci sont regroupés dans le catalogue de l'œuvre et portent les numéros *105 p 5* à *108 p 8, 110 p 10, 114 p 14* et *115 p 15*, numéro attribué au *Défilé des petits.* L'œuvre qui est peut-être la première de la série *Les enfants au jeu* (*Kinderspielplatz*; 97 N 17) de 1932 prend plus d'ampleur dans un dessin du même titre qui date de 1937 *Enfant-Jeu-Place* (*Kinder-spiel-platz*; voir San Lazzaro 1964, p. 162).

Collection particulière, Canada

50
Duels 1933
Pinceau et encre, 26,7 x 50,2 cm
Inscriptions: Sur le passe-partout, b.g.: *1933 M2*; b.d.: *Zweikämpfe.*
Exposition: 1971, Saint-Gall, nº 73.
Catalogue de l'œuvre: *42 M 2 zwei Kämpfe Pinselzchng ital Ingres PMF.*

Avec ses légères taches de lavis bleu sur le tracé linéaire, ce dessin quelque peu embrouillant évoque la technique d'un autre dessin qui lui est de beaucoup antérieur, *Paysage exigu (deux astres)* de 1916 (*Kleine Landschaft [zwei Gestirne]*; Glaesemer 1973, nº 587). *Duels* est difficile à lire pour deux raisons: le bord supérieur a peut-être été coupé; et les formes qui apparaissent dans la partie supérieure sont très différentes de celles que l'on voit dans l'un et l'autre groupes de figures en bas. Le seul élément commun semble être l'antagonisme, au niveau du style et du sujet.

Collection particulière, Canada

51
Le temps 1933
Aquarelle cirée sur gaze à fond de plâtre étendu sur contreplaqué, 25,5 x 21,5 cm
Inscription: Signature, h.d.: *Klee.*
Expositions: 1971, Winterthur, nº 36; 1969, Kamakura, nº 27.
Catalogue de l'œuvre: *281 Z 1 die Zeit Wasserfarben (gewachst) Sperrholz mit Hilfe von Gaze gipsgrundiert 0.255 /0.215.*
Bibliographie: Osterwold 1975, p. 144, ill.

Cette aquarelle constitue un excellent exemple de la façon dont Klee se servait de la technique pour présenter le thème. Les lignes noires, semblables aux aiguilles d'une horloge, reflètent la régularité géométrique des couches de gaze collées les unes sur les autres, comme si l'image elle-même, en tant qu'objet, était construite en vue de la mesure rationnelle du temps. Cependant, la gaze est un piètre support pour les couches de plâtre recouvertes de peinture et sa fragilité est bien marquée par la surface fendillée et écaillée. Le contraste entre la régularité du tracé et la fragilité de la surface symbolise parfaitement la relativité du temps. Comme pour souligner la nature précaire de notre foi en l'élément temporel, Klee appose sa signature sur un petit

the relativity of time. As if to underscore the weakness of the faith we put in time, Klee signs the picture on a small piece of gauze which he has glued into to the upper right-hand corner.

Felix Klee Collection, Bern

52
Anatomical Venus 1933
Grease crayon on brown-ground canvas, 52.0 x 19.2 cm
Inscription: signed l.r. *Klee*; on mount, in pencil, *1933 H1 Anatomische Venus*, and l.l. *Scl.*
Exhibitions: 1970 – 1971, Munich, no. 162; 1967, New York, no. 135.
Œuvre catalogue: *441 H 1 Anatomische Venus Wachskreiden auf braungrundierte Leinwand.*

Throughout 1933 and then in 1934 and 1935, when he had left Germany to settle in Switzerland, Klee painted a number of strange, single-figure compositions, sometimes full length, sometimes just heads. Although they utilize a wide variety of techniques and modes, they seem united by, for the most part, an emphasis on ugliness and distortion, a characteristic found not only in the images but also in the techniques which make use of crudely prepared and painted surfaces. Two of the paintings of the group are probable self-portraits, *Stricken from the List* (*Aus der Liste gestrichen*, 1933; Felix Klee Collection) and *Penitent* (*Busser*, 1935; Glaesemer 1976, no. 193). *Anatomical Venus*, in its particular form, is similar to *Mask, Head and Wig* (*Maske, Kopf und Perücke*; 1933; Glaesemer 1976, no. 172) and *Mask of a Woman* (*Frauenmaske*; 1933; F. C. Schang Collection, New York). This work and *Mask of a Woman* in turn refer back to a 1925 painting *Profile of a Head* (*Kopfprofil*; Felix Klee Collection). *Anatomical Venus* is ironic both at the levels of technique and image. The delicate colours applied by, it seems, a gentle stroking action, cling to a harsh, rough, and pitted surface; the image produced seems a travesty of love.

Private Collection, Canada

53
Menu Without Appetite 1934
Pencil on paper prepared with titanium white, 20.9 x 32.8 cm
Inscription: signed l.r. *Klee*; on mount, u.l. (inverted) *Tit. w ter l*; on mount, c. *1934 S10 Menu ohne Appetit.*
Œuvre catalogue: *170 S 10 Menu ohne Appetit Bleistift auf titanweissgrundiertem Conceptpapier.*
Bibliography: Glaesemer 1976, pp. 314, 316–317, ill.

This uncharacteristically bitter drawing is, in many respects, a parody of Klee's own artistic methods, particularly because he uses the notion of natural growth as a parallel to artistic creation. Glaesemer (1976, p. 314) draws a parallel between it and the Surrealism of Salvador Dali (*b.* 1904), Yves Tanguy (1900–1955), and Pablo Picasso.

The inverted inscription in the upper left is difficult to transcribe. It may be a reference to the titanium-white ground with which the paper is prepared. Certain features of the graphology do not, however, seem wholly consistent with Klee's script and may be by another hand.

Private Collection, Canada

54
Haste Without Discretion 1935
Watercolour on paper, 31.5 x 30.0 cm
Inscription: signed u.l. *Klee*, on mount, c. *1937 N17 Eile ohne Rücksicht.*
Exhibitions: 1974, London, no. 52; 1971, Winterthur, no. 137; 1969, Kamakura, no. 90.
Œuvre catalogue: *97 N 17 Eile ohne Rücksicht Aquarellfarben Canson-Ingres.*

In discussing Klee's work of 1935, Glaesemer (1976, pp. 313–314) considers a number of compositions with "sharp" linear elements and proposes that "the 'sharp' of his formal compositions alludes directly to what he was going through at the time" (trans.) One of the pictures to which he refers, *The Way Out Discovered* (*Der gefundene Ausweg*; 1935; Felix Klee Collection) is directly related to this one, showing "match-stick figures" running through a linear trap.

Felix Klee Collection, Bern

55
Headdress 1935
Watercolour on gipsum-ground jute, 46.5 x 30.0 cm
Inscription: originally signed *Klee* but signature is no longer visible.
Exhibition: 1967, Pasadena, no. 146 ill.
Œuvre catalogue: *122 Qu 2 Kopftracht Aquarellf. JuteGipsgrdt.*
Bibliography: Grohmann 1954, p. 319.

As is common for many of the works of the 1934 – 1936 period, *Headdress* refers back to forms which Klee had been developing five or six years before and seems to combine a number of aspects that had first appeared about 1929 – 1930. The linear-planal development of the head is reminiscent of a 1930 drawing *Portrait of a Scholar* (*Bildnis eines Gelehrtes*; M.H. Drey, London; Grohmann 1960, p. 126); the overlapping of coloured planes is a technique similar to that in a group of watercolour drawings of 1930 (see, for instance, Glaesemer 1976, nos. 147 – 150), and the sense of planes folded over, rather than simply lying over one another on the roughened jute surface has something of the effect of a strange plaster relief, *Small Sculpture Mounted* (*Kleinplastik, montiert*) which he made in 1929 (Glaesemer 1976, no. 140). A similar geometric head, though without the textural and formal force and subtlety of *Headdress*, is *Rough-hewn Head* (*Grobgeschnittener Kopf*) also of 1935 (F.C. Schang Collection, New York).

Private Collection, Canada

56
Couple under Trees 1937
Paste colour and pastel on paper, 48.5 x 32.0 cm

morceau de gaze qu'il a collé dans le coin supérieur droit.

Collection Felix Klee, Berne

52
Vénus anatomique 1933
Pastel gras sur toile à fond brun, 52 x 19,2 cm
Inscriptions: Signature, b.d.: *Klee*; sur le passe-partout au crayon: *1933 H1 Anatomische Venus*; b.g.: *Scl.*
Expositions: 1970–1971, Munich, n° 162; 1967, New York, n° 135.
Catalogue de l'œuvre: *441 H 1 Anatomische Venus Wachskreiden auf braungrundierte Leinwand.*

Au cours de l'année 1933 et, à nouveau, en 1934–1935, après avoir quitté l'Allemagne pour s'établir en Suisse, Klee peignit plusieurs compositions à figure unique, assez étranges, présentant parfois un personnage en pied, parfois seulement la tête. Malgré la grande diversité des techniques et des modes utilisés, ces compositions semblent liées, en grande partie, par une insistance sur la laideur et l'anomalie, caractéristique qui se manifeste non seulement dans les images, mais aussi dans les techniques, qui soulignent les surfaces préparées et peintes grossièrement. Deux des peintures de ce groupe sont sans doute des autoportraits: *Rayé de la liste* (*Aus der Liste Gestrichen*) de 1933 (collection Felix Klee) et *Pénitent* (*Büsser*) de 1935 (Glaesemer 1976, n° 193). *La Vénus anatomique*, de par son tracé spécifique, a certaines affinités avec *Masque, tête et perruque* (*Maske, Kopf und Perücke*; Glaesemer 1976, n° 172) et *Masque féminim* (*Frauenmaske*; collection F. C. Schang, New York), tous les deux de 1933. Par ailleurs, *Masque féminin* et le présent tableau évoquent une peinture de 1925, *Profil de tête* (*Kopfprofil*; collection Felix Klee). L'image que présente la *Vénus anatomique* se situe à un niveau d'ironie, aussi bien sur le plan de la technique que de l'image. Les couleurs délicates, qui semblent appliquées par de légers coups de pinceau, adhèrent à une surface grossière, rugueuse et trouée; l'image ainsi obtenue semble une parodie de l'amour.

Collection particulière, Canada

53
Menu sans appétit 1934
Crayon sur papier préparé au blanc de titane, 20,9 x 32,8 cm
Inscriptions: Signature, b.d.: *Klee*; sur le passe-partout, h.g. (à l'envers): *Tit. w ter 1*; sur le passe-partout, c.: *1934 S10 Menu ohne Appetit.*
Catalogue de l'œuvre: *170 S 10 Menu ohne Appetit Bleistift auf titanweissgrundiertem Conceptpapier.*
Bibliographie: Glaesemer 1976, p. 314, 316–317, ill.

Ce dessin d'une amertume assez surprenante constitue, à bien des points de vue, une parodie des méthodes artistiques de Klee, notamment du fait qu'il y confronte la notion de croissance naturelle avec celle de la création artistique. Glaesemer (1976, p. 314) y voit un parallèle du surréalisme de Salvador Dali (né en 1904), Yves Tanguy (1900–1955) et Pablo Picasso.

L'inscription à l'envers, en haut et à gauche, est difficile à transcrire. C'est peut-être une allusion au blanc de titane dont l'artiste s'est servi pour préparer le papier. Toutefois, certains traits graphologiques ne semblent pas concorder parfaitement avec l'écriture de Klee et l'inscription pourrait être de quelqu'un d'autre.

Collection particulière, Canada

54
Hâte sans égard 1935
Aquarelle sur papier, 31,5 x 30 cm
Inscriptions: Signature, h.g.: *Klee*; sur le passe-partout, c.: *1937 N17 Eile ohne Rücksicht.*
Expositions: 1974, Londres, n° 52; 1971, Winterthur, n° 137; 1969, Kamakura, n° 90.
Catalogue de l'œuvre: *97 N 17 Eile ohne Rücksicht Aquarellfarben Canson-Ingres.*

Discutant l'œuvre de 1935, Glaesemer (1976, p. 313–314) considère un certain nombre de compositions avec des éléments linéaires «pointus» et voit dans les «éléments «pointus» de ces compositions formelles une allusion directe aux expériences que vivait l'artiste à cette époque». Une de ces œuvres, *L'issue enfin trouvée* (*Der gefundene Ausweg*; 1935; collection Felix Klee) est directement rattachée à *Hâte sans égard*, où des petits bonshommes passent en courant dans un piège linéaire.

Collection Felix Klee, Berne

55
Coiffe 1935
Aquarelle sur jute enduit de plâtre, 46,5 x 30 cm
Inscription: Signature: *Klee* mais plus visible maintenant.
Exposition: 1967, Pasadena, n° 146, ill.
Catalogue de l'œuvre: *122 Qu 2 Kopftracht Aquarellf. JuteGipsgrdt.*
Bibliographie: Grohmann 1954, p. 319.

Comme beaucoup d'œuvres des années 1934–1936, cette aquarelle renvoie aux formes que Klee avait élaborées cinq ou six ans plus tôt et semble réunir plusieurs éléments qui avaient fait leur apparition vers 1929–1930. La tête construite à partir de lignes et de surfaces évoque un dessin de 1930, *Portrait de savant* (*Bildnis eines Gelehrtes*; M. H. Drey, Londres; voir Grohmann 1960, p. 126); la technique du chevauchement des surfaces colorées est similaire à celle utilisée dans un groupe de dessins à l'aquarelle de 1930 (voir, par exemple, Glaesemer 1976, n°s 147–150). Par ailleurs, l'impression de surfaces repliées sur elle-mêmes, plutôt que simplement couchées les unes sur les autres, sur le fond de jute rugueux, crée un effet semblable à celui d'un étrange relief en plâtre, *Petite sculpture montée* (*Kleinplastik, montiert*), datant de 1929 (Glaesemer 1976, n° 140). On trouve une tête géométrique analogue, quoique n'ayant pas la force et la subtilité de texture et de forme de *Coiffe*, dans *Tête taillée à coups de hache* (*Grobgeschnittener Kopf*), également de 1935 (collection F. C. Schang, New York).

Collection particulière, Canada

56
Couple sous les arbres 1937
Couleur à la colle et pastel sur papier, 48,5 x 32 cm

Inscription: signed u.r. *Klee*; on mount, c. *1937 20 Paar unter Bäumen.*
Exhibition: 1960, New York, World House Galleries, no. 38.
Œuvre catalogue: *20 20 Paar unter Bäumen Kleister- und Pastellfarben Ingres.*

Although Klee used paste to help bind pastel colours about 1930 and as an ingredient in mixing grounds earlier than that, it was in 1933 and 1934 that he began to use paste colour as a painting medium. He took this up again at the beginning of 1937, as shown in *Couple under Trees*. This technique was to play a major role in all the coloured works by Klee, right through to the end of his career.

Private Collection, Canada

57
Flora 1937
Oil on paper, 39.4 x 28.9 cm
Inscription: signed l.c. *Klee* (scratched in); in pencil, on mount, l. *'VIII'.*
Exhibitions: 1970, Bern, no. 189; 1963 – 1964, Frankfurt, no. 52; 1962, Edinburgh, no. 57; 1956, Bern, no. 137; 1955, Graz, no. 90; 1954, Munich, no. 168; 1949 – 1950, New York, no. 79; 1948, Zurich, no. 243; 1947 – 1948, Bern, no. 151; 1940, Bern, no. 141.
Œuvre catalogue: *28 K 8 Flora Olfarben Fabriano m. roten / Olgrd (Blatt, mehrfarbig).*
Bibliography: Mehring 1956, pl. 43; Glaesemer 1976, no. 197.

Flora is similar in its use of colour to *Couple under Trees* (cat. no. 56), though the contrasts of complimentaries, here red and green, are even more boldly stated. The striking effect of the colour is enhanced by the areas of blue and yellow. The work is very similar in approach and subject to *Pomona Growing Up* (*Pomona Heranswachsend*; 1937; Guggenheim Collection, New York). Klee returns to the Pomona theme (Pomona is the Roman goddess of fruit) in *Pomona Overripe* (*Pomona überreif*; 1938; Glaesemer 1976, no. 216), this time introducing a predominently red ground.

Klee Foundation, Bern

58
Figure in the Garden 1937
Pastel on canvas, 50.0 x 42.0 cm
Inscription: signed u.r. *Klee*; on mount, l.l. *1937 Qu9*, and l.r. *Figur im Garten.*
Exhibitions: 1977, Saint-Paul, no. 137; 1974, The Hague, no. 113; 1974, London, no. 59; 1970, Rome, no. 156; 1969, Kamakura, no. 93; 1967, Pasadena, no. 151; 1953, São Paolo, no. 43; 1945, London, no. 116.
Œuvre catalogue: *129 Qu 9 figur im Garten Pastellfarben Leinwand.*
Bibliography: Marnat 1974, ill. p. 77; Vogt 1972, p. 370, ill.; Grohmann 1954, p. 314, ill.

Figure in the Garden is a major and early example of one of the most important groups of Klee's late paintings, the group to which *Glance from Red* (cat. no. 60) and the pastel *Legend of the Nile* (*Legende vom Nil*, see p. 49) also belong. The technique for the group is generally pastel on canvas or cotton, and the form comprises linear signs, usually in black (in *Legend of the Nile* they are brown) surrounded by blocks of colour.

This pastel was followed by pictures like *Child in Red* (*Kind in Rot*; 1937; Stanley K. Resor Collection) and *Oriental Garden (Garten in Orient*; 1937; F.C. Schang Collection, New York). These works were then followed by a major group listed close to each other in the œuvre catalogue and with the designation "U," such as *Yellow Signs* (*Zeichen in Gelb*; 1937), U 10; *Glance from Red*, U 11; *Stage Landscape* (*Bühnen-landschaft*; 1937) U 12, *Legend of the Nile*, U 15, and *Branches in Autumn* (*Zweige im Herbst*; 1937), U 16.

Felix Klee Collection, Bern

59
Hard and Soft I 1937
Charcoal on paper, 35.5 x 27.3 cm
Inscription: signed u.l. *Klee.*
Œuvre catalogue: *157 R 17 hart und weich I Kohle rosa-Papier..*

Art Gallery of Ontario, Toronto

60
Glance from Red 1937
Pastel on cotton mounted on jute, 47.0 x 50.0 cm
Inscription: signed l.r. *Klee*; on the stretcher, *1937 U11 'Blick aus Rot' Klee.*
Exhibitions: 1974, London, no. 18; 1971, Winterthur, no. 146: 1970–1971, Munich, no. 207; 1970, Rome, no. 155; 1969, Kamakura, no. 95; 1967, Pasadena, no. 154; 1963 – 1964, Frankfurt, no. 54; 1956, Bern, no. 683.
Œuvre catalogue: *211 U 11 Blick aus Rot 0.5 /0.47 Pastellfarben weisse Baumwolle auf Jute, Keilrahmen*
Bibliography: Klee, *The Thinking Eye*, p. 291, ill.

Felix Klee Collection, Bern

61
Full Moon on the Moor 1938
Paste colour on newspaper mounted on cardboard, 35.0 x 49.2 cm
Inscription: signed l.l. *Klee*; on mount, l.l. *1938 D15*, and l.r. *Vollmond im Moor.*
Exhibitions: 1974, London, no. 65; 1971, Winterthur, no. 97; 1969, Kamakura, no. 97; 1967, Marseilles, no. 85; 1965, The Hague; 1963, Amsterdam; 1961, Stockholm and Helsinki; 1960, Grenoble; 1958, Biel; 1956, Hamburg; 1957, Saint-Gall; 1956, Bern, no. 692.
Œuvre catalogue: *35 D 15 Vollmond im Moor Kleisterfarben Zeitungspap.*
Bibliography: Osterwold 1975, p. 167, ill.

During 1938 Klee often used sheets of newspaper as a painting support. His use of it, however, can be traced back to 1933. While its use may have been prompted by a need for economy in materials, in many cases Klee uses the organization of the layout and sometimes the newspaper text itself as an active ingredient in the picture; this is certainly the case with *Full Moon on the Moor.*

Felix Klee Collection, Bern

Inscription: Signature, h.d.: *Klee*; sur le passe-partout, c.: *1937 20 Paar unter Bäumen.*
Exposition: 1960, New York, World House Galleries, n° 38.
Catalogue de l'œuvre: *20 20 Paar unter Bäumen Kleister- und Pastellfarben Ingres.*

Klee avait déjà eu recours à la colle pour lier les couleurs pastel vers 1930 et l'avait utilisée comme ingrédient dans des fonds même avant cette date, mais ce n'est qu'en 1933 et 1934 qu'il commença à se servir de couleurs à la colle. C'est une technique à laquelle il revint au début de 1937 et qui joua un rôle capital dans les œuvres chromatiques ultérieures.

Collection particulière, Canada

57
Flora 1937
Huile sur papier, 39,4 x 28,9 cm
Inscriptions: Signature, b.c.: *Klee* (gratté); au crayon sur le passe-partout, g.: «VIII».
Expositions: 1970, Berne, n° 189; 1963–1964, Francfort, n° 52; 1962, Édimbourg, n° 57; 1956, Berne, n° 137; 1955, Graz, n° 90; 1954, Munich, n° 168; 1949–1950, New York, n° 79; 1948, Zurich, n° 243; 1947–1948, Berne, n° 151; 1940, Berne, n° 141.
Catalogue de l'œuvre: *28 K 8 Flora Olfarben Fabriano m. roten / Olgrd (Blatt, mehrfarbig).*
Bibliographie: Mehring 1956, pl. 43; Glaesemer 1976, n° 197.

Le jeu des couleurs est semblable à celui du *Couple sous les arbres* (n° 56), quoique les contrastes entre les couleurs complémentaires, ici le rouge et le vert, soient plus vifs. L'effet saisissant ainsi obtenu est rehaussé par les zones de bleu et de jaune. Cette œuvre est très proche au point de vue du thème et de la méthode, de *Pomone grandissant* (*Pomona Heranswachsend*) de 1937 (collection Guggenheim, New York). Klee reprend le thème de Pomone dans *Pomone décadente* (*Pomona Überreif*) de 1938 (Glaesemer 1976, n° 216), mais cette fois sur un fond où prédomine le rouge.

Fondation Paul Klee, Berne

58
Figure au jardin 1937
Pastel sur toile, 50 x 42 cm
Inscriptions: Signature, h.d.: *Klee*; sur le passe-partout, b.g.: *1937 Qu9*; b.d.: *Figur im Garten.*
Expositions: 1977, Saint-Paul, n° 137; 1974, La Haye, n° 113; 1974, Londres, n° 59; 1970, Rome, n° 156; 1969, Kamakura, n° 93; 1967, Pasadena, n° 151; 1953, São Paulo, n° 43; 1945, Londres, n° 116.
Catalogue de l'œuvre: *129 Qu 9 figur im Garten Pastellfarben Leinwand.*
Bibliographie: Marnat 1974, ill. p. 77; Vogt 1972, p. 370, ill.; Grohmann 1954, p. 314, ill.

Parmi les œuvres tardives de Klee, ce tableau est un des premiers et des plus marquants d'un groupe important auquel appartient également *Regard à partir du rouge* (n° 60) et le pastel *Légende du Nil* (*Legende vom Nil*; voir p. 50). Dans la plupart des œuvres de ce groupe, l'artiste s'est servi de la technique du pastel sur toile ou sur coton et, sur le plan de la forme, de signes linéaires, généralement noirs (dans la *Légende du Nil*, les signes sont bruns), entourés de blocs de couleur.

Figure au jardin a donné suite à des œuvres comme *Enfant en rouge* (*Kind in Rot*; collection Stanley K. Resor) et *Jardin d'Orient* (*Garten in Orient*; collection F. C. Schang, New York), toutes deux de 1937, et puis à un groupe important d'œuvres, aussi de 1937, figurant dans la même section du catalogue de l'œuvre et portant la désignation «U», telles que *Signes en jaune* (*Zeichen in Gelb*), U 10; *Regard à partir du rouge*, U 11; *Paysage de théâtre* (*Bühnen-Landschaft*), U 12; *Légende du Nile*, U 15, et *Branches d'automne* (*Zweige im Herbst*), U 16.

Collection Felix Klee, Berne

59
Dur et tendre I 1937
Fusain sur papier, 35,5 x 27,3 cm
Inscription: Signature, h.g.: *Klee.*
Catalogue de l'œuvre: *R 17 hart und weich I Kohle rosa-Papier.*

Musée des beaux-arts de l'Ontario, Toronto

60
Regard à partir du rouge 1937
Pastel sur coton sur jute, 47 x 50 cm
Inscriptions: Signature, b.d.: *Klee*; sur le châssis: *1937 U11 «Blick aus Rot» Klee.*
Expositions: 1974, Londres, n° 18; 1971, Winterthur, n° 146; 1970–1971, Munich, n° 207; 1970, Rome, n° 155; 1969, Kamakura, n° 95; 1967, Pasadena, n° 154; 1963–1964, Francfort, n° 54; 1956, Berne, n° 683.
Catalogue de l'œuvre: *211 U 11 Blick aus Rot 0.5 /0.47 Pastellfarben weisse Baumwolle auf Jute, Keilrahmen.*
Bibliographie: Klee, *La pensée créatrice*, p. 291, ill.

Collection Felix Klee, Berne

61
Pleine lune sur le marais 1938
Couleur à la colle sur papier journal sur carton, 35 x 49,2 cm
Inscriptions: Signature, b.g. *Klee*; sur le passe-partout, b.g.: *1938 D15*; h.d.: *Vollmond im Moor.*
Expositions: 1974, Londres, n° 65; 1971, Winterthur, n° 97; 1969, Kamakura, n° 97; 1967, Marseille, n° 85; 1965, La Haye; 1963, Amsterdam; 1961, Stockholm et Helsinki; 1960, Grenoble; 1958, Bienne; 1957, Saint-Gall; 1956, Hambourg; 1956, Berne, n° 692.
Catalogue de l'œuvre: *35 D 15 Vollmond im Moor Kleisterfarben Zeitungspap.*
Bibliographie: Osterwold 1975, p. 167, ill.

Pendant l'année 1938, Klee utilisa souvent des feuilles de papier journal en guise de subjectile. Cependant, cet usage remonte déjà à 1933. Il est possible que l'emploi de ce matériau ait été dicté par un souci d'économie, mais, dans de nombreux cas, Klee incorpore la disposition et parfois même le texte à l'image, comme c'est sûrement le cas avec *Pleine lune sur le marais.*

Collection Felix Klee, Berne

62
Théâtre dans la forêt 1938
Couleur à la colle sur papier journal, sur carton, 49 x 32 cm
Inscriptions: Signature, h.g.: *Klee*; sur le passe-

62
Theatre in the Forest 1938
Paste colour on newspaper, mounted on cardboard; 49.0 x 32.0 cm
Inscription: signed u.l. *Klee*; on mount, c. *1938 F20 Theater im Wald.*
Exhibition: 1956, Basel, no. 202.
Œuvre catalogue: *80 F 20 Theater im Wald Pastose Kleister-/farben Zeitg. Pap.*
Bibliography: Osterwold 1975, p. 175, ill.; Schmidt 1953, pl. 12.

Unlike *Full Moon on the Moor* (cat. no. 61), the newspaper support in *Theatre in the Forest* is totally concealed by the paint layers. This work stands between a picture like *Legend of the Nile* (see p. 49) and a work like *Black Signs* (cat. no. 63). It is linked to the first by the mixture of sign types and a definable setting, pictographic, and hieroglyphic forms and script; and to the second by the black forms surrounded by a field of colour that has little order in itself.

Private Collection, Canada

63
Black Signs 1938
Oil colour on cotton mounted on cardboard, 15.0 x 24.0 cm
Inscription: signed u.l. *Klee.*
Exhibitions: 1967, Marseilles, no. 88; 1962, Baden-Baden; 1957, Saint-Gall.
Œuvre catalogue: *114 H 14 Schwarze Zeichen Oelfarben Baumwolle auf Pappe.*
Bibliography: San Lazzaro 1964, ill. p. 192; 1957 ed., ill. p. 187.

At this point Klee seems to show indifference as to whether a particular group of forms will develop into figures or script forms, or remain abstract. In this case the figures are legible at all these levels, although the script-like character is enhanced by the white paint texture on the cotton giving something of the effect of a handmade paper. The ambiguities in the visual image are followed through in the title, for at one level it simply describes what is there – black signs. The title can however imply something more threatening if we think of the "*Zeichen*," the signs, in the sense of omens – the "black" merely deepens that sense of fatefulness. The type of the image, however, is such that its whole character is easily changed in a different content; in this regard we may compare *Black Signs* with *Growth Stirs* (*Wachstum regt sich*; 1938; Felix Klee Collection).

Felix Klee Collection, Bern

64
Also a Black Fig 1938
Pastel on damask, 30.0 x 30.5 cm
Inscription: signed l.r. *Klee*; on mount, l. *1938 X2*, and r. *auch eine schwarze Feige.*
Exhibitions: 1970–1971, Munich, no. 239; 1970, Rome, no. 165; 1969, Kamakura, no. 99.
Œuvre catalogue: *382 X 2 auch eine schwarze Feige (Stilleben) Pastelfarben Fetzen Damast.*

Felix Klee Collection, Bern

65
Candle and Flames 1939
Black crayon and paste colour on thin packing paper, 49.5 x 33.0 cm
Inscription: signed l.l. *Klee.*
Exhibitions: 1970, Buenos Aires, no. 79; 1970, Paris, no. 127a; 1953, São Paolo, no. 51.
Œuvre catalogue: *6 6 Kerzen-Flamen schwarze Kreide und pastose Kleisterfarben dünes Packpapier.*
Bibliography: San Lazzaro 1964, p. 279; ill. 148.
Throughout 1939 the open, linear forms found in *Figure in the Garden* (cat. no. 58) continue, but Klee develops alongside these a new form in which figures, set onto an open background, are broken and violently distorted, but with each element turned into a separate and enclosed unit. *Candle and Flames*, with its two figures and supporting forms, is an early example of this type, whereas the majority of the drawings and paintings in this group are of single, radically distorted figures, such as in the large painting in the Klee Foundation, *Outbursts of Fear* (*Angstausbruch*; 1939; Glaesemer 1976, no. 222).

Felix Klee Collection, Bern

66
A Dreaming One Looks Back 1939
Watercolour and indelible ink, 21.0 x 29.5 cm
Inscription: signed l.r. *Klee.*
Exhibitions: 1974, London, no. 78; 1940, Bern, no. 157.
Œuvre catalogue: *457 D 17 ein Träumender sieht zurück Tintenstift und Aquarellfarben Bambou Japon.*
Bibliography: Osterwold 1975, p. 51, ill.

Along with the radically broken figures of 1939, Klee also redeveloped the whole enclosed figures, such as in *A Dreaming One Looks Back* and in pictures like *Group of Eleven* (*Gruppe zu Elf*; 1939; Klee Foundation and Glaesemer 1976, no. 236).

This watercolour shows two different characters, depending on how it is oriented. The somewhat placid character seen in its reclining position becomes wildly fearful if the watercolour is turned clockwise through ninety degrees to rest on its right edge. Something similar occurs with another picture of 1939, *Cemetery* (*Friedhof*; Glaesemer 1976, no. 231). *A Dreaming One Looks Back* may recall Klee's confidence of 1902 when he wrote, "I dream that I become my model. Projected self" (*Diaries* 124).

67
With the Cabbages 1939
Watercolour and indelible ink, 27.0 x 43.0 cm
Inscription: signed u.r. *Klee.*
Œuvre catalogue: *458 D 18 bei den Kohlköpfen Tintenstift und Aquarellfarben 'Biber' Concept Papier.*

This watercolour is directly related in inventive style and technique to *A Dreaming* partout, c.: *1938 F20 Theater im Wald.*
Exposition: 1956, Bâle, n° 202.
Catalogue de l'œuvre: *80 F 20 Theater im Wald Pastose Kleister-/farben Zeitg. Pap.*
Bibliographie: Osterwold 1975, p. 175, ill.; Schmidt 1953, pl. 12.

Contrairement à *Pleine lune sur le marais* (n° 61), le subjectile en papier journal de *Théâtre dans la forêt* est entièrement caché par les couches de peinture. Intermédiaire entre des tableaux du genre de la *Légende du Nil* d'une part (voir p. 50) et de *Signes noirs* d'autres part (n° 63), ce tableau se rapproche du premier par le mélange des signes divers: une composition définissable, des pictogrammes, des hiéroglyphes et des caractères; et du second, par des formes noires entourées d'un champ de couleur peu ordonné.

Collection particulière, Canada

63
Signes noirs 1938
Couleur à l'huile sur coton, sur carton, 15 x 24 cm
Inscription: Signature, h.g.: *Klee.*
Expositions: 1967, Marseille, n° 88; 1962, Baden-Baden; 1957, Saint-Gall.
Catalogue de l'œuvre: *114 H 14 Schwarze Zeichen Oelfarben Baumwolle auf Pappe.*
Bibliographie: San Lazzaro 1964, ill. p. 192; éd. 1957, ill. p. 187.

Arrivé à ce stade, Klee semble rester indifférent à ce qu'un groupe particulier de formes se métamorphosent en figures, en caractères ou demeurent abstraites. Dans le cas qui nous intéresse, elles sont lisibles à tous ces niveaux bien que les caractères qui ressemblent à des lettres soient mis en relief par la texture de la peinture blanche sur le coton qui donne l'impression d'un papier à la cuve. Les ambiguïtés de l'image visuelle se retrouvent dans le titre, car à un niveau il ne fait que décrire ce qui est visible: des signes noirs. Il peut cependant impliquer quelque chose de plus menaçant si l'on songe au mot *Zeichen*, signe, dans le sens de présage et au qualificatif «noir» qui ne fait qu'accentuer cette impression de fatalité. L'image est cependant telle qu'elle peut prendre signification dans un contexte différent – on peut la comparer à cet égard à *Début de croissance* (*Wachstum regt sich*) de 1938 (collection Felix Klee).

Collection Felix Klee, Berne

64
Aussi une figue noire 1938
Pastel sur damas, 30 x 30,5 cm
Inscription: Signature, b.d.: *Klee*; sur le passe-partout, g.: *1938 X2*; d.: *auch eine schwarze Feige.*
Expositions: 1970–1971, Munich, n° 239; 1970, Rome, n° 165; 1969, Kamakura, n° 99.
Catalogue de l'œuvre: *382 X 2 auch eine schwarze Feige (Stilleben) Pastelfarben Fetzen Damast.*

Collection Felix Klee, Berne

65
Bougie-Flammes 1939
Pastel noir, couleur à la colle sur papier d'emballage mince, 49,5 x 33 cm
Inscription: Signature, b.g.: *Klee.*
Expositions: 1970, Buenos Aires, n° 79; 1969–1970, Paris, n° 127a; 1953, São Paulo, n° 51.
Catalogue de l'œuvre: *6 6 Kerzen-Flam̃en schwarze Kreide und pastose Kleister-farben düñes Packpapier.*
Bibliographie: San Lazzaro 1964, p. 279, ill. 148.
Tout au long de l'année 1939, Klee continue de pendre des formes ouvertes et linéaires telles qu'on les voit dans *Figure au jardin* (n° 58) mais il y ajouta une nouvelle forme dans laquelle les figures, campées sur un fond dégagé, sont brisées et violemment déformées, tous les éléments séparés étant transformés en unités distinctes et circonscrites. *Bougies-Flammes*, avec ses deux figures et ses formes secondaires, constitue un des premiers exemples de ce genre, alors que la plupart des dessins et peintures appartenant à ce groupe ne comptent qu'une seule figure, radicalement déformée, comme dans *Explosion d'angoise* (*Angstausbruch*) de 1939, une grande toile de la Fondation Klee (Glaesemer 1976, n° 222).

Collection Felix Klee, Berne

66
Un rêveur regarde en arrière 1939
Aquarelle et encre indélébile, 21 x 29,5 cm
Inscription: Signature; h.d.: *Klee.*
Expositions: 1974, Londres, n° 78; 1940, Berne, n° 157.
Catalogue de l'œuvre: *457 D 17 ein Träumender sieht zurück Tintenstift und Aquarellfarben Bambou Japon.*
Bibliographie: Osterwold 1975, p. 51, ill.

Parallèlement à ses figures radicalement brisées de 1939, Klee recréa ses figures entières et circonscrites comme en témoigne *Un rêveur regarde en arrière* et d'autres compositions telle que *Groupe de onze* (*Gruppe zu Elf*; 1939; Fondation Paul Klee et Glaesemer 1976, n° 236).

Cette aquarelle montre deux figures très différentes selon l'orientation du tableau. Ainsi, si on le regarde dans sa position couchée, le personnage est plutôt placide, mais il devient violemment farouche lorsqu'on fait faire à la peinture une rotation de quatre-vingt-dix degrés dans le sens des aiguilles d'une montre, pour la poser sur le côté droit. Un phénomène analogue se produit avec une autre composition de 1939, *Cimetière* (*Friedhof*; Glaesemer 1976, n° 231). *Un rêveur regarde en arrière* rappelle un écrit confidentiel de Klee de 1902: «Me rêve moi-même jusqu'à devenir modèle. Le moi projeté» (*Journal*, p. 132).

Collection Felix Klee, Berne

67
Près des choux 1939
Aquarelle et encre indélébile, 27 x 43 cm
Inscription: Signature, h.d.: *Klee.*
Catalogue de l'œuvre: *458 D 18 bei den Kohlköpfen Tintenstift und Aquarellfarben «Biber» Concept Papier.*

Cette aquarelle est directement liée, par le style imaginaire et la technique, à *Un rêveur regarde en arrière* (n° 66), et inscrite immédiatement après dans le catalogue de l'œuvre.

Collection Felix Klee, Berne

One Looks Back (cat. no. 66) and is entered immediately after it in the œuvre catalogue.

Felix Klee Collection, Bern

68
Six Trees by the Water 1939
Paste colour on paper mounted on cardboard, 27.0 x 43.0 cm
Inscription: signed u.r. *Klee*; on mount, l. *1939 JJ 16*, and r. *Sechs Bäume am Wasser.*
Exhibitions: 1974, London, no. 82; 1970, Rome, no. 186; 1970, Buenos Aires, no. 92; 1969, Kamakura, no. 103; 1956, Bern, no. 725; 1954, Munich, no. 198; 1945, London, no. 125; 1940, Bern, no. 171.
Œuvre catalogue: *676 JJ 16 Sechs Bäume am Wasser Kleisterfarben Biber Concept Pap.*

Felix Klee Collection, Bern

69
Another Camel 1939
Pencil on paper, 29.2 x 21.0 cm
Inscription: signed l.l *Klee*; on mount, c. *1939 UU3 und noch ein Kamuff.*
Œuvre catalogue: *843 UU 3 und noch ein Kamuff Bleistift 'Biber' Concept Pap.*
Bibliography: Geelhaar 1975, no. 83; Huggler 1965, n.p., ill.; San Lazzaro 1964, p. 219, ill.

From the Tunisian visit in 1914 onward Klee often used the camel as a subject; it seemed to be a creature peculiarly suited to his sense of humorous invention. Both here and in the 1922 drawing of *Dwarf Camelstallion* (cat. no. 26) it seems to fulfill the colloquial German meaning for the camel as an idiot or blockhead. The drawing style here, in *Bastard* (cat. no. 73), and in many other figure and animal drawings of 1939 has a deliberate awkwardness with broken contours, arbitrary overlappings, and variations in pressure of pencil. It is interesting to compare this handling with the eloquent draughtsmanship of Henri Matisse, for example in his illustrations for an edition of *Poésies complètes* (1932) by Stéphane Mallarmé.

Private Collection, Canada

70
Stern Visage 1939
Watercolour and tempera with pencil underdrawing on newspaper; 32.9 x 20.9 cm
Inscription: signed l.c. *Klee*; on mount, c. *1939 UU17 ernste Miene*, and in pencil, l.r. *III.*
Exhibitions: 1970, Bern, no. 227; 1969–1970, Paris, no. 135; 1967, New York, no. 173; 1967, Basel, no. 196; 1963, Darmstadt; 1961, Tokyo, no. 93; 1959, Copenhagen, no. 163; 1958, Bergen and Oslo, no. 105; 1956, Bern, no. 171; 1949–1950, New York, no. 97; 1948, Zurich, no. 276; 1947–1948, Bern, no. 172; 1940, Zürich, no. 65.
Œuvre catalogue: *857 UU 17 ernste Miene Aquarell-und Tem-/perafarben Ztg. schwartz grundt (Blatt, mehrfarbig).*
Bibliography: Glaesemer 1976, no. 232; Nakahara 1971, p. 137, ill, p. 64; Jaffe 1971, p. 42; Saucet 1970, ill. p. 39; Geelhaar 1970, p. 4; Eggenspieler 1969, p. 152; Perneczky 1967, p. 27, ill. p. 42; Kondo and Ohka 1967, p. 116, ill. p. 32; Roy 1963, ill. p. 117; Huggler and Takiguchi 1963, p. 100, ill. p. 101; Ohka 1961, ill. p. 3; Ponente 1960, p. 104, ill. p. 106; San Lazzaro 1964, p. 279, ill. 144. Grohmann 1954, no. 440, p. 342, ill. p. 302.

Klee Foundation, Bern

71
Elves 1939
Watercolour on cotton, 23.5 x 34.0 cm
Inscription: signed u.l. *Klee*; on mount, l. *1939 CD4*, and r. *Elfen.*
Exhibitions: 1974, London, no. 88; 1972, Morges, Galerie Saint-Louis; 1971, Winterthur, no. 162; 1970, Buenos Aires, no. 98; 1969, Kamakura, no. 105.
Œuvre catalogue: *1004 CD 4 Elfen Aquarellfarben Baumwolle.*

Although related in form to the pictures of 1937 (see cat. nos 58, 60), *Elves* breaks the relationship between the linear and coloured forms, bringing it closer to the works of 1939, as in *With the Cabbages* (cat. no. 70), where the linear description appears quite independent of the background.

Felix Klee Collection, Bern

72
With Green Stockings 1939
Watercolour on blotting paper, 35.0 x 21.0 cm
Inscription: signed l.r. *Klee*, on mount, l. *1939 CD9*, and r. *mit grünen Strümpfen.*
Exhibition: 1974, The Hague, no. 124.
Œuvre catalogue: *1009 CD 9 mit grünen Strümpfen Aquarellfarben Löschnap nass.*
Bibliography: Marnat 1974, ill. p. 84; San Lazzaro 1964, p. 213, ill.

Klee continued to experiment with techniques to the end of his life, testing their effects to see where they might lead inventively. In this case he uses the watercolour on an already dampened blotting paper, thus encouraging the pigment to run quickly into the surrounding areas.

That Klee, even at this stage of his life, retained no fixed ideas with regard to the particular development of a form can be shown here by the close similarity of *With Green Stockings* to one of the "Angel" paintings of 1939, *Angel of the Star* (*Engel vom Stern*; Glaesemer 1976, no. 234).

Felix Klee Collection, Bern

73
Bastard 1939
Black crayon and pencil on wrapping paper, 30.0 x 45.0 cm
Inscription: signed l.r. *Klee*; on mount, c. *1939 Fg 16 Bastard.*
Œuvre catalogue: *1076 FG 16 Bastard Zulustift gelbl. Packpapier.*

Bastard is directly related to a painting of the same title (1939) and is similar in style and subject to *Another Camel* (cat. no. 69) and other drawings such as *Double-tailed – Three Ear* (*Doppelschwanz – Dreiohr*) and *Urchs, Half from Behind* (*Urchs, halb von hintern*) (both 1939; Felix Klee Collection). Technically *Bastard* differs from *Another Camel* in that the black crayon is

68
Six arbres au bord de l'eau 1939
Couleur à la colle sur papier sur carton, 27 x 43 cm
Inscriptions: Signature, h.d.: *Klee*; sur le passe-partout, g.: *1939 JJ 16*; d.: *Sechs Bäume am Wasser.*
Expositions: 1974, Londres, n° 82; 1970, Rome, n° 186; 1970, Buenos Aires, n° 92; 1969, Kamakura, n° 103; 1956, Berne, n° 725; 1954, Munich, n° 198; 1945, Londres, n° 125; 1940, Berne, n° 171.
Catalogue de l'œuvre: *676 JJ 16 Sechs Bäume am Wasser Kleisterfarben Biber Concept Pap.*

Collection Felix Klee, Berne

69
Encore un chameau 1939
Mine de plomb sur papier, 29,2 x 21 cm
Inscription: Signature, b.g.: *Klee*; sur le passe-partout, c.: *1939 UU3 und noch ein Kamuff.*
Catalogue de l'œuvre: *843 UU 3 und noch ein Kamuff Bleistift «Biber» Concept Pap.*
Bibliographie: Geelhaar 1975, n° 83; Huggler 1965, n.p., ill.; San Lazzaro 1964, p. 219, ill.

À la suite de son voyage en Tunisie en 1914, Klee exploita souvent le sujet du chameau; c'était, semble-t-il, une créature curieuse qui convenait particulièrement à son sens de l'invention humoristique. Tant dans ce dessin que dans *Chameau-Cheval nain* (n° 26) de 1922, le sens du mot chameau qui, dans la langue familière, signifie idiot ou buse semble bien rendu. Le style du dessin, dans cette œuvre, dans *Bâtard* (n° 73) et dans nombre d'autres dessins de figures et d'animaux datant de 1939, dénote une maladresse voulue avec des contours interrompus, des chevauchements arbitraires et des variations de pression. Il est intéressant de comparer cette manière avec l'éloquent talent de dessinateur de Henri Matisse, notamment dans ses illustrations pour une édition, de 1932, des *Poésies complètes* de Stéphane Mallarmé.

Collection particulière, Canada

70
Mine grave 1939
Aquarelle et détrempe avec dessin de fond au crayon sur papier journal, 32,9 x 20,9 cm
Inscriptions: Signature, b.c.: *Klee*; sur le passe-partout, c. *1939 UU17 ernste Miene*; au crayon. b.d.: *III.*
Expositions: 1970, Berne, n° 227; 1969–1970, Paris, n° 135; 1967, New York, n° 173; 1967, Bâle, n° 196; 1963, Darmstadt; 1961, Tokyo, n° 93; 1959, Copenhague, n° 163; 1958, Bergen et Oslo, n° 105; 1956, Berne, n° 171; 1949–1950, New York, n° 97; 1948, Zurich, n° 276; 1947–1948, Berne, n° 172; 1940, Zurich, n° 65.
Catalogue de l'œuvre: *857 UU 17 ernste Miene Aquarell-und-Tem – /perafarben Ztg. schwartz grundt (Blatt, mehrfarbig).*
Bibliographie: Glaesemer 1976, n° 232, Nakahara 1971, p. 137, ill. p. 64; Jaffé 1971, p. 42; Saucet 1970, ill. p. 39; Geelhaar 1970, p. 4; Eggenspieler 1969, p. 152; Perneczky 1967, p. 27, ill. p. 42; Kondo et Ohka 1967, p. 116, ill. p. 32; Roy 1963, ill. p. 117; Huggler et Takiguchi 1963, p. 100, ill. p. 101; Ohka 1961, ill. p. 3; Ponente 1960, p. 104, ill. p. 106; San Lazzaro 1964, p. 279, ill. 144; Grohmann 1954, n° 440, p. 342, ill. p. 302.

Fondation Paul Klee, Berne

71
Lutins 1939
Aquarelle sur coton, 23,5 x 34 cm
Inscriptions: Signature, h.g.: *Klee*; sur le passe-partout, g.: *1939 CD4*; d.: *Elfen.*
Expositions: 1974, Londres, n° 88; 1972, Morges, Galerie Saint-Louis; 1971, Winterthur, n° 162; 1970, Buenos Aires, n° 98; 1969, Kamakura, n° 105.
Catalogue de l'œuvre: *1004 CD 4 Elfen Aquarellfarben Baumwolle.*

Bien que liée par la forme aux compositions de 1937, (voir n°s 58, 60), *Lutins* rompt le lien entre les formes linéaires et chromatiques pour se rapprocher des œuvres qui lui sont contemporaines, celles de 1939, comme *Près des choux* (n° 67), où la description linéaire semble indépendante du fond.

Collection Felix Klee, Berne

72
Avec des bas verts 1939
Aquarelle sur papier buvard, 35 x 21 cm
Inscriptions: Signature, b.d.: *Klee*; sur le passe-partout, g.: *1939 CD9*; d.: *mit grünen Strümpfen.*
Exposition: 1974, La Haye, n° 124.
Catalogue de l'œuvre: *1009 CD 9 mit grünen Strümpfen Aquarellfarben Löschpap nass.*
Bibliographie: Marnat 1974, ill. p. 84; San Lazzaro 1964, p. 213, ill.

Toute sa vie durant, Klee ne cessa jamais d'expérimenter de nouvelles techniques, vérifiant leur effets pour voir à quelle invention elles pourraient aboutir. Dans cette œuvre, il utilise l'aquarelle sur du papier buvard déjà humide, ce qui aide le pigment à pénétrer rapidement dans les zones avoisinantes.

L'étroite similitude entre cette aquarelle et l'une de ses peintures d'ange de 1939, *Ange de l'étoile* (*Engel vom Stern*; Glaesemer 1976, n° 234), démontre bien que Klee, même arrivé à ce stade de son existence, n'avait pas d'idées fixes sur le développement que devait suivre une forme.

Collection Felix Klee, Berne

73
Bâtard 1939
Pastel noir et crayon sur papier d'emballage, 30 x 45 cm
Inscription: Signature, b.d.: *Klee*; sur le passe-partout, c.: *1939 Fg 16 Bastard*
Catalogue de l'œuvre: *1076 FG 16 Bastard Zulustift gelbl. Packpapier.*

Cette œuvre directement liée à une autre peinture avec le même titre, a un style et un sujet qui se rapprochent de *Encore un chameau* (n° 69) et d'autres dessins tels que *Deux queues – trois oreilles* (*Doppelschwanz – Dreiohr*) et *Urchs, à moitié de dos* (*Urchs, halb von hintern*), tous deux deux datant de 1939 et dans la collection Felix Klee. Dans cette œuvre le pastel noir est appliqué sur du papier jaune très pâle et les lignes noires sont tracées par-dessus au crayon de manière à donner à la forme un léger reflet ce qui sur le plan technique diffère de *Encore un chameau.*

Collection particulière, Canada

marked on slightly yellow paper and the black lines are traced over with pencil so that the appearance is given a slightly reflective quality.

Private Collection, Canada

74
A Face Also of the Body 1939
Oil on coloured paste on paper, 31.0 x 23.6 cm
Inscription: signed l.r. *Klee*; on mount, c. *1939 Hi 19 ein Antlitz auch des Leibes.*
Exhibitions: 1974–1975, Milan, no. 105; 1970–1971, Munich, no. 269; 1969–1970, Paris, no. 136; 1967, New York, no. 174; 1967, Basel, no. 197; 1965, Basel, Galerie Beyler, no. 25; 1971, Winterthur, no. 163.
Œuvre catalogue: *1119 Hi 19 ein Antlitz auch des Leibes Kleister – und Oelfarben ital. Ingres.*

Although the immediate comparison of *A Face Also of the Body* might be to the erotic fantasy *Rape* (1934; coll. George Melly, London) by the Belgian artist René Magritte (1898–1967), Klee made a much earlier drawing, *Promises (Two Nudes) (Versprechungen [Zwei Akte])* of 1912 (Glaesemer 1973, no. 469) with a similar ambiguity between a female torso and a face. Something of the same idea occurs in a 1921 painting *Venus of the Barbarians (Barbaren Venus*; Pasadena Art Museum). This work also recalls a childhood fantasy from age eleven or twelve that Klee recorded later in his diary: "I imagined face and genitals to be the corresponding poles of the female sex, when girls wept I thought of *pudenda* weeping in unison" (35).

Felix Klee Collection, Bern

75
Untitled (Puppet I) 1939
(*Ohne Titel [Gliederpuppe I]*
Watercolour, 65.0 x 46.0 cm
Exhibition: 1970–1971, Munich, no. 278
Bibliography: Klee, *The Thinking Eye*, p. 460 ill.

A number of works, including this watercolour, were not entered by Klee into his œuvre catalogue. With these late works, and in view of the enormous production of 1939 (1,253 works were entered in the catalogue), the omission may have been an oversight – or simply that he had not decided on the title nor where to enter it in his catalogue. Another watercolour, *Untitled (Puppet II)* (1939; Felix Klee Collection), is closely related to this work. The form of both of these is related to the divided and distorted figures that Klee developed through 1939 (see *Candle and Flames*, cat. no. 65).

Felix Klee Collection, Bern

76
Dark Voyage 1940
Paste colour on paper, 29.4 x 41.5 cm
Inscription: signed u.l. *Klee*; on mount, l. *1940 F5*, and r. *finstere Bootsfahrt.*
Exhibitions: 1970–1971, Munich, no. 295; 1969–1970, Paris, no. 141; 1971, London, no. 60; 1965, Basel, Galerie Beyler, no. 35; 1954, Munich, no. 214.
Œuvre catalogue: *345 F 5 finstere Boots fahrt Pastose Kleister farben Biber Concept Pap.*

Images containing boat journeys occur frequently in the very late works (see cat. nos 73, 81).

Just as there is a double meaning in *Black Signs* (cat. no. 63), so is there in this work in that *finstere* can mean dark or gloomy and also ominous in the sense of fatefulness.

Felix Klee Collection, Bern

77
He Rows Despairingly 1940
Paste colour on paper, 21.0 x 29.5 cm
Inscription: signed u.r. *Klee*; on mount, l.l. *1940, F7*, and l.r. *verzweifelt rudern.*
Exhibition: 1974, The Hague, no. 131.
Œuvre catalogue: *347 F 7 verzweifelt rudern 2 pastose Kleisterfarben Bambou Japan.*
Bibliography: San Lazzaro 1957, p. 235, ill.

Felix Klee Collection, Bern

Klee Foundation, Bern

74
Un visage, et aussi celui d'un corps 1939
Huile sur couleur à la colle sur papier, 31 x 23,6 cm
Inscriptions: Signature, b.d.: *Klee*; sur le passe-partout, c.: *1939 Hi 19 ein Antlitz auch des Leibes.*
Expositions: 1974–1975, Milan, n° 105; 1971, Winterthur, n° 163; 1970–1971, Munich, n° 269; 1969–1970, Paris, n° 136; 1967, New York, n° 174; 1967, Bâle, n° 197; 1965, Bâle, Galerie Beyler, n° 25.
Catalogue de l'œuvre: *1119 Hi 19 ein Antlitz auch des Leibes Kleister – und Oelfarben ital. Ingres.*

On peut être spontanément tenté de comparer *Un visage, et aussi celui d'un corps* à la fantaisie érotique de l'artiste belge René Magritte (1898–1967), *Viol* de 1934 (collection George Melly, Londres). Klee avait exécuté, beaucoup plus tôt, un dessin *Promesse (deux nus)* (*Versprechungen [Zwei Akte]* de 1912; Glaesemer 1973, n° 469) qui comportait une ambiguïté analogue entre un buste féminin et un visage. On retrouve partiellement la même idée dans une peinture de 1921, *Vénus des barbares* (*Barbaren Venus*) au Pasadena Art Museum. La présente œuvre rappelle également une fantaisie qu'il avait vers l'âge de onze ou douze ans et qu'il consigna plus tard dans son journal: «Je m'imaginais le visage et le sexe des femmes comme les pôles correspondants, et, dans mes pensées, je voyais des filles en pleurs avec un sexe en larmes» (*Journal*, p. 17).

Collection Felix Klee, Berne

75
Sans titre (Marionnette I) 1939
(*Ohne Titel [Gliederpuppe I]*)
Aquarelle, 65 x 46 cm
Exposition: 1970–1971, Munich, n° 278.
Bibliographie: Klee, *La pensée créatrice*, ill. p. 460.

Un certain nombre d'œuvres, dont cette aquarelle, n'ont pas été consignées par Klee dans son catalogue. Cependant, lorsqu'il s'agit d'œuvres exécutées vers la fin de la vie de l'artiste et parce qu'il a produit énormément en 1939 (1253 œuvres répertoriées dans le catalogue), il se peut que ce soit un oubli ou que, tout simplement, il ne leur avait pas encore donné de titre ou de place. Une autre aquarelle de 1939, *Sans titre, (Marionnette II)* dans la collection Felix Klee, a beaucoup d'affinités avec celle-ci. La forme dans ces deux œuvres rappelle les figures divisées que Klee créa en 1939 (voir *Bougies-Flammes*, n° 65).

Collection Felix Klee, Berne

76
Sombre voyage en bateau 1940
Couleur à la colle sur papier, 29,4 x 41,5 cm
Inscriptions: Signature, h.g.: *Klee*; sur le passe-partout, g.: *1940 F5*; d.: *finstere Bootsfahrt.*
Expositions: 1970–1971, Munich, n° 295; 1969–1970, Paris, n° 141; 1971, Londres, n° 60; 1965, Bâle, Galerie Beyler, n° 35; 1954, Munich, n° 214.
Catalogue de l'œuvre: *345 F 5 finstere Boots fahrt Pastose Kleister farben Biber Concept Pap.*

On retrouve fréquemment, dans les toutes dernières œuvres de Klee, des images comportant des voyages en bateau (voir n°s 70 et 77).

À l'instar de *Signes noirs* (n° 63), cette œuvre a une signification double du fait que *finstere* peut vouloir dire sombre ou lugubre mais aussi ténébreux dans le sens de fatidique.

Collection Felix Klee, Berne

77
Ramer désespérément 1940
Couleur à la colle sur papier, 21 x 29,5 cm
Inscriptions: Signature, h.d.: *Klee*; sur le passe-partout, b.g.: *1940 F7*; b.d.: *verzweifelt rudern.*
Exposition: 1974, La Haye, n° 131.
Catalogue de l'œuvre: *347 F 7 verzweifelt rudern 2 pastose Kleisterfarben Bambou Japan.*
Bibliographie: San Lazzaro 1957, p. 235, ill.

Collection Felix Klee, Berne

Principal Exhibitions

1910
Basel, Kunsthalle; Bern, Kunstmuseum; Zurich, Kunsthaus.

1911
Munich, Galerie Thannhauser

1912
Munich, Galerie Hans Goltz

1920
Munich, Galerie Hans Goltz, *Paul Klee: 60 Ausstellung der Galerie Neue Kunst*

1924
New York, Société Anonyme. First exhibition in the United States.

1925
Munich, Galerie Hans Goltz, *Paul Klee: Gesamtausstellung 1920/1925*
Paris, Galerie Vavin-Raspail. First exhibition in France.

1930
New York, Museum of Modern Art, *Paul Klee*

1934
London, Mayor Gallery. First exhibition in England.

1936
Lucerne, Kunstmuseum, *Paul Klee and Fritz Huf*

1940
Bern, Kunsthalle, *Gedächtnisausstellung Paul Klee*
Zurich, Kunsthaus, *Paul KLee Neue Werke*

1941
Basel, Kunsthalle, *Gedächtnisausstellung*
New York, Museum of Modern Art, *Paul Klee*

1945
London, National Gallery, *Paul Klee 1879 – 1940*

1947–1948
Amsterdam, Stedelijk Museum; Bern, Kunstmuseum; Brussels, Palais des Beaux-Arts; and Paris, Musée national d'Art Moderne: *Paul Klee: Ausstellung der Paul Klee.*

1948
Amsterdam, Stedelijk Museum, *Paul Klee*
Basel, Kunsthalle, *Aus der Stiftung Paul Klee*
New York, Buchholz Gallery, *Fifty Drawings by Paul Klee*
Zurich, Kunsthaus, *Paul Klee Stiftung*

1949–1950
New York, Museum of Modern Art; San Francisco, Museum of Art; Portland, Oregon, Art Museum; Detroit, Institute of Arts; Saint Louis, Mo., City Art Museum; Washington, Phillips Art Gallery; and Cincinnati, Ohio, Art Museum: *Paintings, Drawings and Prints by Paul Klee from the Klee Foundation, Switzerland, with Additions from American Collections.*

1950
New York, Buchholz Gallery, *Paul Klee*

1951
New York, Buchholz Gallery, *Paul Klee*

1952
Winterthur, Kunstmuseum, *Paul Klee*

1953–1954
São Paulo, Museu de Arte Moderna, *II Bienal de São Paulo*

1954
Munich, Haus der Kunst, *Paul Klee*

1955
Graz (Austria), Kunsthaus, *Jahresausstellung der Sezession Graz. Sonderausstellung*
New York, Curt Valentin, *Paul Klee*

1956
Basel, Kunsthalle, *Japanische Kalligraphie und westliche Zeichen*
Bern, Kunstmuseum, *Paul Klee: Ausstellung in Verbindung mit der Paul Klee-Stiftung*

1956–1957
Hamburg, Kunsthalle, *Paul Klee*

1957
Saint-Gall, Kunstverein, *Malende Dichter, dichtende Maler*

1958
Bergen, Bergens Billedgalleri, *Paul Klee*
Biel (Bern canton), Städtische Galerie, *Paul Klee 1879 – 1940. Werke aus Privatbesitz und der Klee-Stiftung.*
Moutier (Bern canton), secondary school, *Paul Klee: Huiles, gouaches, aquarelles, dessins et œuvres graphiques de la Fondation Paul Klee et du Musée des Beaux-Arts de Berne.*
Oslo, Kunstaernes, *Paul Klee*

1959
Copenhagen, Statens Museum, *Paul Klee*

Principales expositions

1910
Bâle, Kunsthalle; Berne, Kunstmuseum; Zurich, Kunsthaus

1911
Munich, Galerie Thannhauser

1912
Munich, Galerie Hans Goltz

1920
Munich, Galerie Hans Goltz, *Paul Klee: 60 Ausstellung der Galerie Neue Kunst*

1924
New York, Société Anonyme; prèmière exposition aux États-Unis

1925
Munich, Galerie Hans Goltz, *Paul Klee: Gesamtausstellung 1920–1925*
Paris, Galerie Vavin-Raspail; première exposition en France

1930
New York, Museum of Modern Art, *Paul Klee*

1934
Londres, Mayor Gallery; première exposition en Grande-Bretagne

1936
Lucerne, Kunstmuseum, *Paul Klee and Fritz Huf*

1940
Berne, Kunsthalle, *Gedächtnisausstellung Paul Klee*
Zurich, Kunsthaus, *Paul Klee Neue Werke*

1941
Bâle, Kunsthalle, *Gedächtnis-Ausstellung*
(New York, Museum of Modern Art, *Paul Klee*

1945
Londres, National Gallery, *Paul Klee 1879–1940*

1947–1948
Amsterdam, Stedelijk Museum; Berne, Kunstmuseum; Bruxelles, Palais des Beaux-Arts; et Paris, Musée national d'Art Moderne, *Paul Klee; Austellung der Paul Klee*

1948
Amsterdam, Stedelijk Museum, *Paul Klee*
Bâle, Kunsthalle, *Aus der Stiftung Paul Klee*
New York, Buchholz Gallery, *Fifty Drawings by Paul Klee*
Zurich, Kunsthaus, *Paul Klee Stiftung*

1949–1950
New York, Museum of Modern Art; San Francisco, Museum of Art; Portland, Oregon, Art Museum; Detroit, Institute of Arts; Saint Louis, Missouri, City Art Museum; Washington, Phillips Art Gallery; et Cincinnati, Ohio, Art Museum, *Paintings, Drawings and Prints by Paul Klee from the Klee Foundation Switzerland, with Additions from American Collections*

1950
New York, Buchholz Gallery, *Paul Klee*

1951
New York, Buchholz Gallery, *Paul Klee*

1952
Winterthur (canton de Zurich), Kunstmuseum, *Paul Klee*

1953–1954
São Paulo, Museu de Arte Moderna, *II Bienal de São Paulo*

1954
Munich, Haus der Kunst, *Paul Klee*

1955
Graz, Autriche, Kunsthaus, *Jahresausstellung der Sezession Graz. Sonderausstellung*
New York, Curt Valentin, *Paul Klee*

1956
Bâle, Kunsthalle, *Japanische Kalligraphie und westliche Zeichen*
Berne, Kunstmuseum, *Paul Klee: Ausstellung in Verbindung mit der Paul Klee-Stiftung*

1956–1957
Hambourg, Kunsthalle, *Paul Klee*

1957
Saint-Gall, Kunstverein, *Malende Dichter, dichtende Maler*

1958
Bergen, Bergens Billedgalleri, *Paul Klee*
Bienne (canton de Berne), Städtische Galerie, *Paul Klee 1879–1940. Werke aus Privatbesitz und der Klee-Stiftung*
Moutier (canton de Berne), école secondaire, *Paul Klee: Huiles, gouaches, aquarelles, dessins et oeuvres graphiques de la Fondation Paul Klee et du Musée des Beaux-Arts de Berne*
Oslo, Kunstaernes, *Paul Klee*

1959
Copenhague, Statens Museum, *Paul Klee*

1960
Édimbourg, The Royal Scottish Academy, *The Blue Rider Group*
Grenoble, Musée de peinture et de sculpture, *Paul Klee*

1960
Edinburgh, The Royal Scottish Academy, *The Blue Rider Group*
Grenoble, Musée de peinture et de sculpture, *Paul Klee*
New York, World House Galleries, *Paul Klee: Watercolours, Drawings*

1961
Helsinki, Ateneumin in Taidemuseo, *Paul Klee*
Pully (Vaud canton), Maison pulliérane, *200 Dessins de Paul Klee*
Stockholm, Moderna Museet, *Paul Klee*
Tokyo, Seibu Department Store, *Paul Klee*
Winterthur (Zurich canton), Kunstmuseum, *Der Blaue Reiter und sein Kreis*

1962
Baden-Baden, Staatliche Kunsthalle, *Der frühe Klee*
Edinburgh, The Scottish National Gallery of Modern Art, *Paul Klee 1879–1940*
London, Marlborough Fine Art, *Paul Klee*
Munich, Stangl Galerie, *Paul Klee*

1963
Amsterdam, Stedilijk Museum, *Paul Klee*
Darmstadt, Mathildenhöhe, *Zeugnisse der Angst in der Modernen Kunst*
Zürich, Ziegler, *Paul Klee*

1963–1964
Frankfurt, Städelsches Kunstinstitut Frankfurt, *Paul Klee*

1964
Lucerne, Galerie Rosengart, *Tiere in der Kunst von Paul Klee*
New York, Museum of Modern Art, *Lettering by Modern Artists*

1965
Basel, Galerie Beyler, *Paul Klee*

1966
Tel Aviv, Tel Aviv Museum, *Paul Klee*

1967
Basel, Kunsthalle, *Paul Klee 1879–1940 Gesamtausstellung*
Bremen, Kunsthalle, *Paul Klee: Aquarelle, Handzeichnungen*
Darmstadt, Mathildenhöhe, *2 Internationale der Zeichnung. Sonderaustellung Paul Klee*
Marseilles, Musée Cantini, *Paul Klee*
New York, The Solomon R. Guggenheim Museum, *Paul Klee 1879–1940: A Retrospective Exhibition*
Pasadena, California, Pasadena Art Museum, *Paul Klee 1879–1940: A Retrospective Exhibition*

1969
Kamakura, Japan, Museum of Modern Art, *Paul Klee*
London, Colnaghi, *Paul Klee*
San Antonio, Texas, McNay Art Institute [*Paul Klee?*]

1969–1970
Paris, Musée national d'Art Moderne, *Paul Klee*

1970
Bern, Kunstmuseum Bern, *Paul Klee*
Buenos Aires, Museo Nacional de Bellas Artes, *Paul Klee*
Rome, Goethe Institute and Foundation Pro Helvetia, *Paul Klee*

1970–1971
Munich, Haus der Kunst, *Paul Klee*

1971
London, Roland, Browse & Delbanc, *Paul Klee: Sixty Watercolours*
London, Marlborough Fine Art, *Important Drawings, Watercolours and Graphics of the 19th and 20th Centuries*
Saint-Gall, Historisches Museum, *Paul Klee: Handzeichnungen*
Winterthur, Kunstmuseum, *Paul Klee und seine Malerfreunde, die Sammlung Felix Klee*

1971–1972
Humlebaek (Denmark), Louisiana Museum of Art, *Klee Kandinsky*

1972
Morges (Vaud canton), Galerie St Louis, *Paul Klee*
Zurich, Kunsthaus, *Karikaturen-Karikaturen?*

1973
Des Moines, Des Moines Art Center, *Paul Klee Paintings and Watercolours from the Bauhaus Years 1921–1931*

1974
The Hague, Haags Gemeentemuseum, *Paul Klee*
London, The Arts Council of Great Britain, *Paul Klee: The Last Years*

1974–1975
Duisberg, Wilhelm-Lehmbruck Museum, *Paul Klee das graphische und plastische Werk*
Milan, Palazzo Reale, *La Ricerca dell' Identità*

1976
Basel, Kunstmuseum
Bern, Kunstmuseum
Tokyo, Museum of Modern Art.

1977
Saint-Paul, Foundation Maeght, *Paul Klee*

1978
Paris, Galerie Suisse, *Paul Klee*

New York, World House Galleries, *Paul Klee: Watercolours, Drawings*

1961
Helsinki, Ateneumin Taidemuseo, *Paul Klee*
Pully (canton de Vaud), Maison pulliérane, *200 Dessins de Paul Klee*
Stockholm, Moderna Museet, *Paul Klee*
Tokyo, Seibu Department Store, *Paul Klee*
Winterthur, Kunstmuseum, *Der Blaue Reiter und sein Kreis*

1962
Baden-Baden, Staatliche Kunsthalle, *Der frühe Klee*
Édimbourg, The Scottish Gallery of Modern Art, *Paul Klee 1879–1940*
Londres, Marlborough Fine Art, *Paul Klee*
Munich, Stangl Galerie, *Paul Klee*

1963
Amsterdam, Stedelijk Museum, *Paul Klee*
Darmstadt, Mathildenhöhe, *Zeugnisse der Angst in der Modernen Kunst*
Zurich, Ziegler, *Paul Klee*

1963–1964
Francfort, Städelsches Kunstinstitut, *Paul Klee*

1964
Lucerne, Galerie Rosengart, *Tiere in der Kunst von Paul Klee*
New York, Museum of Modern Art, *Lettering by Modern Artists*

1965
Bâle, Galerie Beyler, *Paul Klee*

1966
Tel-Aviv, Tel-Aviv Museum, *Paul Klee*

1967
Bâle, Kunsthalle, *Paul Klee 1879–1940 Gesamtausstellung*
Brême, Kunsthalle, *Paul Klee: Aquarelle, Hanzeichnungen*
Darmstadt, Mathildenhöhe, *2 Internationale der Zeichnung. Sonderausstellung Paul Klee*
Marseille, Musée Cantini, *Paul Klee*
New York, The Solomon R. Guggenheim Museum, *Paul Klee 1879–1940: A Retrospective Exhibition*
Pasadena, Californie, Pasadena Art Museum, *Paul Klee 1879–1940: A Retrospective Exhibition*

1969
Kamakura, Japon, Museum of Modern Art, *Paul Klee*
Londres, Colnaghi, *Paul Klee*
San Antonio, Texas, McNay Art Institute, [*Paul Klee?*]

1969–1970
Paris, Musée national d'Art Moderne, *Paul Klee*

1970
Berne, Kunstmuseum, *Paul Klee*
Buenos Aires, Museo Nacional de Bellas Artes, *Paul Klee*
Rome, Institut Goethe et Fondation Pro Helvetia, *Paul Klee*

1970–1971
Munich, Haus der Kunst, *Paul Klee*

1971
Londres, Roland, Browse & Delbanc, *Paul Klee: Sixty Watercolours*
Londres, Marlborough Fine Art, *Important Drawings, Watercolours and Graphics of the 19th and 20th Centuries*
Saint-Gall, Historisches Museum, *Paul Klee: Handzeichnungen*
Winterthur, Kunstmuseum, *Paul Klee und seine Malerfreunde, die Sammlung Felix Klee*

1971–1972
Humlebæk, Danemark, Louisiana Museum of Art, *Klee Kandinsky*

1972
Morges (canton de Vaud) Galerie Saint-Louis, *Paul Klee*
Zurich, Kunsthaus, *Karikaturen-Karikaturen?*

1973
Des Moines, Des Moines Art Center, *Paul Klee Paintings and Watercolours from the Bauhaus Years 1921–1931*

1974
La Haye, Haags Gemeentemuseum, *Paul Klee*
Londres, The Arts Council of Great Britain, *Paul Klee: The Last Years*

1974–1975
Duisbourg, Rhénanie-Westphalie, Wilhelm-Lehmbruck Museum, *Paul Klee das graphische und plastische Werk*
Milan, Palazzo Reale, *La Ricerca dell' Identità*

1976
Bâle, Kunstmuseum
Berne, Kunstmuseum
Tokyo, Museum of Modern Art

1977
Saint-Paul, France, Fondation Maeght, *Paul Klee*

1978
Paris, Galerie Suisse, *Paul Klee*

Selective Bibliography

Arland, Marcel. "Paul Klee," *Cahiers pour l'art*, no. 37 (July – August 1954), pp. 4–8.

Burnett, David. "Klee as Senecio: Self-Portraits 1908 – 1922." *Art International*, vol. 21 (December 1977), pp. 12 – 18.

Cooper, Douglas. *Paul Klee*. Harmondsworth: Penguin, 1949.

Forge, Andrew. *Paul Klee*. London: Faber and Faber, 1954.

Geelhaar, Christian. *Paul Klee and the Bauhaus*. Greenwich, Conn.: New York Graphic Society, 1973.

———,ed. *Paul Klee Schriften: Rezensionen und Aufsätze*. Cologne: Dumont, 1976.

Giedion-Welcker, Carola. *Paul Klee*. London: Viking Press, 1952.

Glaesemer, Jürgen. *Paul Klee. Handzeichnungen*. Book 1. *Kindheit bis 1920*. Bern: Stämpfli, 1973.

———. *Paul Klee. Die farbigen Werke im Kunstmuseum Bern*. Bern: Verlag Kornfeld, 1976.

Goldwater, Robert. *Primitivism in Modern Art*. New York: Vintage, 1967. (First edition published in 1938 as *Primitivism in Modern Painting*.)

Grohmann, Will. *Paul Klee: Handzeichnungen 1921–1930*. Potsdam, Berlin: Muller & Kiepenhener, 1934.

———. *Paul Klee*. London: Lund Humphries, 1954.

———. *Paul Klee: Drawings*. New York: H.N. Abrams, 1960.

Hausenstein, Wilhelm. *Kairuan, oder eine Geschichte vom Maler Klee und von der Kunst dieses Zeitalters*. Munich: Kurt Wolff, 1921.

Hofmann, Werner. *Paul Klee. Traumlandschaft mit Mond*. Frankfurt: Insel Verlag, 1964.

Huggler, Max. "Klee." *Du Schweizerische Monatsschrift*, no. 10 (October 1948), pp. 11 – 13.

———. "Paul Klee." *Künstler Lexicon der Schweiz 20. Jahrhundert*. Book 1. Frauenfeld: Verlag Huber, 1958 – 1961, pp. 521 – 534.

———. *The Drawings of Paul Klee*. Alhambra: Borden Publishing, 1965.

———. *Paul Klee: Die Malerei als Blick in den Kosmos*. Stuttgart: Huber, 1969.

——— and S. Takiguchi. *Paul Klee*. Tokyo, 1963.

Jaffé, Hans L. *Paul Klee*. Lucerne: Freudenstadt, 1971.

Jordan, Jim M. "Paul Klee and Cubism: 1912 – 1926." Ph.D. dissertation, New York University, 1974.

Klee, Felix. *Paul Klee: His Life and Work in Documents*. New York: Braziller, 1962.

Klee, Paul. *Notebooks. Volume 1. The Thinking Eye*. Edited by Jürg Spiller. London: Lund Humphries, 1961.

———. *Notebooks. Volume 2. The Nature of Nature*. Edited by Jürg Spiller. London: Lund Humphries, 1973.

———. *The Diaries of Paul Klee 1898 – 1918*. Edited and Introduction by Felix Klee. Berkeley and Los Angeles: University of California Press, 1968.

———. *On Modern Art*. Introduction by Herbert Read. London: Faber and Faber, 1966.

Kornfeld, Eberhard W. *Verzeichnis des graphischen Werkes von Paul Klee*. Bern: Verlag Kornfeld und Klipstein, 1963.

———. *Paul Klee in Bern. Aquarelle und Zeichnungen von 1897 bis 1915*. 2nd ed., rev., Bern: Verlag Kornfeld und Klipstein, 1973.

Marnat, Marcel. *Klee*. New York, 1974.

Marsh, Ellen. "Paul Klee and the Art of Children." *College Art Journal*, vol. 16 (1957), pp. 132 – 145.

Mehring, Walter. *Klee*. Bern: Scherz, 1956.

Naubert-Riser, Constance. *La création chez Paul Klee*. Paris: Klincksieck and University of Ottawa, 1978.

Bibliographie choisie

Arland (Marcel): *Paul Klee*, dans *Cahiers pour l'art*, n° 37, juillet-août 1954, p. 4–8.

Burnett (David): *Klee as Senecio: Self-Portraits 1908–1922*, dans *Art International*, vol. 21, décembre 1977, p. 12–18.

Cooper (Douglas): *Paul Klee*. Penguin Books, Harmondsworth, 1949.

Forge (Andrew): *Paul Klee*, Faber and Faber, Londres, 1954.

Geelhaar (Christian): *Paul Klee et le Bauhaus*, Ides & Calendes, Neuchâtel, 1972.

———: (annoté par), *Paul Klee Schriften, Rezensionen und Aufsätze*, DuMont, Cologne, 1976.

Giedion-Welcker (Carola): *Paul Klee*, Viking Press, Londres, 1952.

Glaesemer (Jürgen): *Paul Klee. Handzeichnungen I Kindheit bis 1920*, Stämpfli, Berne, 1973.

———: *Paul Klee, Die farbigen Werke im Kunstmuseum Bern*, Verlag Kornfeld, Berne, 1976.

Goldwater (Robert): *Primitivism in Modern Art*, Vintage Books, New York, 1967; (première édition en 1938 sous le titre: *Primitivism in Modern Painting*).

Grohmann (Will): *Paul Klee: Handzeichnungen 1921–1930*, Muller & Kiepenheuer Verlag, Potsdam, Berlin, 1934.

———: *Paul Klee*, Éditions des Trois Collines, Genève, 1954.

———: *Paul Klee: Drawings*, H.N. Abrams, New York, 1960.

Hausenstein (Wilhelm): *Kairuan, oder eine Geschichte vom Maler Klee und von der Kunst dieses Zeitalters*, Kurt Wolff, Munich, 1921.

Hofmann (Werner): *Paul Klee. Traumlandschaft mit Mond*, Insel Verlag, Francfort, 1964.

Huggler (Max): *Klee*, dans *Du Schweizerische Monatsschrift*, n° 10, octobre 1948, p. 11–13.

———: *Paul Klee*, dans *Kunstler Lexicon der Schweiz 20. Jahrhundert*; Livre I, Frauenfeld 1958-1961, Verlag Huber, p. 521–534.

———: *The Drawings of Paul Klee*, Borden Publishing, Alhambra, 1965.

———: *Paul Klee. Die Malerei als Blick in den Kosmos*, Huber, Stuttgart, 1969.

———: et Takiguchi (S.): *Paul Klee*, Tokyo, 1963.

Jaffé (Hans L.): *Paul Klee*, Freudenstadt, Lucerne, 1971.

Jordan (Jim M.): *Paul Klee and Cubism: 1912–1926*; thèse de doctorat (non publiée) présentée à la New York University, 1974.

Klee (Felix): *Paul Klee par lui-même et son fils*, Les Libraires Associés, Paris-Genève, 1963.

Klee (Paul): *Écrits sur l'art/I; La pensée créatrice*, textes recueillis et annotés par Jürg Spiller, Dessain et Tolra, Paris, 1973.

———: *Histoire naturelle infinie*, textes recueillis et annotés par Jürg Spiller, Dessain et Tolra, Paris, 1977.

———: *Journal*, Bernard Grasset Éditeur, Paris, 1959.

———: *Théorie de l'art moderne*, Éditions Gonthier S.A., Genève, 1964.

Kornfeld (Eberhard W.): *Verzeichnis des graphischer Werkes von Paul Klee*, Verlag Kornfeld und Klipstein, Berne, 1963.

———: *Paul Klee in Bern. Aquarelle und Zeichnungen von 1897 bis 1915*, 2ᵉ éd., rev., Verlag Kornfeld und Klipstein, Berne, 1973.

Marnat (Marcel): *Klee*, F. Hazan, Paris, 1974.

Marsh (Ellen): *Paul Klee and the Art of Children*, dans *College Art Journal*, vol. 16, 1957, p. 132–145.

Mehring (Walter): *Klee*, Scherz, Berne, 1956.

Naubert-Riser (Constance): *La création chez Paul Klee*, Éd. Université d'Ottawa et Klincksieck, Paris, 1978.

Osterwold (Tilman): *Paul Klee: Die Ordnung der Dinge*, Hatje, Stuttgart, 1975.

Osterwold, Tilman. *Paul Klee: Die Ordnung der Dinge*. Stuttgart: Hatje, 1975.

Pierce, James Smith. *Paul Klee and Primitive Art*. Garland Series. New York and London: Garland Publishing, 1976.

Plant, Margaret. *Paul Klee Figures and Faces*. London: Hudson & Hudson, 1978.

Ponente, Nello. *Klee: Biographical and Critical Study*. Geneva and Lausanne: Skira, 1960.

Popham, A.E. and K.M. Fenwick. *European Drawings in the Collection of the National Gallery of Canada*. Ottawa: National Gallery of Canada, 1965.

Roethel, Hans Konrad. *Paul Klee in Munchen*. Bern: Stämpfli, 1971.

Roters, Eberhard. *Painters of the Bauhaus*. New York and London: Frederick A. Praeger, 1969.

Roy, Claude. *Paul Klee aux sources de la peinture*. Paris: Le club français du livre, 1963.

San Lazzaro, Gualtieri di. *Klee: A Study of His Life and Work*. Translated by Stuart Hood. New York: Frederick A. Praeger, 1964. First edition published by Praeger in 1957.

Schmidt, Paul Ferdinand. *Geschichte der modernen Malerei*. Zurich: Fretz and Wasmuth, 1952.

Selz, Peter. *German Expressionist Painting*. Berkeley and Los Angeles: University of California Press, 1957.

Soby, James Thrall. *The Prints of Paul Klee*. New York: Valentin, 1945.

Vogt, Paul. *Geschichte der deutschen Malerei im 20 Jahrhundert*. Cologne: DuMont Schaubert, 1972.

Wingler, Hans M. *The Bauhaus*. Cambridge, Mass.: MIT Press, 1968.

Worringer, Wilhelm. *Abstraktion und Einfühlung*. Munich, 1908. English edition *Abstraction and Empathy*. London: Routledge & Kegan Paul, 1953.

Pierce (James Smith): *Paul Klee and Primitive Art*, Garland Publishing, New York et Londres, 1976.

Plant (Margaret): *Paul Klee Figures and Faces*, Hudson & Hudson, Londres, 1978.

Ponente (Nello): *Klee. Étude biographique et critique*, Skira, Genève et Lausanne, 1960.

Popham (A.E.) et Fenwick (K.M.): *European Drawings in the Collection of the National Gallery of Canada*, Galerie nationale du Canada, Ottawa, 1965.

Roethel (Hans Konrad): *Paul Klee in Munchen*, Stämpfli, Berne, 1971.

Roters (Eberhard): *Painters of the Bauhaus*, Frederick A. Praeger, New York et Londres, 1969.

Roy (Claude): *Paul Klee aux sources de la peinture*, éd. Le club français du livre, Paris, 1963.

San Lazzaro (Gualtierie G. di): *Klee: A Study of His Life and Work*, traduit par Stuart Hood, Frederick A. Praeger, New York, 1964; première édition publiée par Praeger en 1957; éd. française: *Klee. La vie et l'œuvre*, Fernand Hazan, Paris, 1957.

Schmidt (Paul Ferdinand): *Geschichte der modernen Malerei*, Fretz und Wasmuth, Zurich, 1952.

Selz (Peter): *German Expressionist Painting*, University of California Press, Berkeley et Los Angeles, 1957.

Soby (James Thrall): *The Prints of Paul Klee*, C. Valentin, New York, 1945.

Vogt (Paul): *Geschichte der deutschen Malerei im 20 Jahrhundert*, DuMont Schaubert, Cologne, 1972.

Wingler (Hans M): *The Bauhaus*, MIT Press, Cambridge, Mass., 1968.

Worringer (Wilhelm): *Abstraktion und Einfühlung*, Munich, 1908; éd. française *Abstraction et Einfühlung*, Klincksieck, Paris, 1978.

Index of Titles Illustrated

(Page numbers for the illustrations are in italic type)

Index des œuvres reproduites

Les chiffres en caractères italiques correspondent aux pages des illustrations

Photographs

COLOUR: Cover: National Gallery of Canada, Ottawa. Plates: Ken Brown, Don Mills, Ontario.

BLACK-AND-WHITE: ALL black-and-white photographs by Ken Brown, Don Mills, Ontario, except for the following: Art Gallery of Ontario, cat. no. 59; Felix Klee Collection, Bern, frontispiece; cat. nos 10, 12, 16–18, 48, 51, 54, 58, 60, 61, 63, 64–68, 71, 72, 74–77; Klee Foundation, Kunstmuseum, Bern, cat. nos 1, 2, 21, 25, 28–30, 36, 37, 42, 45, 46, 57, 70; Robert E. Mates, cat. no. 53; National Gallery of Canada, cat. nos 15, 19, 35, 38; John D. Schiff, New York, cat. no. 3.

Design: Peter Moulding
Printing: Richelieu Graphics Ltd.

Provenance des photographies

COULEUR: Couverture: Galerie nationale du Canada, Ottawa. Planches: Ken Brown, Don Mills, Ontario.

NOIR ET BLANC: Toutes les photographies sont de Ken Brown, Don Mills, Ontario, à l'exception des suivantes: Collection Felix Klee, Berne, frontispice, n°s 10, 12, 16–18, 48, 51, 54, 58, 60, 61, 63, 64–68, 71, 72, 74–77; Fondation Paul Klee, Kunstmuseum, Berne, n°s 1, 2, 21, 25, 28–30, 36, 37, 42, 45, 46, 57, 70; Galerie nationale du Canada, n°s 15, 19, 35, 38; Robert E. Mates, n° 53; Musée des beaux-arts de l'Ontario, Toronto, n° 59; John D. Schiff, New York, n° 3.

Graphisme: Peter Moulding
Impression: Richelieu Graphics Ltée.